ゴジラは自然の逆襲か？

Global Monsters Beckoning the Future

池田淑子 編著

大阪大学出版会

カバー・表紙・本扉写真　『GODZILLA 怪獣惑星』©2017 TOHO CO., LT

はじめに

　ロシアがウクライナに全面的な軍事侵攻を開始して間もなく3年になろうとしているが、戦後日本に生まれた筆者は、核の脅威をこれほどまでに切迫して感じたことはなかった。戦争における核兵器の使用と原子力発電の安全性の問題が一気に再燃したからである。しかもガザ侵攻を続けるイスラエルも戦術核兵器の使用をチラつかせている。一方で、急速に進む地球温暖化により、前例のない規模の自然災害が世界中で多発し、未曾有の被害をもたらしている。こうしたさまざまな形で人間の営みが地球の存続自体を深刻に脅かしている、人類最大の危機を目前にして、我々が何か世界中の多くの人々に届くようなメッセージを提供できないものだろうか。

　環境問題を人間の問題と捉え、人間の自然環境に対する心性を見つめ直そうと、既存分野の知見を結集した学際的な取り組みが環境人文学である（小谷ほか編 2014）。中でも歴史学と文学の知見を交えた環境批評は、環境危機を背景に生まれた新しい文学批評であり、「地球環境を破壊してきた人間活動や思想に対して『警告』を促す」ものである（松永 2017）。最近では、環太平洋圏の核表象が国の内外で盛んに解読されるようになった（野田・山本・森田編 2017、伊藤・一谷・松永編 2019）。さらに、3.11（東日本大震災）以降の震災関連のドキュメンタリー映画も国内外で制作される（是恒・高倉編 2021）ようになった。しかしながら、環境批評は主に「文学」が中心であるため、読者が限定され（ビュエル 2007）、研究対象も 1950 〜 1960 年代の原爆、核実験、1970 年

代の公害、あるいは震災後のものに限定されていることから、作品間の時系列的な連続性が探求されていない。残念ながら人文学においては、人間によるさまざまな形の環境破壊に対して通史的に総括する批評はまだ行われていないのが現状である。人間の環境破壊を縦横断的・通史的に総括し、人間の本質を見直し、警告し、将来へと繋げるような批評を提供できないものだろうか。

その一方で、ゴジラ映画は1954年の第1作以降2021年の米国制作『ゴジラ vs コング』（*Godzilla vs. Kong*）に至るまで、核兵器の恐怖や拡散、冷戦、そして原子力発電の安全性や地球温暖化、経済至上主義、大気・海洋汚染など、さまざまな人間がもたらす環境破壊やその要因について語り、長期にわたり警鐘を鳴らしてきた。3.11以降、日米でゴジラ映画が再評価されて復活し、日本では令和シリーズが、米国ではモンスター・ヴァース・シリーズが制作された。

確かにゴジラ映画は観客を集客するのが目的の娯楽映画であり、フィクションであるためアカデミックな価値は低いと見られがちである。しかし、「非人間」の存在である怪獣表象には、人間の未知のものに対する恐怖や欲望が投影されており、そうしたものが虚構という文脈で過去・現在、そして未来の姿を現す。ゴジラ映画はこれまで起きた事実や現状を反映するだけではなく、人の心の底に潜むまだ曖昧で抽象的な考えや無意識の心情といったものを示唆し、近い将来に起こりうる出来事も予告してきたのである（例えば『ゴジラ』（1984）は原子力発電所が地震などの地殻変動による原発事故を起こしたり、戦争において攻撃の的となる危険性を40年以上も前に予告していたのである）。

Japan's Green Monsters: Environmental Commentary in Kaiju

Cinema（2018）の著者である Sean Rhoads と Brooke McCorkle は、いち早くそのように立ち現れる怪獣表象の意味に着眼し、ゴジラを中心に日本の怪獣映画をめぐって鋭い環境批評を行っている。しかしながら、研究対象はゴジラ映画といえども、日本の怪獣映画のみで、米国のモンスター・ヴァース・シリーズや日本の最近の令和シリーズの作品には言及していない。

　本書の目的は、ゴジラは「自然の復讐である」という田中友幸プロデューサーの言葉とともに、国内外で初代作品が繰り返し言及され引き継がれてきた日米両国のゴジラ映画を、環境問題を中心に縦横断的に分析することである。また同時に、前編著の『アメリカ人の見たゴジラ、日本人の見たゴジラ —— Nuclear Monsters Transcending Borders』（2019）の後を継ぎ、平成シリーズ以降、日本のゴジラ映画がどのように米国で受容され、それが米国製のゴジラの誕生・発展に結びついてきたかについても日米の研究者たちと議論を行い、検証したいと考えている。

　第1章「善と悪との格闘 ——『スモッグ・モンスター』ヘドラの前史に向けて」は、前共著で第1章（ゴジラと歴史）と第2章（ゴジラとタイムズスクエア）を担当したコロンビア大学・東アジア言語文化学部のフルーグフェルダー氏が執筆した。日本の歴史学者である同氏は、ゴジラ映画の昭和シリーズを年代順に3つのテーマ、核の問題（1950年代）・経済至上主義（1960年代）・環境保護（1970年代）の視点に分けて総括する。特に、映画が人類の進歩と破壊をどのような社会現象やテクノロジーに結びつけているかに焦点を当てる。

　第2章「ゴジラの咆哮は続く —— ホームビデオ時代の米国におけるゴジラ映画の配給」は、前編著で第4章（モンスター・ビジ

ネス）を担当したペース大学のデイビッド・カラハン氏が執筆した。同大学でゴジラ映画を研究するためのリサーチ・ガイドを作成している同氏は、ゴジラ映画を収益の上がる映画にした積極的な宣伝活動について平成シリーズを中心に年代を追って検証する。

　第3章「ゴジラの声（あるいは啓示）」では、前編著で第7章（ゴジラと科学神話）を担当した編著者が平成シリーズを昭和シリーズや米国製ゴジラ映画と照らし合わせつつ環境批評の視点から分析する。

　第4章「ミレニアル世代の体験 ── 米国のZ世代とゴジラ映画」は、ゴジラ映画を研究するために立命館大学・国際関係学部の修士課程に入学したアーロン・テイラー・レフラー氏が執筆した。同氏は子供時代やこれまでの個人的な経験をもとに、どのように米国のミレニアル世代がゴジラを受容してきたかを検証する。

　第5章「ゴジラとGodzilla ── 日米並行制作体制の行方」は、前編著で第5章（ゴジラと日本映画産業）を担当した立命館大学・国際関係学部の中川涼司氏が執筆した。同氏はゴジラ映画が日米で同時並行的に制作されていった理由とその経営的意味を探究する。

　第6章「純米国製ゴジラの誕生 ── ハンナ・バーベラのアニメーションからモンスター・ヴァースまで」は、前編著で第3章「ゴジラ映画に見るアメリカ人の心情」を担当した編著者が、昭和シリーズ・平成シリーズの米国版を受容してきた米国が実写版『GODZILLA』（1998）を挟んだ2つのTVアニメシリーズを経てモンスター・ヴァース・シリーズ第1作を制作するに至ったその軌跡を辿る。

　第7章「中心を探して ── 母なる地球、ゴジラ、そしてコング

との関係」は、前編著で第6章（西欧のためのモンスター？それとも日本のもの？）を担当した映画産業関連会社の経営者であり、怪獣映画の研究者で大のゴジラファンでもあるカール・ジョセフ・ユーファート氏が執筆した。同氏は、『ゴジラvsコング』（*Godzilla vs. Kong*, 2021）における環境・政治・社会的なテーマを検証し、キングコングの過去の作品やその他のモンスター・ヴァースの作品との比較分析も行う。

　第8章「われわれが病原菌なのだ——静野・瀬下監督のアニメーション映画『GODZILLA』三部作とドハティ監督の『ゴジラ キング・オブ・モンスターズ』におけるエコファシズム」は、前共著で「子供時代は戻らない——アメリカのゴジラファンとノスタルジアのイデオロギー作用」を担当したニューヨーク市立大学のジークムント・C・シェン氏が執筆した。同氏は、日米ゴジラ映画の最近の上記2作品に見られる、環境保護色の強い、しかも厭世的とも言える風潮を分析した上でゴジラ映画の意味を探究する。

　この中で、第1章については執筆者と編著者が共同で、第2章、第4章、第7章、第8章については編著者が単独で、英文の原稿を日本語訳したものである。不明な点などあれば、それは編著者の責任であり、ご意見いただければ幸いである。前編著同様、本書が引き続き日米両国における研究者の議論の交流の契機となることを切に願う。

池田淑子

文献

小谷一明・巴山岳人・結城正美ほか編『文学から環境を考える —— エコクリティシズガイドブック』勉誠出版、2014 年

松永京子「はじめに」『エコクリシズムの波を超えて —— 人新世の地球を生きる』塩田宏・松永京子ほか編、音羽書房鶴見書店、χ 頁

野田研一・山本洋平・森田系太郎編著『環境人文学Ⅱ 他者としての自然』勉誠出版、2017 年

伊藤詔子・一谷智子・松永京子編『トランスパシフィック・エコクリティシズム —— 物語る海、響き合う言葉』彩流社、2019 年

是恒さくら・高倉宏樹編『災害ドキュメンタリー映画の扉 —— 東日本大地震災帰国と記録の共有をめぐって』新泉社、2021 年

ローレンス・ビュエル『環境批評の未来 —— 環境危機と文学的想像力』伊藤詔子・横田由里・吉田三津ほか訳、2007 年、169 頁

Sean Rhoads and Brooke McCorkle. *Japan's Green Monsters: Environmental Commentary in Kaiju Cinema*（Jefferson, NC:MacFarland, 2018）

目　次

はじめに　i

第 1 章　善と悪との格闘
　　　　——「スモッグ・モンスター」ヘドラの前史に向けて

　　　　　　　　　　　　　グレゴリー・M・フルーグフェルダー　2

　序　説　3
　第 1 節　核の視点——1950 年代　8
　第 2 節　経済至上主義の視点——1960 年代　13
　第 3 節　環境問題の視点——1970 年代　19

第 2 章　ゴジラの咆哮は続く
　　　　——ホームビデオ時代の米国におけるゴジラ映画の配給

　　　　　　　　　　　　　　　　　デイビッド・カラハン　30

　序　説　ゴジラがアメリカにやってきた　31
　第 1 節　揺るがない魅力　32
　第 2 節　小さなスクリーンから大きなスクリーンへ　34
　第 3 節　再び、ゴジラを売り込む　37
　第 4 節　ホーム・ビデオに現れるゴジラ　43
　第 5 節　平成シリーズはホーム・ビデオで　47
　第 6 節　ミレニアム・シリーズもホームビデオで　53
　第 7 節　『シン・ゴジラ』は初の日本語音声で　55

第 3 章　ゴジラの声（あるいは啓示）

池田淑子　62

　序　説　63
　第 1 節　昭和シリーズのゴジラ　64
　第 2 節　『ゴジラ』（1984）の新たな核の恐怖
　　　　　　――核の平和利用の危険性　66
　第 3 節　『ゴジラ VS ビオランテ』（1989）　73
　第 4 節　『ゴジラ VS キングギドラ』（1991）　77
　第 5 節　『ゴジラ VS モスラ』（1992）　82
　第 6 節　『ゴジラ VS メカゴジラ』（1993）　86
　第 7 節　『ゴジラ VS スペースゴジラ』（1994）　88
　第 8 節　平成シリーズ最後の作品
　　　　　　『ゴジラ VS デストロイア』（1995）　92

第 4 章　ミレニアル世代の体験
　　　　　――米国の Z 世代とゴジラ映画

アーロン・テイラー・レフラー　98

　序　説――ミレニアル世代とゴジラとの関係　99
　第 1 節　『ゴジラ 2000 ミレニアム』　102
　第 2 節　ミレニアル世代がみた『ゴジラ 2000 ミレニアム』　109
　第 3 節　アニメ――初期のメディア露出　112
　第 4 節　ビデオゲームとゴジラ映画　114
　第 5 節　ビデオゲーム――モンスター級の三部作　117
　第 6 節　*G-FAN*　122

第5章　ゴジラと Godzilla
——日米並行制作体制の行方

中川涼司　128

はじめに　129

第1節　東宝にとってのゴジラ　130

第2節　日米並行制作の第1段階
　　　——エメリッヒ版とミレニアムシリーズ　134

第3節　日米並行制作の第2段階
　　　——エドワーズ版 *Godzilla* と『シン・ゴジラ』　136

第4節　日米並行制作の第3段階
　　　——モンスター・ヴァースと『ゴジラ-1.0』　145

おわりに　154

第6章　純米国製ゴジラの誕生
——ハンナ・バーベラのアニメーションから
　　モンスター・ヴァースまで

池田淑子　158

序　説　159

第1節　ハンナ・バーベラのゴジラ（Godzilla）と
　　　ゴズーキー（Godzooky）　160

第2節　『GODZILLA』（1998）　164

第3節　『ゴジラ　ザ・シリーズ』
　　　（*Godzilla: The Series*, 1998-2000）　168

第4節　60歳の伝説に新たな生命を吹き込む
　　　『GODZILLA ゴジラ』（2014）の誕生　172

第7章　中心を探して
──母なる地球、ゴジラ、そしてコングとの関係
カール・ジョセフ・ユーファート　190

序　説　191
第1節　『ゴジラ vs コング』の地政学的文脈　191
第2節　コロナ・パンデミックを超えて　196
第3節　ゴジラとコングは自然の復讐か？　199
第4節　地球空洞説（The Hollow Earth Theory）　204
第5節　陰謀論　211
第6節　『GODZILLA ゴジラ』と『シン・ゴジラ』の
　　　　陰謀論との比較　219

第8章　われわれが病原菌なのだ
──静野・瀬下監督のアニメーション映画
『GODZILLA』三部作とドハティ監督の
『ゴジラ　キング・オブ・モンスターズ』における
エコファシズム
ジークムント・C・シェン　236

序　説　237
第1節　呪われた方舟　240
第2節　支配が終わったかつての支配者たち　245
第3節　アーバン・メタスタシス（Urban Metastatis）　252
第4節　「人口を崩壊させよう」　259
第5節　「王万歳」　264
第6節　救命ボートと囚人……　268
第7節　山　273

日米で製作されたゴジラ作品一覧　280
あとがき　284
図版一覧　286
執筆者紹介（執筆順）　289

ゴジラは自然の逆襲か？

Global Monsters Beckoning the Future

第 1 章
善と悪との格闘
—— 「スモッグ・モンスター」ヘドラの前史に向けて

扉絵1　ポスター（1971）『ゴジラ対ヘドラ』Ⓒ TOHO CO., LTD.

グレゴリー・M・フルーグフェルダー
Gregory M. Pflugfelder

序説

　映画がシリアスなもの、つまり社会的意味のあるものとして認識されるには何が必要なのだろうか。私のように怪獣映画を研究する者にとっては、この問いはとても重要である。ある映画には深い意味がないと言えば、その映画は娯楽以外の何物でもなく、研究する価値がないという批判を招くからである。子どもの頃から怪獣映画が大好きで、大人になっても多くの点で魅力を感じ続けた私のような者にとっては、「シリアスなもの」だと主張することで、楽しみの裏側にある一種の罪悪感を打ち消そうとしているのかもしれない。

　興味深いことに、私の生まれた米国では東宝による初代の『ゴジラ』（1954）の社会的意味に対する認識は時代を経て劇的に変化している。第一の理由は、2004年までアメリカ大陸で上映されたゴジラ映画のデビュー作がほとんどの場合、オリジナルを改変したハリウッド版『怪獣王ゴジラ』（*Godzilla, King of the Monsters!* 1956）だったからである（扉絵6参照）。その米国版は、周知の通り、本多猪四郎監督のオリジナルの数々のシーンを削除し、ハリウッドで撮った新しい映像を挿入し繋ぎ合わせた作品であった。1956年のハリウッド版を観た、ニューヨーク・タイムズ紙の批評家ボズレー・クラウザー（Bosley Crowther）は、まともな注目

3

に値しない「安物のホラーの類」だと酷評した[1]。このような米国人の認識は、長い間あまり変わることがなかった。ところが、ほぼ半世紀後の2004年に米国の観客はようやくオリジナルが観られるようになった。ウィリアム・M・ツツイ（William M. Tsutsui）が翌年出版した『ゴジラとアメリカの半世紀』（英語版は前年に出版）の中で「ゴジラのデビュー作が実にシリアスで心を惹きつけ、示唆に富む映画」だったと説いたのである。ツツイは、デビュー作は「とことんシリアス」であると言ったものの、「シリーズが進むにつれて、使い古しのラテックス怪獣たちがレスリング大会を行う」ような、笑えるほどおかしなものに成り下がったと述べている[2]。

ゴジラ研究者の若い世代は、ツツイの後半の判定を少しずつ崩し、1954年の『ゴジラ』だけでなく、多くの続編においてもまた社会・歴史的な関連性を見出してきた。例えば、2018年の*Japan's Green Monsters: Environmental Commentary in Kaiju Cinema*において、Sean Rhoads と Brooke McCorkle は、怪獣映画は「ファンタジーという外観の内側にはシリアスな断片を含んでおり、環境や社会や政治に関する批判の重要な資料」として読み解くことができると主張している[3]。同著者は、「シリアス」な面と「ファンタジー」の面を、矛盾しているとまではいかないが、多少対立しているものと位置付けているのである。

私は怪獣映画に関する議論において「シリアス」という慣用句を一切取り除くことを提案したい。娯楽映画が観客にどのような影響を及ぼすのかを理解することが目的であるならば、「シリアス」な面、つまり Rhoads と McCorkle の「批判」の「断片」に焦点を絞ることが、最も有効な手段とは限らない。時には逆効果

にさえなるかもしれない。むしろ、本章ではゴジラ映画の昭和シリーズを、お伽噺を分析するように「モラル」という視点から再読することを試みる。なぜなら、怪獣映画、すなわち社会を脅かす危険に遭遇し、結末ではそれを打ち負かすヒーローの姿を映す物語は、お伽噺の現代版としても見ることができるからである。お伽噺は、一般に言う「シリアス」ではないかもしれないが、聞き手の善悪の感覚を磨くことに一役買っているのは言うまでもない。お伽噺から身につけた世界観は時には一生影響を及ぼすこともある。まるで昔話のように、怪獣映画もまた特定の人間や思想を社会にとって有益なものと有害なものとに区別し、われわれが前者を賛美し後者を軽蔑するように推奨する。当然ながら映画会社は、国内・海外の両市場において利益を上げるためにこうした共通の価値観を見出し、それに基づいて映画を制作したのである。

　簡単に言えば、以下では怪獣映画というジャンルが盛んになった最初の 15 年間に、いかに物語の中で「善」や「悪」が定義されてきたかを理解するための枠組みを提供したい。本章は、ゴジラ映画の昭和シリーズに焦点を当て、1954 年から 1975 年までの間に東宝によって制作された 15 作品を分析する。そして同シリーズの後半、特に『ゴジラ対ヘドラ』（1971）に最も顕著に現れた環境問題への関心が、シリーズ全体の「自然」と「テクノロジー」の狭間でずっと続く緊張関係から表面化したものであったと主張する。

　怪獣映画のモラルといえば、ジェフリー・ジェローム・コーエン（Jeffrey Jerome Cohen）の「怪物文化」をめぐる命題である「可能性の境界を監視する」という言葉が思い出される[4]。文化を超えてモンスターたちは、彼らを召喚する社会が直面するさまざ

まな脅威を虚構ではあるが具体的な形で表している、とコーエンは言う。コーエンのこのテーゼは、かつての民話の天狗や河童と同様に、今日の映画のモンスターにも当てはまる。天狗や河童に関わる噂は、大昔、山に深く入らないように、あるいは近所の川や池の近くでうろつかないように、と村の子どもたちに警告したものだった。マスメディアの発展によってただ単に共同体による危険の定義の規模が大きくなっただけなのである。そしてその噂話がこれまでにない速さで広い範囲に伝わり、社会を巡回するのである。

世界中で、モンスターが若者を魅了するのは周知の通りである。それは驚くことではない。1954年の『ゴジラ』は確かにツツイが言うように「壮厳」な映画であったかもしれないが、子どもの観客も少なくなかっただろう[5]。その中にはきっと心底怖がったものもいたに違いない。少年漫画やお菓子の広告など映画文化をもっと広い範囲で捉えれば、子どもたちの間でゴジラ文化が最初から広まっていたということは日本映画の研究者アーロン・ジェロー（Aaron Gerow）の論文からも明らかになっている[6]。ツツイが「シリアス」ではないと見下した「使い古しのラテックス怪獣たちがレスリング大会を行う」シーンは、ゴジラ映画の制作者にとっては後からの思いつきではなかった。何と言っても怪獣映画は力道山の時代に生まれたことを忘れてはいけない。ゴジラシリーズが時間とともに子どもの映画に落ちぶれてしまったという考えは、誤解を招く一般論としか言えないだろう。

ゴジラ映画と青少年の関係を強調するのには、また別の理由がある。というのは、青少年は感受性が鋭いため、怪獣映画でも非常に有効な道徳教育となりうるからである。怪獣をテーマにした

第 1 章　善と悪との格闘

昔の映画やテレビ番組の登場人物が直面したジレンマは、極めてでっちあげたものではあったかもしれないが、白黒はっきりした枠組み、例えば、核戦争対世界平和、宇宙人の侵略対人類の存続、環境保護対生態圏の破壊など、青少年の目や心に焼きついた教訓が映画の上映時間よりもずっと長く影響を及ぼすことは確かだった。今もなお記憶に残っているのは、戦争を挑発したり貪欲に金銭を搾取したり地球を汚染したりする、1960年代・1970年代の怪獣映画に描かれた「悪いやつら」が、私のような遠い外国に住む子どもの心に引き起こした無垢な怒りである。それと同じくらいはっきりと、私の心の中に植え付けられた正義感――ウルトラマンの科学特捜隊のメンバーとまではいかないにしても、少なくとも責任感が強い地球市民になりたいと願った静かな志――を思い出す。

　ゴジラ映画の昭和シリーズを包括的に見れば、核の問題・経済至上主義・環境保護という一連の3つのテーマが善と悪のカテゴリーを定義していると言えるだろう。特に、映画が人類の進歩と破壊とをどのような社会現象やテクノロジーに結びつけているのかに焦点を当てたい。本章では主にゴジラの物語に注意を向けつつ、時には、円谷プロダクションなどが1960年代半ばから作り始めたテレビ番組と、東宝や別のスタジオによる他の怪獣映画にも目を向ける。上記の3つの歴史的局面はある程度重なっており、一つの時代に開かれたテーマが新しい意味合いを帯びて別の時代に再び現れることもある。話を簡潔にするために年代ごとに語ろう。

第1節　核の視点——1950年代

　1950年代の怪獣映画は、核技術の破壊力に対する文化的な関心をビジネスに利用したと同時に、そうした関心を高める効果もまた持っていたということを忘れてはならない。そうした不安は、広島・長崎の原子爆弾投下で終結した第二次世界大戦の負の遺産として当然のことであろう。そして原爆投下に続き冷戦が始まり、水爆実験が日本の玄関先で起こるようになった。1954年の『ゴジラ』の重要なインスピレーションの一つになった第五福竜丸事件もその典型的な例である。20世紀半ば、ハリウッドや世界の他の映画業界も作品の中に核のテーマを全面に打ち出すことが利益になるとよくわかっていた。というのは、核時代において核兵器に対する大衆の不安が普遍的なものだったからである。中でも、日本の『ゴジラ』（1954）の製作者は、そうした映画作品――例えば1953年の『原子怪獣現わる』（*The Beast from 20,000 Fathoms*）など――を見習ったのであった。やはり、1950年代・1960年代を通して核のテーマに特に関心を示したのは、実際に原爆を経験した日本に住む観客だったのである。

　したがって、現代の原子核科学とは薄っぺらな関係しか持たない1939年の *Buck Rogers* のようなハリウッド映画でさえ、1955年に日本で初めて上映された時には『原子未来戦』というタイトルになっていた。なぜなら、オリジナルの広告で核との関係がわかりづらかった場合は、日本の配給会社は進んでそれをわかりやすくしたり捏造したりしたのだった。同様に、1956年の英国製の *Satellite in the Sky*（直訳すれば「空の衛星」）も、日本で1957年

に公開された時には『宇宙原水爆戦・人工衛星X号』、またハリウッドの1955年の *It Came from Beneath the Sea*（直訳すれば「海底から現れたもの」）は日本でデビューした1958年には『水爆と深海の怪物』に、そして1956年の *Day the World Ended*（直訳すれば「世界が終わった日」）は1962年に『原子怪獣と裸女』というタイトルで、日本で上映されたのだった。

　だが、映画の輸出は一方通行ではなかった。『ゴジラ』のハリウッド版『怪獣王ゴジラ』の人気を見て、東宝は特撮映画を世界市場にうまく売り出すことができると自信を持った。と同時に、そうしたビジネス戦略が必然的に東宝を冷戦の地政学の気まぐれに晒した。反核感情は世界中に広がったが、国によってはその政治的環境・歴史的経験など地域特有のさまざまな要因により、観客の受容において具体的な内容と強調の程度に違いがあったのである。こうした配慮によって1954年の東宝の『ゴジラ』は1956年のハリウッド版『怪獣王ゴジラ』に改変され、オリジナル作品における米国の核政策に対する批判は控え目に表現され、アメリカの観客には冷戦の未来に対するいくぶんバラ色の見方を提供したのだった。クリエイティブな編集と宣伝戦略によってゴジラは1950年代の間、鉄の壁の両側で銀幕をどしんどしんと進んで行ったのである。グローバルな二極化の時代において非常に大きな功績と確かに言えよう。

　怪獣世界を支配した原子核物理学は変幻自在で、映画、モンスター、そして市場によって次々と姿を変え、一貫したものではなかった。それでもなお、1950年代の怪獣映画のほとんどが物語の構成において何らかの形で核の視点を目玉として売り込んでいた。ゴジラだけでなく1956年生まれのラドンも水爆実験で先史時代の

眠りから覚まされたという。たとえ放射能ガスの名前にもなっている「ラドン」の母音を、アメリカの宣伝においてひょいと変え「ロダン」にしたとしても。ゴジラが米国の銀幕に二度目に現れた1959年の *Gigantis the Fire Monster*（直訳すれば「火のモンスター・ジャイガンティス」）も、実は1955年の『ゴジラの逆襲』のハリウッド版であるが、宣伝上アメリカの配給会社が凄まじい「火」として表現しても核との関係を隠しきれなかったのである。それ以来ゴジラの名前を変更することはなく、1960年代以降ずっとアメリカではゴジラはゴジラであったのだ。

　映画の宣伝が場所によって異なったおかげで、ゴジラは驚くほど多様な核に対する姿勢を示すことができた。1957年に発行された一枚のフランスのポスターを見てもそのことが明らかになる（図1-1）。ポスターは1956年のハリウッド版『怪獣王ゴジラ』を宣伝しているが、「核実験の恐ろしい効果」（TERRIBLES CONSÉQUENCES DES EXPÉRIENCES ATOMIQUES!）が映画を見たら分かるだろうと観客に訴えている。と同時に、数行下に書かれた宣伝文句は「水爆はゴジラを退治することができるのだろうか」（La bombe H, pourra-t-elle le détruire?）という核兵器の威力を認めた奇妙な問いを投げかけている。この宣伝文句からフランスの観客はどんな結論を引き出したのだろうか？やはり核兵器が人類をあらゆる敵から守る最善の手段を提供してくれるというのであろうか？オリジナルの映画製作者が送ろうとしたメッセージからは程遠いと言わざるを得ない。1950年代以降もフランス政府が核兵器開発を積極的に進めたことも付け加えておきたい。ハリウッド版の『GODZILLA』（*Godzilla*, 1998）の中でローランド・エメリッヒ監督がゴジラの起源をワシントンではなくパリにした

第 1 章　善と悪との格闘

図 1-1　フランス版『ゴジラ』のポスター（1957）（筆者コレクション）

のも、この史実に関わっていたであろう。

　1950年代の怪獣映画が核兵器を社会の最大の脅威だと想定した傍ら、そうした危機を救うのにジャンルが最も信頼を置いたのは科学者だったと言えるだろう。ゴジラのストーリーは初めから大きな道徳的責任を科学者の肩に背負わせた。しかも第1作では、一人ではなく二人の科学者、つまり山根博士と芹沢博士に負わせたのだった。映画が科学知識や技術力を強調する背景には、軍国主義国家ではなく科学立国として——国民の象徴である昭和天皇でさえ生物学者だった——戦後の日本のイメージを建て直すという願望も大きく働いていたのであろう。物語の中で怪獣の敗北をもたらすのは決まってそうした科学知識や技術だった。評論家のロン・タナー（Ron Tanner）が指摘するように、戦後の日本人は戦争時に大量破壊兵器の被害を直接受けても科学の恩恵に対する信仰をあまり弱めることはなかったようだ[7]。「テクノロジーが狂ってしまった」というのが戦後ハリウッドの好むシナリオだったのと対照的である。戦後の日本映画の文脈において善意の科学者は、途中で幾分か道徳上のジレンマに遭遇することもあるとはいえ、ハリウッドの「マッドサイエンティスト」と同じくらい頻繁に登場する。例えば第1作目の『ゴジラ』の場合、最後にモンスターを退治するのは科学者の芹沢博士である。しかも彼はゴジラよりも強い破壊力を持つテクノロジー、オキシジェン・デストロイヤーの秘密を墓場まで持っていくのである。

　タナーの解釈では戦後の日本国民は自然をしばしば脅威の源とし、科学技術を主として恩恵をもたらすものとして見る傾向がアメリカ国民よりもずっと強かったという。タナーはおもちゃの製造を研究対象として論じているが、怪獣映画のさまざまな様相が

彼の議論にピッタリ当てはまる。「テクノロジー」ではなく「自然」が狂って猛威を振るうことを象徴するゴジラや他の怪獣たちを人間は一時的に鎮めることができるとしても、その怪獣を生み出したのが自然そのものである以上、所詮人間は怪獣たちを根絶することはあり得ない。生態学は自然環境が相互に影響を及ぼすものだという前提から始まるが、1950年代には生態学に関する一般の理解はまだ浅かった。今日の映画観客なら、不幸な大怪獣を含む東京湾のすべての生き物の命がオキシジェン・デストロイヤーによって奪われる「ハッピー・エンディング」を歓迎するだろうか。1950年代の怪獣映画は大量破壊兵器を道徳的悪として位置付けたが、科学技術の脅威は人間社会のみに対するものとしてしか認識されておらず、より広い生態系に危険を及ぼすものとする考えには至っていない。それゆえに第1作では大戸島の住民が伝説のゴジラを島から遠ざけようと神社に集まって祈りを捧げるが、その理由はゴジラが漁師たちの生活を脅かしているためであり、1970年代風の環境保護という抽象的な理念を擁護するためではない。

第2節　経済至上主義の視点──1960年代

　初期の怪獣映画の中に芽生えたモンスターと核との親密な関係は完全に消え去ることはなかった。例えば1965年に東宝のライバル会社に当たる大映が独自の大怪獣ガメラを考案した際、わざと核爆発にまつわるエピソードをモンスターの起源として設定したのである。皮肉にもガメラがデビューした1960年代半ばまでに現実の世界では地下実験を除くすべての核実験を禁止する部分的核禁止条約（1963）が実施されていた。ただし、フランスや中国は

非署名国だった。1960年代の他の注目すべき出来事といえば、日本の「高度経済成長」や日米同盟の強化である。この二つの要因は相互に影響し合いながら新しい方向に怪獣映画のモラル・エコノミーを推し進めていた。1960年代の経済成長の下でかつては怪獣映画の中心だった核のテーマが次第に薄れ単なる物語の背景となり、映画の焦点は消費文化や経済至上主義に関わる問題に移っていった。

　1960年代の新しい傾向の象徴として怪獣モスラが挙げられる。1961年の『モスラ』でのデビューに続き、1964年の『モスラ対ゴジラ』を機にゴジラの物語に正式に参加するようになったのである。映画の主な舞台は太平洋上の架空の島インファント島であり、そこでは核実験により突然変異した蝶が島民から崇められているという設定だ。どちらの話にも悪者のビジネスマンが登場し、巨大なモスラの卵やその守り神である双子の妖精を見せ物にしようとする姿が描かれている。作品における南洋諸島という設定は非常に示唆深い。というのは、太平洋は当時米国の核実験場でもあり、1960年代の他の怪獣映画にもしばしば登場するからである。そういった地理的な一致は架空の大戸島が登場する第1作にも見られた。さらに、歴史学者五十嵐惠邦や他の研究者が指摘するように、1960年代の日本のポピュラー・カルチャーにおける南洋諸島へのまなざしは、戦前日本の植民地主義が抱いた幻想の復活として見ることもできる[8]。このように考えてみると、1961年と1964年にモスラを崇拝する島の現地住民が、黒塗りした東宝スタジオの俳優によって演じられていたのも当然と言えよう。

　五十嵐は見落としているようだが、熱帯のイメージやモスラの背景にある植民地のファンタジーは、1933年のハリウッドのクラ

シック映画『キング・コング』（*King Kong*）からインスピレーションを得ていたことは明らかである。『キング・コング』は、上記のモスラ映画二作品と同じように、起業家が観客を楽しませるためにジャングルから謎の巨大生物をメトロポリスに輸送し、大規模な災害を都会にもたらす話である。ゴジラと同様、キングコングは「自然が狂って猛威を振るう」ことを象徴しており、人間が自然を欲望のために搾取した時、自然は人間に復讐する力を誇示するのである。間違いなくキングコングは1960年代初頭、東宝の映画製作者の心を魅了していた。東宝がゴジラの第3作『キングコング対ゴジラ』（1962）にキングコングを対戦相手として採用したのも象徴的な例である。

　『キング・コング』のパラダイムが1960年代の怪獣映画を変容させていくにつれ、それまで人間を守る知識の持ち主として科学者に当てていたスポットライトが新たに「無垢」な原住民にも当てられるようになった。賢明な原住民のイメージの原型は、さらに遡れば第1作においてゴジラを鎮めるための伝統儀式を説明する（高堂國典扮する）大戸島の初老の漁夫に見出されるかもしれない。しかしながら、この原住民——ルソーの言葉を借りれば「高貴な野蛮人」——はノスタルジーから生まれた登場人物であり、その存在は1960年代までにすでに時代遅れとなっていた未開拓な「自然」と「産業文明」という二項対立に基づくものであった。同時代のモスラ映画を見た観客の多くがこの高貴な野蛮人に好意を抱いたとしても、実際にこうした原住民のような暮らしをしたいと願ったとは考えづらい。

　『モスラ』のような映画は、経済至上主義をテーマにしてはいたが、その目的は決して資本主義体制を打倒することではなかった。

その代わりに、映画のレトリックは友達とものを分け合ったり、フェアプレーを促すといった母親が子供に教えるのと似通ったところがあり、道徳的なものだった。この「高貴な野蛮人」が表す純粋さは、複雑な問題に溢れた当時の社会において人間の幸福を守るのはみんなの責任であるというシンプルな原理を観客に思い出させただろう。しかしながら、ここに思わぬ皮肉が隠されていた。というのも、もし南洋諸島で生まれたモンスターを商業的な見せ物にすることがタブーであったなら、『キング・コング』や『モスラ』の映画は初めから制作されることはなかっただろう。この皮肉に満ちたいわば商業化された商業主義批判について、五十嵐も、ウルトラマンシリーズに登場する守銭奴のコイン怪獣、カネゴンの分析を通して言及している[9]。

　モスラ映画の中で既存の経済体制の基本的な変革を求める主張がほとんど見られないのは、冷戦期の日本が資本主義の覇権国アメリカと同盟国だったことを考えると不思議ではない。1962年の『キングコング対ゴジラ』を見ても二国の地政学的関係が浮き彫りになる。というのは、同作品はかつての敵国からそれぞれを象徴するモンスターを登場させたが、遠慮してどちらにも明確な勝利を与えなかったからだ。物語の中でキングコングがついに鎮められる場所が東京の国会議事堂前の広場であるのは偶然ではなかろう。周知のように、そこは映画公開のわずか2年前の1960年に何十万人もの日本人が日米安全保障条約の調印に抗議し集まった現場に他ならない。この二国間のパートナーシップは2年後の『モスラ対ゴジラ』にさらにはっきりと表されている。同作品は『ゴジラ』や『モスラ』とは異なり、怪獣との架空の戦いに直接米軍を投入したからである。とはいえ、東宝は国内の上映用にはアメ

リカの戦艦が日本の国土に直接ミサイルを発射するシーンは観客の心情を配慮し見せないことにしたのだ。1960年代の怪獣映画には原子力のポジティブな使用さえ見られ始めた。例えば『海底軍艦』（1963）では、海の怪獣マンダを退治し地球の運命を救う潜水艦の燃料は原子力なのである。

　1960年代の怪獣映画における宇宙への関心も、南洋諸島への眼差しと同様に、経済的繁栄と関わるテーマとして見ることができる。原子力時代は宇宙時代に移行し、ジャンルの地平もまたそれに応じて拡大した。1964年の『三大怪獣 地球最大の決戦』以降、怪獣の物語が描く人類の幸福に対する脅威は宇宙からやってくる場合が多くなった。例えば同作品に登場したキングギドラは、地球を狙う前に金星を滅ぼした生命体という設定になっている。そのギドラはゴジラシリーズの第6作『怪獣大戦争』（1965）と第9作『怪獣総進撃』（1968）の悪漢としても登場する。物語の中ではギドラは地球を征服しようと企むX星人やキラアク星人に送り込まれている。1966年以降、宇宙時代がテレビ番組のウルトラマンシリーズに登場する多くの怪獣をも生んだのである。ウルトラマンの出生地がテーマソングの中で「光の国」——英語バージョンでは「遥かなる星雲」（distant nebula）——であると歌われているのもまさしくその一例である。少なくともスクリーン上では、1960年代に日本は宇宙競争に加わったと言える。『怪獣大戦争』では、背の高い宝田明が扮する宇宙飛行士「富士」がハリウッドの俳優としては小柄なニック・アダムスの扮する「グレン」飛行士を見下ろしているようにさえ見える。

　豊かな地球を奪いたいという宇宙人の企みは、道徳という視点から考えてみると、キングコングやモスラのパラダイムに見る欲

深いビジネスマンの拝金主義と同じように機能していたと言えよう。架空の脅威が地球というレベルまで高められたことにより、観客は自分が実際脅かされていると想像しやすくなったのだろう。ましてや子どもたちはそのように感じたに違いない。冷戦という厄介な国際事情にも関わらず、地球規模の脅威を空想することによって確実に日本発の怪獣物語が世界で広く消費されるようになった。振り返ってみれば、異なる文化的背景や政治的理念をもつ大勢の観客の間に知らず知らずのうちに培われた道徳的連帯感は、そのようなエンターテイメントの最も大きな遺産の一つになっているだろう。と同時に、物語の焦点が宇宙に移ったため、地球の住民であるゴジラが悪者というよりむしろ救世主になり得たのも注目に値する。仲間の怪獣と格闘する過程で、ゴジラは悪の化身から善の守護神に姿を変えたのだった。

1960年代の怪獣映画はこのように「惑星意識」(planetary consciousness)を培ったとはいえ、同ジャンルが示した環境問題に対する意識はまだ未熟だったと認めざるをえない。わかりやすい例の一つが昭和シリーズ第8作『怪獣島の決戦 ゴジラの息子』(1967)に見られる。脚本は予想通り舞台を南洋諸島に設定し、そこで科学者たちが最先端技術による放射能ゾンデを打ち上げ、気象をコントロールする国連プロジェクトを展開するのである。放射能に晒された島の動物の中には突然変異するものも出て、ゴジラとその息子ミニラは秩序を取り戻すために巨大生物と戦う。

しかしながら、ここで守られる秩序とはいったい何なのだろうか。科学者が考案したメカニズムは気象を操作する目的で作られているので、明らかに自然の秩序ではない。映画の「ハッピー・エンディング」は自然に干渉する科学技術をそのまま島に残して

きた。生態系の一部における人間の介入が広範囲に及び有害な影響をシステム全体にもたらしうるという考えは、映画制作当時にはまだ常識になっていなかったようだ。1960年代の怪獣映画の根底には科学技術が人間の生活を改善することができるという考えがあったのである。

　それでもやはり、過去10年間の高度経済成長によって生じた環境破壊や社会的混乱は1960年代末までには明らかになっていた。その様子は1969年の第10作『ゴジラ・ミニラ・ガバラ オール怪獣大進撃』（以後『怪獣大進撃』と記す）の中に垣間見ることができる。同映画の主人公・一郎は、近所の子どもたちにいじめられているひとりぼっちの「鍵っ子」である。オープニングシーンが示すように、その少年はモクモクと煙を出す煙突が立ち並ぶ産業都市・川崎の荒廃した風景の中で暮らしている。一郎の父親は家族を連れてどこか「いい空気」の場所へ引っ越したいと溢すのである。けれども物語の結末で青空が広がるのは、やはり少年が見る南洋諸島で過ごす「夢」の中に限られている。夢物語としてではなく、環境問題に関して真正面から向き合う時代がもうそこまで来ていた。

第3節　環境問題の視点──1970年代

　1960年代から1970年代にかけてアメリカで育った私は、ニュースを見て東京の空気が世界で最も汚染されているとばかり思っていた。同じ頃、日本の化学工場が海に放出した水銀が原因の水俣病患者の報道写真に動揺したのも記憶している。遠い国の日本をまだ訪れたことはなかったが、そこは綺麗な景色ばかりだとか全

く平和な社会だとかといったナイーブな勘違いをしてはいなかった。「環境問題や社会問題を抱えた日本」というイメージは、1972年頃に『ゴジラ対ヘドラ』（日本語版は1971年制作）を観ている時に再確認したものだった。とは言っても当時観た映画のそのタイトルは、北米用に *Godzilla vs. the Smog Monster*（直訳すれば「ゴジラ対光化学スモッグ怪獣」）と改名されていた（図1-2）。フィラデルフィア郊外の薄暗い映画館の中でポップコーンをほおばる多くの子どもたちと共に土曜のマチネを観に行っていたのだった。その時の印象をもっとはっきりと思い出すことができたらなあと思うが、今や記憶はだいぶ薄れている。確かに覚えているのは、私のようなアメリカの少年にとっての1970年代というのはまさしく環境問題に対する意識が芽生えた時代だったということである。1970年の第1回「アースデイ」に友人と共に、故郷の小さな街で酸素を作る緑の植物を増やすためのお金を稼ごうと、自転車マラソン（bike-a-thon）を企画したのだった。私たちだって「いい空気」が欲しかったのである。

　自然環境の悪化が物語の背景にしかなっていなかった『怪獣総進撃』（1968、米国公開1971）とは異なり、『ゴジラ対ヘドラ』は環境汚染を撃退しなければならない社会悪へと発展させた。それによって、ゴジラシリーズは新しい局面に踏み込んだと言えるだろう。「スモッグ・モンスター」つまりヘドラは1960年代風に宇宙から地球にやってきたという設定だが、その怪獣が示した社会悪は全く地球上のものであり、人間社会に端を発したものだった。『ゴジラ対ヘドラ』は、『怪獣総進撃』と同様、過熱した産業経済が及ぼす悪影響を強調しているかのように煙突のシーンで幕が上がる。だが、『ゴジラ対ヘドラ』に表現される環境破壊の規模は

第1章 善と悪との格闘

図1-2 米国版プレスブック（1972）*Godzilla vs. the Smog Monster*

『怪獣総進撃』よりもはるかに大きい。「汚染」という言葉が陸・海・空に適用されるのと同じように、ヘドラは陸でも海でも空でも自由に支配する（図1-3）。とりわけ『怪獣総進撃』における「いい空気」を確保する方法は熱帯の島について夢見ることであったのとは対照的に、『ゴジラ対ヘドラ』の主人公である少年・研は権威ある大人に手紙を書くという現実のアクションをとるのである（振り返ってみれば、自分が少年時代に企画した自転車マラソンの趣旨も地元の自治体の対策不足を訴える側面があったのである）。最後に汚染の脅威を象徴するヘドラを打ち負かすのはやはりゴジラであるが、すでにその役割は完全に地球の守護神に落ち着いていたのである。

『ゴジラ対ヘドラ』のテーマは、このように新しい方向に乗り出

図1-3 空を飛ぶヘドラ
スチール写真 *Godzilla vs. the Smog Monster*（1972）
（筆者コレクション）

してはいたが、同時に怪獣映画の黎明期の遺産も確かに引き継いでいた。例えば、ヘドラはゴジラと同じような背景を持っている。両怪獣は海から姿を現すが、初めて登場した時には海上輸送を脅かし、目撃した生存者から伝説の「海坊主」と呼ばれるのである（初代作品におけるゴジラの場合、さらに大戸島の伝説で崇められる怪物にちなんで名付けられたということになっている）。核兵器に対する批判も両映画に見られる。もっとも、原子力時代の初期に制作された『ゴジラ』においては核の問題はメイン・テーマになっているけれども、1971年の作品では環境汚染の問題に光を奪われてかなり影を潜めている。核と環境のテーマを繋げようと、『ゴジラ対ヘドラ』では主人公の研が海の汚染に対する抗議文を書く際に核実験についても言及している。

　特筆すべき点は彼が「死の灰」という表現を用いていることである。死の灰とは初代作品の『ゴジラ』にインスピレーションを与えた1954年の第五福竜丸事件の時代に広まった言葉である。よく考えてみると両作品が伝える警告のメッセージは奇妙に似ている。『ゴジラ』では、山根博士が「もし水爆実験が続けば、世界のどこかにまたゴジラが現れるかもしれない」という不吉な予言をする。同様に『ゴジラ対ヘドラ』では、博士が「ヘドロを無くさなければ」人間にとって「恐ろしいことになる」と言って不安を煽る。またゴジラがヘドラを退治した後、「そして　もう　一ぴき？」という言葉が黒塗りの画面を埋め尽くし、さらに警鐘を鳴らすのである。

　1950年代の遺産のほかに『ゴジラ対ヘドラ』は、1960年代の新しい怪獣文化も受け継いでいる。経済至上主義の問題は1970年代に入っても重要であり続けたが、それは異なる様子を呈した。な

ぜなら、最大の汚染者が大企業であることは当時周知のことだったからである。また、抗議の手紙を書く正義感の強い少年・研の中には1960年代の怪獣映画に登場したフェアプレーに従う良い子の姿を見ることができる。それと並行して『ゴジラ対ヘドラ』は1950年代の悪いゴジラよりもむしろ1960年代の良いゴジラのイメージを受け継いでいるのである。ゴジラはアンチヒーローからヒーローに転向し、汚染の代名詞というよりもむしろ環境保護の救世主となったのである。

ゴジラシリーズは、最初から科学者を自然と科学技術の媒介者としていた。初代作の製作者が芹沢博士の地下実験室に巨大な水槽を備えたのも、おそらくそのような仲介役を象徴させるためであっただろう。『ゴジラ対ヘドラ』の矢野博士（少年・研の父親）も自身の研究室にそれと酷似した水槽を置いている。そして芹沢博士のように最後にモンスターを打ち負かす科学技術を提供する役割を果たす。開発過程で矢野博士は負傷するが、芹沢博士のように映画の最後に命を落とすまではいかない。芹沢博士がオキシジェン・デストロイヤーの秘密を守るために自害するというストーリーは、1950年代の日本の観客に核兵器のような大量破壊兵器は有害であり、最初から開発しないことが最も賢明であるというメッセージを送ったに違いない。その意味で芹沢博士は怪獣映画ジャンルのオッペンハイマーとも言えるだろう。『ゴジラ対ヘドラ』も、人間社会が直面する諸問題を解決する方法を科学技術に求めるけれども、同時にそれが諸刃の剣のような性質を持っていることを認めている。それでもやはり、全体として映画は1970年代特有の世界の終末（アポカリプス）を暗示する悲観的な傾向を呈していると言えよう。テーマソングの歌詞は虚しく響く。「生き物［は］

みんないなくなって、野も山も黙っちまった。地球の上に誰も［いない］。誰もいなけりゃ泣くこともできない」。

『ゴジラ対ヘドラ』は怪獣映画のテーマが環境問題やアポカリプスへと転換した典型的な例と言えるが、そういった動きはこの作品だけに見られるわけではない。Rhoads と McCorkle は、東宝のライバルである大映が制作した最後の怪獣映画『ガメラ対深海怪獣ジグラ』（1971）の中に似たような環境意識を見出している[10]。映画の舞台の一つに、オープンしたばかりの鴨川シーワールドがあるが、そこはイルカの飼育プログラムを設けるなど1970年代の感覚でいうところの自然保護をアピールしていた。考えてみれば、1970年代の怪獣映画はシートピア海底王国が描かれる『ゴジラ対メガロ』（1973）をはじめ、海を舞台とするものがかなり多い。『ゴジラ対メガロ』の場合、企画当初は地底に住むメガロが不思議にも「体からスモッグのようなガスを放射」する能力を備えていたということも、いかにも1970年代らしく聞こえる。

1974年に公開された『ノストラダムスの大予言』という東宝作品は、いっそう悲観的な雰囲気を醸し出す。意外にもエアロゾルのスプレーではなく、超音速ジェット機の爆発から生じたオゾン層の破壊によって致死レベルに達した超紫外線や核戦争で、人間が滅びるという大災害を映像化したディストピアのファンタジーである。突然変異した人間が荒涼とした土地を惨めにはっていく人類滅亡の場面は、1974年に公開されると被爆者団体から批判を浴び、その後封印作品となった。災害映画の世界的ブームは東宝の『日本沈没』（1973）にも反映されている。日本国内で未曾有の興行成績を上げたこの作品は米国でも多くの観客を集めた。

環境問題への転向で暗示されていたのは、科学技術の進歩は必

然的に人間の進歩を意味するという論理の否定だった。科学技術の恩恵に対する新たな懐疑心をさらに示すのは、1970年代の怪獣映画におけるロボットの登場である。その走りは1960年代末、本物のキングコングのライバルとしてロボットのメカニコングを導入した『キングコングの逆襲』（1967）に見られる。同じパターンがゴジラシリーズの第14作『ゴジラ対メカゴジラ』（1974）・第15作『メカゴジラの逆襲』（1975）の中でリサイクルされたのである。つまり、映画の中でゴジラはそっくりの分身である悪役のロボットと格闘することになったのだった。第12作目の『地球攻撃命令　ゴジラ対ガイガン』（1972）も同様に、宇宙からやってきた悪役ロボットを描いた。といっても、怪獣映画のすべてのロボットが悪いやつばかりではなかった。第13作目の『ゴジラ対メガロ』（1973）の巨大ロボット、ジェットジャガーは、まるで1960年代のテレビに登場するウルトラマンや鉄人28号のように、ゴジラが敵に挑まれた時に助けにやってくるのである。

　タナーが論じるように、1970年代には子どもの玩具にもメカ・ブームが起こった。彼によると、1950年代・1960年代の日本ではおもちゃのロボットは「希望と驚異」（hope and wonderment）を象徴していたが、それに反して1970年代になるとむしろ脅威に思えるほど「技術の熟練」（technical mastery）を強調し印象づけたのである[11]。怪獣映画の文脈では科学技術をコントロールするのは常に科学者だった。初代作品の山根・芹沢博士のコンビによって設定された長い間続いたパターンであった。芹沢博士は確かに陰鬱な性格だが、悪役、つまり「マッドサイエンティスト」といったプロフィールは当てはまらない。というのは、彼は自分が開発した大量破壊兵器の秘密を葬り、人類の未来を救うために自分を

犠牲にするというヒーローの役割を果たしているからである。1970年代の怪獣映画は地球を破壊する科学技術に新たに焦点を当てる中、登場人物のうちに真に悪質な科学者が現れるのも不思議ではなかった。昭和シリーズの最終作『メカゴジラの逆襲』（1975）は、前作で死んだように見えたロボットのモンスターを修繕する責任を、人類を滅ぼすことしか頭にない真船博士という人物に課している。そこに描写された復讐のファンタジーにしても、地下の実験室にしても、ひび割れたような笑い声にしても、彼ほど「マッドサイエンティスト」の条件に当てはまる者は想像できないだろう。ここでも悪者ロボットのメカニコングの発明家としてドクター・フーを採用した『キングコングの逆襲』（1968）がその前例と言えるだろう。

　山根博士、芹沢博士、フー博士、矢野博士、真船博士、こういった科学者の登場人物が怪獣映画の数十年間にわたって自然環境と科学技術との間の橋渡し役として機能していた。彼らのうち誰一人、また発明品のうち何一つ人類の問題を完全に解決できるものはなかった。しかも中には破壊に夢中になる者さえいた。それでも、いずれの場合においても、このジャンルが映画の中で科学者に与えた権威は、国内外の観客に戦後の日本が科学技術の進んだ国であるという印象を残したに違いない。それと同時に、彼らが次々と直面した葛藤は当時の社会が懸念していた課題、つまり、核・経済・環境にまつわる諸問題も映し出していると言えよう。昭和シリーズが幕を下ろして以降、以上のようなテーマ、特に自然と科学技術の間のダイナミックな緊張関係が、今もなお活発な怪獣映画の中で反響し続けているのである。

引用注

1) Bosley Crowther, "Screen: Horror Import," *New York Times*, 28 April 1956. Original text: "The whole thing is in the category of cheap cinematic horror-stuff…."
2) ウィリアム・M・ツツイ『ゴジラとアメリカの半世紀』中公叢書、2005 年、29 頁・44 頁。
3) Sean Rhoads and Brooke McCorkle, *Japan's Green Monsters: Environmental Commentary in Kaiju Cinema* (Jefferson, NC: McFarland, 2018), 2. Original text: "We contend that beneath a fantastic façade, *kaijū eiga* contain a kernel of the serious and can be interpreted as important sources of environmental, political, and social critiques."
4) ジェフリー・ジェローム・コーエン「怪物文化(七つの命題)」『ユリイカ』5 月号、青土社、1999 年、71 頁。
5) ツツイ、上掲書、21 頁。
6) Aaron Gerow, "Wrestling with Godzilla: Intertextuality, Childish Spectatorship, and the National Body," in *In Godzilla's Footsteps: Japanese Pop Culture Icons on the Global Stage*, eds. William M. Tsutsui and Michiko Ito (New York: Palgrave Macmillan, 2006), 63-81.
7) Ron Tanner, "Mr. Atomic, Mr. Mercury, and Chime Trooper: Japan's Answer to the American Dream," in *Asian Popular Culture*, ed. John A. Lent (Boulder, CO: Westview, 1995), 79-102.
8) Yoshikuni Igarashi, "Mothra's Gigantic Egg: Consuming the South Pacific in 1960s Japan," in *In Godzilla's Footsteps*, 82-102.
9) Igarashi, "Mothra's Gigantic Egg," 98-100.
10) Rhoads and McCorkle, *Japan's Green Monsters*, 127-137.
11) Tanner, "Mr. Atomic," 100.

第2章
ゴジラの咆哮は続く
―――ホームビデオ時代の米国におけるゴジラ映画の配給

扉絵2　ニューワールド社によるポスター　*Godzilla 1985*

デイビッド・カラハン
David Callahan

序説　ゴジラがアメリカにやってきた

　ハリウッド版「ゴジラ」は、1956年に初めて *Godzilla, King of the Monsters!*（邦題『怪獣王ゴジラ』、以降邦題で記す）という名で米国に姿を現した。日本から輸入したこの映画シリーズが、最も国民に愛される不朽の映画ジャンルの一つとして浮上することになるとは、この時、誰も予見しなかっただろう。この核怪獣がデビューしておよそ70年が経った今もなお、アメリカ文化においてその魅力は色褪せていないのである。

　『怪獣王ゴジラ』は、1956年4月27日、ニューヨークのタイムズ・スクエアにあるローズ・ステート劇場にデビューした。このハリウッド版は、入念に組まれたマーケティング・キャンペーンの効果もあって成功を収めた。前共著『アメリカ人の見たゴジラ、日本人の見たゴジラ』（2019）で筆者が「サチュレーション」（saturation＝集中戦略）として紹介したバラエティ誌（*Variety*）のいうところの、多くの巡回興行によって初回上映の収入だけでも全米でおよそ200万ドルの興行成績を記録したのである。米国製ではない映画作品で、しかも全国展開というよりもむしろ地域ごとの公開で、（1956年の割には）目を見張る額を売り上げたのだった。

　映画の宣伝活動を統括した、配給会社のジョセフ・E・レヴィ

ン（Joseph E. Levine）でさえもゴジラの長年続く魅力を過小評価していた。それは、レヴィンが全米での放映権を一括で売却したことからもわかるだろう。後になって彼は後悔の残る決断だったと認めている。『怪獣王ゴジラ』は多くの地方局でのテレビ放映で成功を繰り返し、全米で高い視聴率を収めたのだった。

ゴジラ映画を米国で著しく収益の上がる映画にしたのは、最初の「プッシュ」型宣伝活動の成功、つまり抜け目のない積極的なマーケティングの結果によるものだった。本章はいかにしてそうした宣伝活動が行われたのか、年代を追って記述しよう。

第1節　揺るがない魅力

先述のように、実際にゴジラを新しいそして若い視聴者に紹介したのは、主にテレビだった。テレビ放映によって人びとの映画への興味が持続し、全米で怪獣映画に対する関心が高まったのである。その結果、多くの怪獣映画がアメリカの配給会社に選ばれ、アメリカの視聴者のために英語の吹き替えが行われた。以下（表2-1）の映画はその一部である。

いくつかの作品は直接米国のテレビ局に売られた。（その例として）1966年の『ゴジラ・エビラ・モスラ　南海の大決闘』は1968年にはアメリカン・インターナショナル・ピクチャーズ（American International Pictures）によって *Godzilla vs. the Sea Monster* として放映された（現在のタイトルは *Ebira, Horror of the Deep* となっている）が、1967年の『怪獣島の決戦　ゴジラの息子』も同様に1969年に *Son of Godzilla* として放映された（この作品は現在も同じタイトルである）。

表 2-1　米国と日本で公開された主な怪獣映画

英語のタイトル（現在）	英語のタイトル（公開時）	公開年（米国）	日本語のタイトル（日本での公開年）	配給会社（米国）
Godzilla, King of the Monsters!	*Godzilla, King of the Monsters!*	1956	怪獣王ゴジラ（1956）	Trans World Releasing
Rodan		1957	空の怪獣ラドン（1957）	King Brothers/Distributors Corporation of America (DCA)
Godzilla Raids Again	*Gigantis, the Fire Monster*	1959	ゴジラの逆襲（1955）	Warner Bros.
Mothra		1962	モスラ（1961）	Columbia Pictures
Varan the Unbelievable		1962	大怪獣バラン（1958）	Crown-International
King Kong vs. Godzilla		1963	キングコング対ゴジラ（1962）	Universal-International
Mothra vs. Godzilla	*Godzilla vs. the Thing*	1964	モスラ対ゴジラ（1964）	American International Pictures (AIP)
Ghidorah, the Three-Headed Monster	*Earth's Greatest Battle (VHS title)*	1965	三大怪獣 地球最大の決戦（1964）	Continental Disributing Division/Walter Reade-Sterling
King Kong Escapes		1968	キングコングの逆襲（1967）	Universal
Invasion of the Astro-Monster	*Monster Zero*	1970	怪獣大戦争（1965）フランケンシュタインの怪獣 サンダ対ガイラ（1966）米国同時上映	United Productions of America (UPA) Double-featured with War of the Gargantuas
Destroy All Monsters		1971	怪獣総進撃（1968）	AIP
Space Ameba	*Yog Monster from Space*	1971	ゲゾラ・ガニメ・カメーバ 決戦!南海の大怪獣（1970）	AIP
All Monsters Attack	*Godzilla's Revenge*	1971	ゴジラ・ミニラ・ガバラ オール怪獣大進撃（1969）	UPA
Godzilla vs. Hedorah	*Godzilla vs. the Smog Monster*	1972	ゴジラ対ヘドラ（1971）	AIP
Godzilla vs. Megalon		1976	ゴジラ対メガロ（1973）	Cinema Shares
Godzilla vs. Gigan	*Godzilla on Monster Island*	1977	地球攻撃命令 ゴジラ対ガイガン（1972）	Cinema Shares
Godzilla vs. Mechagodzilla	*Godzilla vs. the Bionic Monster* *Godzilla vs. the Cosmic Monster*	1977	ゴジラ対メカゴジラ（1974）	Cinema Shares
Terror of Mechagozila		1978	メカゴジラの逆襲（1975）	Bob Conn Enterprise
Ebira, Horror of the Deep	*Godzilla vs. the Sea Monster*	1968	ゴジラ・エビラ・モスラ 南海の大決闘（1966）	AIP：直接テレビ放送局に売却される
Son of Godzilla		1969	怪獣島の決戦 ゴジラの息子（1967）	AIP：直接テレビ放送局に売却される

初回の上映時には青少年に売り込まれていたということが、主要な新聞の批評を見るとわかる。例えば、ニューヨーク・ヘラルド・トリビューン紙（*The New-York Herald Tribune*）のボブ・サルマッジ（Bob Salmaggi）は、『モスラ対ゴジラ』（*Mothra vs. Godzilla,* 1964）の批評に、「さあ、子どもたち、またゴジラだよ。あの日本から来た飛び跳ねるトカゲの……」[1]と書いている。また、ニューヨーク・タイムズ紙（*The New York Times*）のハワード・トンプソン（Howard Thompson）は、1971年の『怪獣総進撃』（*Destroy All Monsters,* 日本公開は1968）の批評に「子どものマチネ用に1年前の輸入作をリバイバルさせるために、アメリカン・インターナショナルが選ばれた」[2]と記している。

第2節　小さなスクリーンから大きなスクリーンへ

　テレビ放送と劇場公開を通して持続してきたゴジラ映画の人気は、ホームビデオが利用できるようになるとさらに広がった。ホームビデオとは、当時のベータマックス、VHS、レーザー・ディスク、今ではブルーレイ、DVDなど、すべてのタイプのビデオのことを指す。1980年代アメリカン・フィルム誌（*American Film*）やビルボード誌（*Billboard*）のような業界誌が、こうした映画のコピー（ビデオ）を個人が所有できると謳い、特集を組んで宣伝したのだった。例えば、アメリカン・フィルム誌の1982年号は、1965年の『三大怪獣 地球最大の決戦』（*Ghidorah, the Three-Headed Monster,* 日本公開は1964）をリストに挙げ、「14作品の映画だよ。ビデオで見られるなんて考えたことがないよ。ゴジラにラドンにモスラもだ」と訴える。値段は当時の録画ビデオの平

均価格で49.95ドルだった。

　さらに、ゴジラの人気は、フィギュアやプラモデルのような商品やタバコのライターのようなものへの意匠利用とその販売によって示された[3]。ただし、マーベル・コミックス（Marvel Comics）が1977年から1979年にかけて出版した漫画本は、ゴジラ・ファンにとってもマーベル・ファンにとっても物足りなかったため、売上はさほど伸びず廃刊となった[4]。

　このように米国には一定数の見込まれるファン層が確立されていたため、9年後に東宝が次作を制作しようと決めた時には、受け入れる準備が整っていたのである。それでもやはり1984年の『ゴジラ』（米国では1985年に *The Return of Godzilla* として紹介された。以降 *The Return of Godzilla* と記す）（図2-1）の配給を

図2-1　『ゴジラ』の米国版DVD *The Return of Godzilla* と短縮版VHS *Godzilla 1985*

請け負う米国の会社を見つけるのには苦労しただろう。

　日本での劇場公開後、東宝は1985年5月にカンヌ映画祭で *The Return of Godzilla* を上映した[5]。バラエティ誌によれば、東宝は米国での放映権を主要な会社に売るべく交渉を進めていた。おそらくユニバーサル映画（Universal Pictures）は、英語に吹き替えた米国版 *The Return of Godzilla* を東宝と共同制作することを考えていたのだろう。また、日本語の音声版の放映権利については、MGM/UAによって検討されていた。いずれにしても主要な映画会社はどこも東宝が当初求めた額を払いたいとは思っていなかった[6]。

　結局、東宝は二流の（準大手の）ニューワールド・ピクチャーズ（New World Pictures、以降ニューワールドと記す）と50万ドルで取引を行った[7]。この額は当時、東宝が求めていた額よりもかなり少なかった。この契約はニューワールドに米国と他のすべての英語を話す地域に放映権を与えるものだったのである[8]。

　1954年の『ゴジラ』と同様に、1984年の『ゴジラ』も、米国の放映権を獲得すると、新しく撮影したシークエンスを加え、再編集されたのである。それは、原作の103分から87分に短縮され、英語の吹き替えがなされた。新しいシークエンスは、1954年の『ゴジラ』の米国版『怪獣王ゴジラ』（1956）に登場する記者スティーブ・マーティンの役をレイモンド・バー（Raymond Burr）が再び演じるものであった。作品のタイトルは *The Return of Godzilla* から *Godzilla 1985*（邦題は『ゴジラ1985』で以降このように記す）に変更され、その年の8月に全国上映が展開された（図2-1参照）。

第3節　再び、ゴジラを売り込む

　一般公開に先立って、ニューワールドは、宣伝しなければならなかった。バラエティ誌の 1985 年 7 月 31 日号に次の宣伝文句とともに、威嚇するようなゴジラを特集する全面広告を打ち出したのだった。「火炎放射をするお気に入りのモンスターが戻ってきた……。ニューワールドが『ゴジラ 1985』を獲得した。8 月 23 日、興行成績に火をつける」。映画のポスター（本章扉絵参照）には「ゴジラ 1985――伝説が再び生まれる」（THE LEGEND IS REBORN）と記載されている。

　『ゴジラ 1985』は、『怪獣王ゴジラ』のように地域ごとの公開も行われなかったし、全国一斉の公開も行われなかった。8 月 23 日にはいくつかの米国市場でプレミアショーが行われ、翌週にさらなるマーケットが追加され、拡大された。米国の主要な批評は、賛否両論の混じったものから不評なものまであった。中には、本多猪四郎監督のオリジナルと比較し、好ましくないといったものもあったのである。

　最初の週末には、本作は 235 の劇場で公開され、50 万 9,502 ドル（当時の為替 1 ドル = 240 円で換算すると 1 億 2,228 万円）を売り上げた。1 上映あたりの平均は 2,168 ドルで、その週の他の映画と比べると 7 位にランクインした。バラエティ誌の評価では、『ゴジラ 1985』は他の新しい公開作品よりも少しましだということだった[9]。翌週、386 の劇場に上映は拡大され（ニューヨークでの 8 月 30 日のオープニングを含めると）、売上は 115 万 1,582 ドルに倍増し、1 上映あたりの平均売り上げも 2,983 ドルに押し上

げられた[10]。米国での最初の週の公開の終わりには『ゴジラ1985』は、総計411万6,395ドルの興行収入を獲得したのであった[11]。

業界誌 *The Film Journal*（1985年11月1日号）に掲載の記事は、トニー・アンジェロッティ（Tony Angellotti）の1節を含む「宣伝」という題のニューワールドのコラムを分析する。アンジェロッティは同社の国際プロモーション活動のディレクターで高く評価されている人物である。

> 個人的な経験と照らし合わせ、ニューワールドが放映権を得た『ゴジラ1985』の最近の宣伝活動について述べたい。東宝が元々 *The Return of Godzilla* と名付けた、まさしくB級映画のカテゴリーに入る日本映画は、宣伝の要素になるものはほとんどなかった。ニューワールドの営業部門の代表取締役のビル・シールド（Bill Shields）は、『ゴジラ1985』の放映権を得ると、米国の俳優が主役を演じる新しい映像の追加を決定した。全員が一致したのは、これまで米国で唯一稼いだ映画である、1956年の『怪獣王ゴジラ』に主演していたレイモンド・バーの起用だった。バーが再び記者を演じるというニュースはユーモアを持ってメディアに受け入れられた。

「往年の大スター（ゴジラ）」の復帰を予告する、ふざけた調子のトレイラーがつくられ、早いうちに市場に伝えられた。それは面白くて非常に受けた。宣伝・マーケティング部長のラスティ・シトロン（Rusty Citron）は、米国系カナダ人の映画作家マーヴ・ニューランド（Marv Newland）によって1969年に制作された *Bambi Meets Godzilla*（『バンビ、ゴジラ

第 2 章　ゴジラの咆哮は続く

図 2-2　短編アニメーション Bambi Meets Godzilla の VHS 表紙

に会う』）という、2 分間のコミカルな短編アニメーション（図 2-2）を、完成版の初めに追加したのであった。シトロンは、さらに、私（アンジェロッティ自身）がプレス用に準備したファクト・シート（1 頁の情報や指示が記されている文書）とゼンマイ仕掛けのゴジラのおもちゃを見つけたのである。同時にシトロンは、ドクター・ペッパー社、トミー社、衣料チェーンのミラー・アウトポスト社との重要な提携を準備した[12]。

コラムには、ゴジラのゴムスーツを着た男がニューヨークのタイムズ・スクエアを彷徨う宣伝写真と一緒に「ゴジラがニューワールドの宣伝活動の一部としてタイムズ・スクエアを闊歩する」という見出しがつけられた。

　この宣伝アプローチは、ワシントン・ポスト紙（*The Washington Post*）のシネマ・レビューのコメントからも分かるように、映画を一種のジョークのように取り扱うことで目標を達していた。「ニューワールド・ピクチャーズは恐怖のショーというよりは、むしろおかしな悪ふざけとして映画を宣伝していた」[13]のである。

　ドクター・ペッパー社との提携では、ソフトドリンクを瓶詰めにして配給し、映画のマーケティングに大いに貢献したのだった。ロサンジェルス・タイムズ紙（*Los Angeles Times*）が報じるには、モンスターとソフトドリンクがタッグを組んで、8月23日の『ゴジラ1985』の公開に向けて1000万ドルの宣伝活動を開始したという。これはプロダクト・プレイスメントと呼ばれる企業がお金を払い、作品中で商品を使用してもらうことで消費者に自然な形で製品をアピールする戦略と宣伝活動の完璧な合体である、とラスティ・シトロンは述べている。

　タイム誌（*Time*）の記事によるとドクター・ペッパー社は、ニューワールドが米国でゴジラの放映権を確保するのに先んじて、ゴジラを自分たちの宣伝活動に使用するためのライセンス契約を結んでいた。実際、ドクター・ペッパー社は、ニューワールド配給とビデオ販売の権利を決める時は、もうすでに秋の宣伝にゴジラを登場させることを交渉していた。テレビコマーシャルはゴジラとドクター・ペッパーをリンクして行われていたのである。記事によるとニューワールドは、宣伝におそらく300万から400万

ドルを費やしているようだ[14]）。

　エンターメント業界誌 *Back Stage* は、ドクター・ペッパー社との提携についてマーケターの視点から次のように詳しく述べている。

　　ドクター・ペッパー社はスクリーン・シネマ・ネットワーク（映画宣伝ネットワーク）にモンスターとソフトドリンクを届ける。ドクター・ペッパー社がスポンサーを務めた60秒のコマーシャル、『ゴジラ1985』のトレイラーは10月24日に終わる。ドクター・ペッパーの映画の宣伝は『ゴジラ1985』の8月公開と連携して行われた。「スクリーンの巨大な緑のトカゲは我々の非日常の特別なテーマのための重要な連携アイテムである」とドクター・ペッパー社のメディア・ディレクターのジョン・スミス（John Smith）は述べた。『ゴジラ1985』は、並外れた才能のタイムリーな公開なのである。

　業界誌 *Back Stage* の記事は、モンスター・サイズの缶のソフトドリンクを持ち上げるゴジラのイラストを掲載し、その見出しには「二度とないよ。ゴジラが25年の間に二度も東京を襲うなんて。ただし、今回は、トレイラーが示すように、ゴジラはドクター・ペッパーを飲んで一休みする」[15]）。

　この連携の結果、ドクター・ペッパー社の商品は米国の映画シーンにうまく進出したのである。一つのショットでは、ドクター・ペッパーの自動販売機が目立つように背景に描かれた。また別のショットでは、ソフトドリンクの缶にムービー・キャラクターが描かれた。

業界誌 Screen International の「ハリウッド・ホットライン」というコラムにはニューワールドの宣伝活動に関する別の記事が掲載された。それにはいかに、そしてなぜ、ゴジラが米国のポップ・カルチャーの一部になったか（組み込まれたのか）について説明する。

> ゴジラが帰還し、ニューワールドが彼を捉えた。1956年のゴジラ（『怪獣王ゴジラ』）は、ある特定の人々に非常に人気を博したテレビ番組で、米国のテレビ放送では何千回も放映されたに違いなかった。それほど古い話ではないが、私が2人の小さな少年の家を訪れた時にも、ゴジラがテレビに現れると彼らはテレビに釘付けになっていた。子供たちはすでに何度もこの番組を見ていたので物語を語れるほど記憶していた——まるでベッド・タイム・ストーリーのように。8月30日、ニューワールドが公開した新しい映画の宣伝では、6フィートのゴジラが多くの人からインタビューを受けていた。ゴジラの雄叫びや唸り声を解釈する、英語を話す日本人の通訳と一緒に[16]。

ニューワールドの広報チームによってばらまかれた、明らかにおかしな宣伝の一つに、バラエティ誌の「ハリウッド・サウンドトラック」というコラムがある（それは、次のように、ゴジラをまるで映画スターのように描写するのである）。「ゴジラが帰還し、ニューワールドは『ゴジラ1985』で再生した怪獣王を所有する。怪獣は、中世代の生き物と思われ、高さ262フィート、およそ体重5万トン、長さ656フィートもある。ニューワールド曰く、モ

ンスターが好きなテレビショーは「マッシュ」で、好きなスポーツは「スカッシュ」だそうだ[17]。

しかも映画の公開が近づいた週には、レイモンド・バーが米国版のオリジナルで演じた役でカムバックするという短い話も幾つかの業界誌で書かれていた。

第4節　ホーム・ビデオに現れるゴジラ

『ゴジラ1985』は劇場公開ではそこそこの興行成績だったが、おそらくそれは、ニューワールド社が大手の配給会社ほど広く映画を公開できなかったからだろう。1985年12月にホームビデオが入手可能になったとたん、ヒット作であることが証明された。ニューワールドのビデオの宣伝キャンペーンでは劇場ポスター用の「『ゴジラ1985』——レジェンドが復活し、近隣に現る」というタグライン（合言葉）を繰り返し、サンフランシスコ・クロニクル紙（*San Francisco Chronicle*）のピーター・スタック（Peter Stack）の映画レビューも引用した。「ゴジラの前ではランボーもイーストウッドもブロンソンもシュワルツネッガーも皆単なる小さな棒に見えるよ」。

ホームビデオにおける映画の人気は直ちに現れた。発売開始の最初の1ヶ月には最もよく売れたビデオの一つにランクインした[18]。1986年1月にレンタルが可能になると、ビルボード誌のトップ・ビデオ・レンタルチャートに何週間も上がり続けた。

バラエティ誌が報じるように、『ゴジラ1985』は国際市場では、そこそこの興行成績だったが、鳴り物入りの宣伝が予想外の良い影響を及ぼした。ニューワールド・ビデオの売り上げは米国で4

百万ドルを記録し、ゴジラのキャラクターの販売が急遽始まった。ロサンジェルスのおもちゃ会社インペリアル・トイ（Imperial Toy）は、さまざまなゴジラのキャラクター商品を製造する権利を取得した。広報担当者であるイリーナ・ディーン（Irene Dean）によると、インペリアル・トイ社のゴジラ商品のビジネスは、1985年にライセンスを取得して以来ずっと好調であるという。最もよく売れている商品は6フィートの空気で膨らむゴジラの風船人形だ[19]。

実際6フィートの風船ゴジラは、ホームビデオの販売を推し進めるツールにも採用され、その宣伝は大成功をおさめたのであるビルボード誌のホームビデオのコラムでは次のように報じている。

> ニューワールドは、新興のホームビデオ・メーカーの一つではあるけれども、その主要なB級映画作品がホーム・ビデオ市場の大きなシェアを占めることに成功した。当社のマーケティングにおける最大の成功の一つは、『ゴジラ1985』の映画にあった。空気で膨らむモンスターと唸り声のメッセージを使って、ニューワールドは映画の興行成績がかなり下がった後でさえ6桁近くの売り上げを得ることができたのだった。カタログ販売で79.95ドルの価格で9万ユニットを売り上げ、その卸価格は450万ドルにもなる（残りはビデオストアのものとなる）。

> ニューワールドはポップ・ツール（店頭での販売促進用ツール）の使用を強化したいと思っている。ニューワールドのホームビデオ主任のポール・カルバーグ（Paul Culberg）は、自

44

身のポップ・プログラムについてビデオの小売業者を利用して取り組みたいという。最近の取り組みの一つは、有名なモンスター、ゴジラそのものをツールとして使用していた。つまり、空気でふくらませた6フィートの怪獣を小売業者に提供していたのだ。「空気でふくらませた風船ゴジラを使ったマーケティングは、信じられないほど上手くいった」と彼はいう。配給会社も同じ意見である。その一人が言うには、これほどポップ・ツールの需要が高かったことはこれまでになかった。人々は風船ゴジラを見て興奮の声を上げた。ニューワールドは、この風船ゴジラに加え、ゴジラと消費者を結ぶホットラインを開設した。人々はモンスターの口から直接メッセージを聞くために電話をすることができたのである。「ホットラインはいつも話中だったのを知っている。なぜなら我々はホットラインをオフィスに繋いでいたからである」[20]。

『ゴジラ1985』は、アメリカレコード協会より、ホームビデオの販売でゴールド・ディスクの認定（a gold certification）を受けるほど売れた。これは1986年に認定されたたった7つのタイトルの一つである。「ニューワールドは、*Girls Just Want to Have Fun*（シンディ・ローパーのデビュー曲、1983-84）と*Def-Con4*（主人公の宇宙飛行士が宇宙船内で仕事をしているうちに地球で核戦争が勃発した映画、1985）とともに『ゴジラ1985』で、ゴールド・ディスクのカテゴリーで最も高い業績を挙げ、これを取得した」とビルボード誌は記した[21]。

当時を振り返って、ニューワールドの役員は、社の成功したマーケティング戦略について次のようにコメントしている。「時には爬

虫類のモンスターでさえ日本の都市を破壊することなく当社の製品の販売を助けに来てくれる。ほとんどの人はゴジラ映画を宣伝する風船モンスターについて知っていた」とマーケティングおよび営業部門の副社長であるデイビッド・ピアス（David Perce）は語る。彼曰くその風船ゴジラで人々の関心を引いたのである。配給会社には風船ゴジラが何個ある、といった宣伝だった。そして卸業者がゴジラのホームビデオを何個か買えば、彼らは販売店用の6フィートの風船ゴジラを1つもらえるということになっていたのだった。我々はそうしたことをとても楽しんでいた[22]。

やがて『ゴジラ1985』の最初のブームが収まると、ニューワールドは価格を下げてホームビデオを生産し続けた。たとえば、1988年の秋には、『地球攻撃命令　ゴジラ対ガイガン』（1972）と『ゴジラ対メカゴジラ』（1974）（それぞれ19.95ドル）を組み合わせて、一群のゴジラ映画の一部として販売したのである（その秋にはまたベストロン・ビデオ社（Vestron Video）が『怪獣王ゴジラ』を他の映画と一緒に *The Butcher's Dosen*（訳すると『1ダースの殺人鬼』）として宣伝し販売した。

1989年9月、ニューワールド社は『ゴジラ1985』のビデオ価格を9.95ドルに下げて販売し、その後スターメーカー・エンターテイメント社（Starmaker Entertainment）によってVHSで販売された（スターメーカー社はさらに後にビデオ配給社のアンカー・ベイ（Anchor Bay Entertainment）に買収された)[23]。またクラケン・リリーシング（Kraken Releasing）はオリジナルの『ゴジラの帰還』をDVDとブルーレイで販売したが、『ゴジラ1985』のDVDは発売しなかった。

第5節　平成シリーズはホーム・ビデオで

　米国では『ゴジラ1985』の興行成績が伸び悩み、東宝が求めた映画の配給権料が最初の言い値よりずっと低かったため、ゴジラの次の映画シリーズ——平成シリーズはどれも米国では劇場公開されなかった。その代わりいずれも直接ビデオ化された。

　東宝は米国での配給の取引を確実にするためだろう、バラエティ誌（1989年10月18日号）にゴジラ映画の全面広告を出した。その広告は、テレビ・映画・マルチメディアの国際見本市であるミフェド（MIFED）が日本に焦点を当てていたセクションにおいてだった。宣伝には『ゴジラVSビオランテ』（1989）の作品が含まれた。謳い文句は「ゴジラが再び登場する。今回は恐ろしい邪悪な力によって創造された植物モンスターに立ち向かう」であった。

　『ゴジラVSビオランテ』の米国での配給会社を獲得しようと、東宝インターナショナル（当時は子会社の東宝インターナショナルが米国で東宝の映画を販売していた）は1990年には米国のミラマックス（Miramax Film Corporation）と交渉していた。ところが交渉は決裂し、訴訟という結果となった。バラエティ誌は、ミラマックスが配給権の前金を支払わなかったとして東宝が訴えたと報じた。それによると、2社は1990年6月に当該作品の北アメリカと英国連邦とアイルランドでの放映権について、口頭での協約を結んだという。ミラマックスは、最初に放映権料の3分の1の50万ドルを前金として支払うことになっていたが、今やそれを否定してきた、と訴状は伝えている[24]。作家で怪獣映画研究者のスティーブ・ライフル（Steve Ryfle）によると、「訴訟が映画の

公開を2年遅らせた。結局、示談解決によりミラマックスは放映権を得たが、金額は報道されなかった。先の「ゴジラの凱旋」（Godzilla's trianfant return）を謳う全面広告を除いて広告は全くなく、『ゴジラVSビオランテ』（1989）はHBOビデオとのライセンス契約によって、1992年10月9日に *Godzilla vs. Biollante* としてVHSのビデオテープの形で販売され、さらにHBOのケーブルテレビで放映された[25]。

　劇場公開は実現しなかったが、『ゴジラVSビオランテ』は長年にわたって様々なフォーマットでビデオ販売された。1992年のVHSの販売に加え、2012年にはミラマックス社とエコ・ブリッジ社（Eco Bridge）によってDVD化された（図2-3）。2014年には

図2-3　ミラマックス社版 *Godzilla vs. Biollante* のDVD表紙

ライオンズ・ゲート・エンターテインメント社（Liongate Entertainment）が、エコ・ブリッジが配給したミラマックスのタイトルを獲得し、続いてビデオとブルーレイを販売した。それぞれにおいて映画は英語の吹き替えも行われ、のちの DVD の販売は英語字幕付きのオリジナルの日本語版と英語吹き替え版の両方を含んでいた。

東宝は、平成シリーズの次の映画『ゴジラ VS キングギドラ』（1991）も国際市場に売り出そうとした。おそらく米国の配給会社がライセンス契約をしてくれると期待し、1991 年のミフェド（MIFED）の映画見本市に参加し、いくつかの最近の作品とともに映画を提供した[26]。そして映画は非公式に 1992 年のカンヌ映画祭で上映された[27]。

しかし米国で『ゴジラ VS キングギドラ』は大ヒットとはならなかった。その理由は劇場での配給会社を見つけられなかったために注目を集めなかったということではない。映画の内容において反米といった偏見を含むとアメリカの複数のメディアが解釈したからだった。それに対して、大森一樹監督は反米の意図を否定し、「映画は日本のバブル経済期の日本と他国との関係についてコメントする意図だった」と打ち明けた[28]。ゴジラ研究者のデイビッド・カラット（David Kalat）によれば、「この論争によって東宝は米国での配給会社を見つけるのに苦労した」という[29]。

『ゴジラ VS キングギドラ』を米国の視聴者がビデオで見られるようになるには 5 〜 6 年かかった。1998 年ソニー・ピクチャーズエンターテイメント（Sony Pictures Entertainment Inc.）の一部であるコロンビア・トライスター（Columbia TriStar）からアメリカ版「ゴジラ」が公開された時は、『ゴジラ VS モスラ』（日本

図 2-4 *Godzilla vs. King Ghidorah* と *Godzilla and Mothra* の
2 枚組 DVD 表紙

公開は 1992、*Godzilla and Mothra: Battle for the Earth*）と『ゴジラ VS キングギドラ』（*Godzilla vs. King Ghidorah*）のトレイラーも含んでいた。コロンビア・トライスターは英語の吹き替え版をビデオと DVD の両方でつくり、DVD 版は『ゴジラ VS モスラ』との 2 枚組にした（図 2-4）。ソニー・ピクチャーズのビデオ配給部門であるソニー・ピクチャーズ ホームエンターテイメント（Sony Pictures Home Entertainment）は DVD とブルーレイの両方に英語吹き替え版と英語字幕付きの日本語の音声版をおさめた。

『ゴジラ VS モスラ』についても同様に、米国の放映権が米国の会社によって選ばれたのではなかった。トライスター・ピクチャーズが「最初の15作品のゴジラ映画のキャラクターの権利を、30〜40万ドルの前払いで購入することに同意した」と報じたのはこの頃だったのだ[30]。これはゴジラのブランドを維持しようとする努力である。この取引は東宝とトライスター社の間で行われた。それはアメリカ製ゴジラ、つまり、マシュー・ブロードリック（Matthew Broderick）が主演する1998年版となる映画を特集する（1998年の映画の呼び物にする）ことを視野に入れたものだった[31]。

この映画がビデオ化されるのと相前後して、1998年にコロンビア・トライスターによって『ゴジラ VS キングギドラ』が英語で吹き替えられ VHS と DVD が発売された。2014年にはソニー・ピクチャーズによって英語の吹き替えと英語字幕付き日本語音声版の両方のバージョンで DVD とブルーレイが発売された。

『ゴジラ VS メカゴジラ』（1993）の米国でのタイトル *Godzilla vs. Mechagodzilla II* はおそらく同名の1974年作品『ゴジラ対メカゴジラ』（*Godzilla vs. Mechagodzilla*）と区別するため変更されたのだろう（図2-5）。本作も米国では直接ビデオ公開となり、コロンビア・トライスターによって1999年に英語吹き替えの VHS で販売となった。2005年にはソニー・ピクチャーズによって英語吹き替えと英語字幕付き日本語音声版の両方で『ゴジラ VS スペースゴジラ』とセットで、2014年に DVD 化された。これはブルーレイの販売の一部であった。ジャーナリストのレイ・グリーン（Ray Green）はゴジラの特集の中でも *Godzilla vs. Mechagodzilla II* を取り上げ、こうしたゴジラ映画が劇場公開されず、直接ビデ

図 2-5 *Godzilla vs. Mechagodzilla II* の DVD 表紙

オ化されるといったやり方が続くことを不満に思うと述べる一方で、家庭という市場での高い需要に言及し、ゴジラは今後もビデオ市場において怪獣王として君臨し続けるだろうとボックスオフィス誌（*Box Office*）の中で述べている[32]。

また、『ゴジラ VS スペースゴジラ』（1994）が『ゴジラ VS メカゴジラ』（*Godzilla vs. Mechagodzilla II*）とのセットでブルーレイが販売される前の 1999 年に『ゴジラ VS スペースゴジラ』はソニー・ピクチャーズによって英語吹き替え VHS ビデオ *Godzilla vs. Space Godzilla* が発売されていたし、2002 年には『ゴジラ VS デス

トロイア』(日本公開は 1995、*Godzilla vs. Destroyah*) とのセットで DVD が発売された。

　平成シリーズの最後の作品である 1995 年の『ゴジラ VS デストロイア』もまた米国では直接ビデオ公開された一方で、東宝が最後のゴジラ作品になるだろうとアナウンスした時には、メディアの関心をなんとか惹きつけることができた。ニューヨーク・タイムズ紙は、東宝のプロデューサー冨山省吾に言及する物語を出版した。その時彼は、「これまで 21 の冒険物語を作ってきて、もう何もアイデアが残っておらず、それがこのシリーズに終止符を打つことにした理由だ」[33]と語った。しかし、このコメントは疑いの目を持って見られ、のちのニューヨーク・タイムス紙の記事では「いやあ、そうだ、最後の作品だ」と、米国で映画を配給してきたユナイテッド・プロダクションズ・オブ・アメリカ (United Productions of America) のヘンリー・J・サパースタイン (Henry J. Saperstein) はいった[34]。『ゴジラ VS デストロイア』は、前述したように米国では 1999 年に英語吹き替え版の VHS がコロンビア・トライスターによって、2014 年にソニー・ピクチャーズによって『ゴジラ VS スペースゴジラ』とのセットで発売された。英語吹き替え版と英語字幕付き日本語音声版のブルーレイも販売されたが、この時は『ゴジラ×メガギラス　G 消滅作戦』(日本公開は 2000、*Godzilla vs. Megaguirus*) との 2 枚組だった。

第 6 節　ミレニアム・シリーズもホームビデオで

　次作『ゴジラ 2000 ミレニアム』(1999) は *Godzilla 2000* (2000) としてきちんとした米国の劇場で公開された最初のものだろう (4

章扉絵参照)。ブルックリン・ブリッジと思われる構造物と一緒に聳え立つゴジラを描いたポスターでは、モンスターが飛行機に取り囲まれるが、熱線でその一機を破壊している場面が描かれている。短いフレーズで「戦いの準備はいいか」という当時人気のあったスポーツのフレーズをもじって「崩壊する準備はいいか」（GET READY TO CRUMBLE）という言葉が書かれていた。

バラエティ誌のレビューは中程度の興行成績だろうと予想していた。「最初の東宝作品は、この15年間広く北米の劇場で公開されてきたが、*Godzilla 2000* はVHSやDVDにコンパクト化されるほど多くの観客を見出すことはないだろう」[35]と評している。結局、本作はトライスター・ピクチャーズによって提供された東宝作品をソニー・ピクチャーズが配給し、2000年8月18日に2011の劇場で公開された。

英語の吹き替えにあたり107分から99分に短縮され上映されたが、最初の週で440万7,720ドルを稼いだ。その年1,003万7,390ドルを稼いだ[36]。英語吹き替え版と日本語音声版（英語の字幕付き）は、2001年にコロンビア・トライスターによってVHSで販売された。その後2014年にはソニー・ピクチャーズによってブルーレイで両方のバージョンが販売された。

50周年の一環でリアルト・ピクチャーズ（Rialto Pictures）からもゴジラのオリジナルの日本版がニューヨークの映画フォーラム「ゴジラ──日本のオリジナル」と題して修復版で提供された。リアルト・ピクチャーズは、米国内外のクラッシック映画のリバイバルの放映権を獲得する専門の会社である。映画の上映は米国内19の劇場に拡大し、総計41万2,520ドルを売り上げた。2014年4月に公開され、追加で15万191ドル[37]を売り上げた。

第7節 『シン・ゴジラ』は初の日本語音声で

　米国で全規模の劇場公開が行われた次の映画は『シン・ゴジラ』（*Shin Godzilla*, 2016）だった。作品はファニメーション・フィルム（Funimation Film）によって配給された（図2-6）。それはファニメーション・エンターテイメント（Funimation Entertainment）の劇場公開部門である（ファニメーションは2022年にクランチロール（Crunchyroll, LLC）に統合された）。ファニメーションは2016年にサンディエゴのコミックコンベンションで放映権の獲得を効果的に告知した。この告知によると「協定は、ビデオ・オン・デマンドによる劇場公開とテレビの放映権など米国でのすべての権利を含む」[38]。宣伝には「化身の神。滅びゆく都市」と記したポ

図2-6　*Shin Godzilla* の DVD（パッケージを開いたところ）

スターが準備された。

　映画に対する関心を引きつけようと、ファニメーションは、公開前にロサンジェルスとニューヨークで上映したのだった。

　映画は2016年10月11日に公開され、12週間の上映が予定されていた。最初、ファニメーションは限定的な公開を行い、以前の成功を収めた「ドラゴンボールZ」のように「イベント」の感覚を与えることを意図していたのである[39]。これまで米国で配給されたすべてのゴジラ映画とは対照的に、特別だったのは、『シン・ゴジラ』はオリジナルの日本語音声版（英語字幕付き）で上映された点だ。最初の週は34の劇場で45万8,342ドルを売り上げた。

　その後米国での上映は、最高490の劇場まで拡大し、190万8,028ドルの売上を計上したが、あくまでも字幕付き映画の及ぶ範囲だった[40]。ホームビデオも劇場版と同様に英語字幕付きの日本語音声で発売された。英語字幕付きの日本語音声版は、ファニメーションではブルーレイ・DVDで2017年に公開されたが、英語の吹き替えもまた含んでいたのだった。

　モンスター・ヴァースの財政的成功や*Godzilla Minus One*として公開された『ゴジラ−1.0』（2023）の財政的成功に示されるように、米国ではゴジラの人気は続く。『シン・ゴジラ』のように『ゴジラ−1.0』は英語字幕付きの日本語音声で上映され、2024年現在、米国でこれまで公開された日本語音声の映画の中で最も高い売り上げを記録している。

第 2 章　ゴジラの咆哮は続く

引用注

1) Salmaggi, Bob "review title", *New York Herald Tribune*, November 26, 1964.
2) Thompson, Howard. "Screen: Happy Horrors for Children: 'Destroy all Monsters' Appears on Circuits," *New York Times (1923-)*, Dec 14, 1970, pp. 58. *ProQuest*, https://rlib.pace.edu/login?url=https://www.proquest.com/historical-newspapers/screen-happy-horrors-children/docview/118950587/se-2.
3) Ryfle, Steve. *Japan's Favorite Mon-Star: The Unauthorized Biography of "the Big G"*. ECW Press, 1998, p. 156.
4) Kalat, David. *A Critical History and Filmography of Toho's Godzilla Series*. Second ed., McFarland & Co., 2010. p. 151.
5) "International: Toho Mulls Sequel to Latest 'Godzilla.'" *Variety (Archive: 1905-2000)*, vol. 319, no. 2, May 08, 1985, pp. 55. *ProQuest*, http://ezproxy.nypl.org/login?url=https://www.proquest.com/magazines/international-toho-mulls-sequel-latest-godzilla/docview/1438428005/se-2.
6) "Far East: 'Godzilla' No Monster, But Pic's Rentals Help Boost Toho Bottom Line." *Variety (Archive: 1905-2000)*, vol. 319, no. 1, May 01, 1985, pp. 409. *ProQuest*, http://ezproxy.nypl.org/login?url=https://www.proquest.com/magazines/far-east-godzilla-no-monster-pics-rentals-help/docview/1438427282/se-2.
7) Myers, Harold. "Pictures: Japanese Say Mart O.K., But Hong Kong Unhappy." *Variety (Archive: 1905-2000)*, vol. 319, no. 4, May 22, 1985, pp. 6-6, 31. *ProQuest*, http://ezproxy.nypl.org/login?url=https://www.proquest.com/magazines/pictures-japanese-say-mart-o-k-hong-kong-unhappy/docview/1438411062/se-2.
8) Nulty, Peter, and Robby Miller. "New World's Boffo B Movie Script - Two Young Lawyers Are Out to Prove That Low-Budget Chillers and & Sci-Fi Flicks Still Have Legs." *Fortune*, vol. 113, no. 4, Feb. 1986, p. 48. *EBSCOhost*, research.ebsco.com/linkprocessor/plink?id=22028263-2ee2-3308-a68a-ffe4fad27c85.
9) Harwood, Jim. "Pictures: Michael J. Fox Rules Natl. B.O.; 'Sip' Shaky, 'Ghostbusters' Pale." *Variety (Archive: 1905-2000)*, vol. 320, no. 5, Aug 28, 1985, pp. 3-3, 30. *ProQuest*, http://ezproxy.nypl.org/login?url=https://www.proquest.com/magazines/pictures-michael-j-fox-rules-natl-b-o-sip-shaky/docview/1438414841/se-2.
10) Harwood, Jim. "Pictures: Boxoffice Labors To Gain Speed During Sluggish Holiday Weekend." *Variety (Archive: 1905-2000)*, vol. 320, no. 6, Sep 04, 1985, pp. 3-3, 33. *ProQuest*, http://ezproxy.nypl.org/login?url=https://www.proquest.com/magazines/pictures-boxoffice-labors-gain-speed-during/docview/1438417125/se-2.
11) "Godzilla 1985." *Box Office Mojo*, www.boxofficemojo.com/title/tt0087344/?ref_=bo_se_r_1. Accessed 22 Dec. 2023.
12) "PUBLICITY: Tony Angellotti Director of Worldwide Publicity & Promotion New World Pictures." *The Film Journal (Archive: 1979-1996)*, vol. 88, no. 11, Nov 01, 1985,

57

pp. 41–45. *ProQuest*, http://ezproxy.nypl.org/login?url=https://www.proquest.com/magazines/publicity-tony-angellotti-director-worldwide/docview/1505869576/se-2.
13) Shales, Tom. "The Lizard Of Flaws: Godzilla Returns in A Hapless Remake 'Godzilla'." *The Washington Post (1974-)*, Oct 01, 1985, pp. 2. *ProQuest*, http://ezproxy.nypl.org/login?url=https://www.proquest.com/historical-newspapers/lizard-flaws/docview/138502244/se-2.
14) Mathews, Jack. "Dr Pepper Bubbles up to Godzilla." *Los Angeles Times*, vol. v104, 2 Aug. 1985. *EBSCOhost*, research.ebsco.com/linkprocessor/plink?id=d9c37953-691c-3f46-9e0b-f7886978ef33.
15) "Dr Pepper Soothes The Savage Beast on Screenvision." *Back Stage (Archive: 1960-2000)*, vol. 26, no. 38, Sep 20, 1985, pp. 18. *ProQuest*, http://ezproxy.nypl.org/login?url=https://www.proquest.com/magazines/dr-pepper-soothes-savage-beast-on-screenvision/docview/1438561149/se-2.
16) Franklin, B. J. "US News: Hollywood Hotline." *Screen International (Archive: 1976-2000)*, no. 510, Aug 17, 1985, pp. 10. *ProQuest*, http://ezproxy.nypl.org/login?url=https://www.proquest.com/magazines/us-news-hollywood-hotline/docview/962761760/se-2.
17) "Pictures: Hollywood Soundtrack." *Variety (Archive: 1905-2000)*, vol. 320, no. 2, Aug 07, 1985, pp. 28. *ProQuest*, http://ezproxy.nypl.org/login?url=https://www.proquest.com/magazines/pictures-hollywood-soundtrack/docview/1438416257/se-2.
18) Bierbaum, Tom. "HomeVideo: 'Pale Rider,' 'View To Kill' Pace December's $79.95 Rental Titles; Sales Blizzard For 'White Xmas'." *Variety (Archive: 1905-2000)*, vol. 321, no. 10, 1986, pp. 25. *ProQuest*, http://ezproxy.nypl.org/login?url=https://www.proquest.com/magazines/homevideo-pale-rider-view-kill-pace-decembers-79/docview/1438426384/se-2.
19) Sciacca, Tom. "Japan-Films: Godzilla, Japan's Monster Hit." *Variety (Archive: 1905-2000)*, vol. 328, no. 9, Sep 23, 1987, pp. 48–48, 119. *ProQuest*, http://ezproxy.nypl.org/login?url=https://www.proquest.com/magazines/japan-films-godzilla-japans-monster-hit/docview/1286140896/se-2.
20) Seideman, Tony. "Home Video: New World Will Market A 'Vintage' Line." *Billboard (Archive: 1963-2000)*, vol. 98, no. 13, Mar 29, 1986, pp. 53. *ProQuest*, http://ezproxy.nypl.org/login?url=https://www.proquest.com/magazines/home-video-new-worid-will-market-vintage-line/docview/1438651256/se-2.
21) "Parker Bros. Wins 1st Platinum Video." *Billboard (Archive: 1963-2000)*, vol. 98, no. 7, Feb 15, 1986, pp. 76. *ProQuest*, http://ezproxy.nypl.org/login?url=https://www.proquest.com/magazines/parker-bros-wins-1st-platinum-video/docview/1286432670/se-2.
22) "New World Video: New World Promotions: It's A Wild, Wild World When Selling's

Fun For Everyone." *Billboard (Archive: 1963-2000)*, vol. 98, no. 33, Aug 16, 1986, pp. N6, N8, N14, N15. *ProQuest*, http://ezproxy.nypl.org/login?url=https://www.proquest.com/magazines/new-world-video-promotions-wild-when-sellings-fun/docview/1286304695/se-2.

23) Goldstein, Seth, and Ed Christman. "Handleman Racks Up A Restructuring." *Billboard (Archive: 1963-2000)*, vol. 107, no. 42, Oct 21, 1995, pp. 1-1, 105. *ProQuest*, http://ezproxy.nypl.org/login?url=https://www.proquest.com/magazines/handleman-racks-up-restructuring/docview/1506019139/se-2.

24) "Film: NEWSLINES - Toho sues Miramax over 'Godzilla'." *Variety (Archive: 1905-2000)*, vol. 340, no. 10, Sep 17, 1990, pp. 4. *ProQuest*, http://ezproxy.nypl.org/login?url=https://www.proquest.com/magazines/film-newslines-toho-sues-miramax-over-godzilla/docview/1286066229/se-2.

25) Ryfle, Steve. Japan's Favorite Mon-Star: The Unauthorized Biography of "the Big G". ECW Press, 1998 p. 258.

26) "Sellers." *Screen International (Archive: 1976-2000)*, Oct 20, 1991, pp. 96-109. *ProQuest*, http://ezproxy.nypl.org/login?url=https://www-proquest-com.i.ezproxy.nypl.org/magazines/sellers/docview/1014661932/se-2.

27) Maslin, Janet. "FILM VIEW; Godzilla, Sharon and 'X' Meet in the Kaleidoscope." *New York Times*, May 24, 1992. *ProQuest*, https://rlib.pace.edu/login?url=https://www.proquest.com/newspapers/film-view-godzilla-sharon-x-meet-kaleidoscope/docview/428483973/se-2.

28) Ryfle, Steve. Japan's Favorite Mon-Star : The Unauthorized Biography of "the Big G". ECW Press, 1998, p. 273.

29) Kalat, David. *A Critical History and Filmography of Toho's Godzilla Series*. Second ed., McFarland & Co., 2010. p. 181.

30) Regelman, Karen. "Toho at 60: The Giant of Japanese Showbiz." *Variety (Archive: 1905-2000)*, vol. 349, no. 3, Nov 09, 1992, pp. 43-43, 56. *ProQuest*, http://ezproxy.nypl.org/login?url=https://www-proquest-com.i.ezproxy.nypl.org/magazines/toho-at-60-green-giant-japanese-showbiz/docview/1401382401/se-2.

31) Kalat, David. *A Critical History and Filmography of Toho's Godzilla Series*. Second ed., McFarland & Co., 2010. p. 192.

32) Greene, Ray. "The Big Picture." *Boxoffice.*, vol. 131, no. 10, Oct 01, 1995, pp. 50. *ProQuest*, http://ezproxy.nypl.org/login?url=https://www.proquest.com/magazines/big-picture/docview/1040615290/se-2.

33) "Godzilla Fights A Final Battle." *New York Times*, Jul 16, 1995. *ProQuest*, https://rlib.pace.edu/login?url=https://www.proquest.com/newspapers/godzilla-fights-final-battle/docview/430244887/se-2.

34) Sterngold, J. "The World; Does Japan Still Need Its Scary Monster?" *New York

Times (1923–), Jul 23, 1995, pp. 2. *ProQuest*, https://rlib.pace.edu/login?url=https://www.proquest.com/historical-newspapers/does-japan-still-need-scary-monster/docview/109507610/se-2.

35) Leydon, Joe. "Film Reviews: Locarno-Soviet Retro-Godzilla 2000." *Variety (Archive: 1905–2000)*, vol. 380, no. 1, Aug 21, 2000, pp. 16. *ProQuest*, http://ezproxy.nypl.org/login?url=https://www.proquest.com/magazines/film-reviews-locarno-soviet-retro-godzilla2000/docview/1438538177/se-2.

36) "Film: BOX OFFICE." *Variety (Archive: 1905–2000)*, vol. 381, no. 5, Dec 18, 2000, pp. 11. *ProQuest*, http://ezproxy.nypl.org/login?url=https://www.proquest.com/magazines/film-box-office/docview/1438560314/se-2.

37) "Godzilla." *Box Office Mojo*, www.boxofficemojo.com/title/tt0047034/?ref_=bo_se_r_4. Accessed 28 Dec. 2023.

38) "Funimation Films Secures Rights To 'Shin Godzilla' Movie Throughout The Americas." *PR Newswire*, 22 July 2016. *Gale OneFile: News*, link.gale.com/apps/doc/A459015297/STND?u=nysl_me_pace&sid=bookmark-STND&xid=d47f4a1c. Accessed 29 Dec. 2023.

39) "Shin Godzilla's Trailer Is Here" MOVIE WEB. Sep.9, 2016. https://movieweb.com/shin-godzilla-trailer-resurgence/

40) "Shin Godzilla." *Box Office Mojo*, www.boxofficemojo.com/release/rl587302401/?ref_=bo_gr_rls. Accessed 29 Dec. 2023.

第3章
ゴジラの声（あるいは啓示）

扉絵3　宣伝ポスター（1984）『ゴジラ』© TOHO. CO., LTD.

池田淑子
Yoshiko Ikeda

序説

　日本のゴジラ映画は現在4つのシリーズに分けられるだろう。まず、1954年の第一作『ゴジラ』から1975年の『メカゴジラの逆襲』までの15作品からなる昭和シリーズ、次に1984年の『ゴジラ』から1995年の『ゴジラVSデストロイア』までの7作品からなる平成シリーズ、そして1999年の『ゴジラ2000 ミレニアム』から2004年の『ゴジラ FINAL WARS』までの6作品からなるミレニアムシリーズである（ゴジラ年表p.280参照）。その後、福島原子力発電所事故の後に『シン・ゴジラ』（2016）、アニメーション映画三部作『GODZILLA』（2017-2018）とテレビアニメ番組『ゴジラ S.P〈シンギュラポイント〉』（2021）、そして『ゴジラ-1.0』（2023）、が続いて製作された。これらの作品を平成28年の『シン・ゴジラ』を含め、仮に「令和シリーズ」と呼んでおこう。

　本章はその中で平成シリーズに焦点を当てる。これらの作品は、第6章で紹介される米国製初の実写映画『GODZILLA』（1998）やその連作となるアニメーションTV番組『ゴジラ　ザ・シリーズ』（*Godzilla: The Series*, 1998-2000）、そしてモンスター・ヴァース・シリーズ第一弾である2014年の『GODZILLA ゴジラ』（*Godzilla*, 2014）から2024年の最新作『ゴジラ×コング　新たなる帝国』（*Godzilla × Kong: The New Empire*）に少なからず影響

を与えている。日本のゴジラは、昭和シリーズにおいて怪獣という名のもとにアメリカの身代わりとしてスタートし、次第に日本的な要素や人間的な要素が組み込まれ、日本のシンボルとなり、守護神ともなった。ゴジラが復活した平成シリーズではアンチ・ヒーローとしてさまざまな人間の闇を映し出し、それはやがて人類全体を代表するものとなる。ゴジラのイメージはさまざまな時代を経て拡大し、いつしか生命体および自然や地球全体をも内包してゆく。本章はその過程を検証する。

第 1 節　昭和シリーズのゴジラ

　まず平成シリーズを検証する前に、前編著『アメリカ人の見たゴジラ、日本人の見たゴジラ』（2019）で分析した10作品を含む昭和シリーズの15作品に描かれるゴジラ表象について簡単に整理しておこう。

　初代の『ゴジラ』（1954）および次作の『ゴジラの逆襲』（1955）では、天災のごとく日本を襲い、都市を破壊する恐怖の水爆怪獣として出現する。国内外で人気を博したゴジラは、第3作目『キングコング対ゴジラ』（1962）では、日本のシンボルとしてアメリカのシンボルであるキングコングと戦い、引き分け試合を行う。次の1964年の『モスラ対ゴジラ』では、建物を破壊し、人々を襲う核の軍事利用を体現するゴジラが、平和を祈り、原子力の平和利用を示唆する怪獣モスラと戦い、敗北を期す。ここまでは明らかに悪役の破壊神だが、次作の『三大怪獣　地球最大の決戦』（1964）では、モスラやラドンと力を合わせ、宇宙怪獣キングギドラと戦う地球の守護神となる。

ゴジラが「シェー」をすることで有名になった第6作『怪獣大戦争』（1965）では、宇宙開発に関心が集まり、アメリカ人と日本人の宇宙飛行士が仲良くＸ星へロケットで向かう。これまでのゴジラとの決定的な違いは、ゴジラが電磁波によって操作・制御可能であることが示されると同時に、宇宙開発技術や当時まだ「大型計算機」と呼ばれていたコンピュータ技術が、まるで核技術をしのぐものかのように描かれている点である。敵のＸ星人には、コンピュータに依存し、自立心の欠如した人間の姿が投影される。

これを境に、ゴジラは人間にとってどんどん近い存在として描かれるようになる。『ゴジラ・エビラ・モスラ　南海の大決闘』（1966）および『海獣島の決戦　ゴジラの息子』（1967）では人間の友達に、『怪獣総進撃』（1968）ではコンピュータ技術で制御される怪獣ランドに住む飼育動物、人間のペットになる。その描写は、まるで核がコンピュータ技術に内包されていく、あるいは共存すると言えるのかもしれない。『ゴジラ・ミニラ・ガバラ　オール怪獣大進撃』（1969）では「子供の玩具」になるほど身近な存在となり、恐怖の存在としての地位を全く失い、完全に人間の味方、正義の味方となっている。『ゴジラ対ヘドラ』（1971）では公害から生まれた怪獣ヘドラと戦うが、ヘドラにひどい目にあわされる恰好悪い、弱いゴジラとして描かれている。ゴジラには、公害の被害を受ける哀れな人間の姿が投影されているのかもしれない。そして『地球攻撃命令　ゴジラ対ガイガン』（1972）ではラドンとコミュニケーションをするのに人間の言葉さえ使うのである。『ゴジラ対メガロ』（1973）では、ゴジラはついに脇役に回り、当時大人気のウルトラマンに酷似するジェット・ジャガーに主役の座を譲ることになってしまう。

そして昭和シリーズの最後の2作『ゴジラ対メカゴジラ』（1974）と『メカゴジラの逆襲』（1975）ではロボットのメカゴジラに対して「命あるもの」を代表して戦い、幕を閉じている。ゴジラは人間に被害をもたらすどころか、人間にとって身近な、人間を助ける正義の味方として役を終える。

　再び恐怖の存在として姿を表す平成シリーズでは、1984年の『ゴジラ』から1995年の『ゴジラVSデストロイア』までの平成・VSシリーズ7作品のなかで、言葉を発さないゴジラは、何を伝えているのだろうか。ゴジラはどのように出現し、何を破壊し、何と戦い、退治するのだろうか。ゴジラが登場する7つの物語世界の中で、ゴジラと対決する怪獣および登場人物の描写と物語のプロット（論理）を通して（物語の中に埋め込まれた価値観と照らし合わせて）怪獣ゴジラの指し示す意味が何なのか、そしてそれがどのように変化していくのかを分析する。ゴジラはいったい何者なのだろうか。

第2節　『ゴジラ』（1984）[1] の新たな核の恐怖
　　　──核の平和利用の危険性

　ゴジラ映画の昭和シリーズと平成シリーズにおいて、プロデューサーはすべて田中友幸氏が担当している。彼は本多猪四郎監督から大森一樹監督、大河原孝夫監督まで、監督、特撮監督、脚本家の指名など大きな権限を持ち、多大な影響を与えていたと言われている。

　その田中友幸プロデューサーが初代回帰をめざしたという『ゴジラ』（1984）から始めよう。1954年の第1作を踏襲し、核の恐

第3章　ゴジラの声（あるいは啓示）

図3-1　井浜原発　スチール写真（1984）『ゴジラ』© TOHO. CO., LTD.

怖の存在として水爆怪獣ゴジラは復活する。ゴジラは伊豆諸島の噴火する大黒島の中から現れる。そして、ゴジラは「第五福竜丸」事件を想起させる初代のシーンのように漁船「第五八幡丸」を襲う。さらにソ連（当時）の原子力潜水艦を攻撃すると、その潜水艦の沈没がアメリカによるものだと誤報され、両国軍が臨戦体制に入り一触即発の状態となる。やがて自衛隊の情報により沈没はゴジラの仕業だと判明し、それを日本国政府が公表する（公表を許す？）ことによって衝突は回避される。だが、米ソ両国はゴジラを倒すために今度は核ミサイルの使用を提案するのである。ゴジラを倒すためのミサイルが誤ってソ連から発射されるが、アメリカ空軍の迎撃ミサイルで東京は一旦難を逃れる。そこに再びゴジラが現れるというあらすじである。

　生物物理学者の林田博士は、「ゴジラはいわば核兵器のようなものだ。生きた核兵器だ」と語る。このように、物語はゴジラを通してベルリンの壁が崩壊する以前の、「新冷戦」における核兵器の

67

恐怖を再現している。東西冷戦は、キューバ危機以降一度は緊張緩和が進んだが、1979年にソ連のアフガニスタン侵攻が起こり、アメリカ議会がSALT Ⅱ（第二次戦略兵器制限交渉）の批准を否決し、再び緊張状態に戻っていた。その当時の状態が「新冷戦」と呼ばれている。

　この蘇った核兵器の恐怖に新たな恐怖が加わる。それは、原発事故の危険性である。ゴジラが静岡の井原原子力発電所を襲い破壊するのである。本作は福島第1原子力発電所事故（2011）より四半世紀も前に制作されたもので、しかもチェルノブイリ原発事故（1986）が起こる以前のものである。ゴジラ研究者の Sean Rhoads と Brooke McCorkle はその意義を高く評価している。彼らの著作 *Green Monsters* で彼らは「映画は原子力を核兵器の凄まじい破壊力と同一視」すると指摘する。そして「1984年の『ゴジラ』が警告した原発事故による環境破壊の危険性は、まさに予言的だった」と述べている[2]。実際、初代の作品で「自然の人類に対する逆襲」を象徴的に表現した田中友幸プロデューサーは、「日本人は時が経つにつれて［核に対して］無頓着で無関心になってきているので、今日いかに簡単に原発事故が起こりうるか、この作品で示したいと思っていた」という[3]。

　映画は、核兵器の恐怖に加えて、平和利用として戦後の日本のエネルギー需要及び高度経済成長を支えてきた原子力発電の事故の恐怖を表現している。火山の噴火や地震などの地殻変動により原発事故が起こる可能性を、ゴジラを通して警告しているのである。ましてや、ロシアによるウクライナのサボリージャ原発の攻撃が現実となった今日において、本作の制作時に原子力発電所が攻撃のターゲットとなる危険性を警告していた意味は重要である。

第 3 章　ゴジラの声（あるいは啓示）

　高橋誠一郎は、『日本沈没』（1973）もプロデュースした田中友幸に言及し、火山の噴火や地震といった地殻変動の恐怖を描く『日本沈没』の本作に及ぼす影響を指摘する[4]。三原山の噴火により地上に出現し、街を破壊し、最後は帰巣本能という動物の習性で浅間山の火口から地球の内部に帰っていく筋書きは、動物としてのゴジラの側面もさることながら、昔から「三原山」が「三原大明神」や「御神火様」と崇められていることを思い出させる。つまり、噴火とともに現れたゴジラは「山の神」、恐ろしい災害をもたらず自然の「神」を可視化しているとも言えるだろう。このゴジラの火を吐く「山」のイメージは、第 8 章で論じられるアニメ三部作『GODZILLA』のゴジラアースに引き継がれ、地球生命体全体へと発展していく。

　1954 年の初代作品と同様に、1984 年のゴジラも東京湾から現れ、文明の象徴である東京の街を破壊するという同じ行動パター

図 3-2　三原山火口　スチール写真（1984）『ゴジラ』© TOHO. CO., LTD.

69

ンをとっている。しかしながら、昭和シリーズの作品と比較すると大きく異なる点が2点ある。まず、ゴジラが破壊する東京の街が、高くそびえ立つ新宿副都心の高層ビルであるということ、そしてゴジラから街を守る防衛力は以前よりずっと強大であるということである。ゴジラが自分よりはるかに高い高層ビルの間をさまようシーンは、戦後、技術立国日本が経済成長を成し遂げ築いた国家の繁栄を象徴するかのようである。

また1954年の初代作品では戦車も戦闘機も巨大な怪獣ゴジラには全く通用しなかった。そうしたあまりにも弱小の防衛力に引き換え、1984年版ではスーパーXという空中要塞が巨大な怪獣と対等に戦うほどに進化しているのである。スーパーXの放ったカドミニウム弾は怪獣を眠らせ、防衛庁の軍事力はゴジラに匹敵するほど強力なものとして描かれている。

また、スーパーXをめぐる描写には科学技術に対する姿勢の変

図3-3　高層ビルをさまよう　スチール写真（1984）『ゴジラ』ⒸTOHO. CO., LTD.

化も顕著に見て取れる。1954年版の芹沢博士は、原爆投下や第五福竜丸事件を下敷きにした反科学的風潮を体現していた。オキシジェン・デストロイヤーといった新しい科学技術に対する抵抗や憎悪にも通じるような、科学技術が人類にもたらす影響に対する懸念と、それでも目の前のゴジラを倒すためには核が必要であるといった非常に苦しい葛藤が描かれていた。ところが1984年版では、日本の首相は核ミサイルの使用を一切認めず、それに対する抵抗は変わらない。だが、そうした懸念や反感やその使用の躊躇は一切見られないのである。

これは本シリーズの他の作品にも共通して言える特徴である。戦後日本は原子力を平和利用することに成功し、また科学技術の進歩のおかげで経済大国となり、先進国の仲間入りを成し遂げたわけである。だがこの過程で新しい科学技術に対する期待が大きいあまり警戒心を失ってしまったようにも思われる。一方で、帰巣本能や自然に対する畏怖が強調されてきており、科学の力だけでは解明できない、その限界と自然に対する関心の必要性を認識し始めているとも考えられる。この自然回帰の傾向は、昭和シリーズの『キングコング対ゴジラ』（1962）における博士の「科学を超えた自然の力に言及するセリフ」を思い出させる。

2点目はゴジラの役割とゴジラに対する登場人物の心情の変化である。確かに新宿副都心を破壊し、人々を襲い、核兵器や核戦争の恐怖を再現するゴジラではあるが、1954年のように怪獣という名のもとにカモフラージュしたアメリカの代理表象ではなく、被爆した日本人の身代わりでもなく、地球の破壊神でも守護神でもなく、人類全体の身代わり（スケープゴート）として暗示されているという点である。科学技術を思いのままに扱う人間の侵し

た罪に対する贖罪を果たす役割が付加されているのである。林田博士は牧記者に「それ（怪獣）は放射能を作り出した人間の方だ（その化け物を作り出したのは人間だ）。人間の方がよっぽど化け物だよ」と言い放つ。ラストシーンでは、ゴジラは鳥の鳴き声を録音した装置によって浅間山のクレーターに惹きつけられ、まるで巣に戻るかのように火口に消えていく。このラストシーンはスローモーションで撮られ、悲しげな（哀愁を帯びた）音楽が流される。ゴジラが落ちてゆくショットの間に、日本の首相、防衛庁長官、そして林田博士の顔を写したショットが次々と挿入され、一同、悲しみと罪悪感と畏怖の混ざった複雑な表情で、ゴジラが帰っていくのを見つめている。1985年の米国版にはラストシーンに次のようなナレーションが添えられる。

> 自然は人間にわれわれの存在が取るに足らないものであることを思い出させてくれる。自然は人間の傲慢さが作り出した恐ろしい災害を非難する。自然はわれわれを嵐や地震、そしてゴジラに直面させ、われわれの弱さを教えてくれる。われわれの傲慢な態度は大地からわれわれを遠ざけ、罪のない悲劇の怪獣は地球の底に消えた。ゴジラに会うことは二度とないだろう。彼の教えた教訓だけが残る。

まさしく気候変動による未曾有の自然災害に直面する40年後のわれわれに突き刺さるメッセージである。

第 3 章　ゴジラの声（あるいは啓示）

第 3 節　『ゴジラ VS ビオランテ』（1989）[5]

　『ゴジラ VS ビオランテ』（1989）は、5025 本に及ぶ一般募集のシナリオから選ばれた作品である。核技術を象徴するゴジラはバイオテクノロジーを象徴するビオランテと戦う。物語は、サウジ

図 3-4　宣伝ポスター（1989）
『ゴジラ VS ビオランテ』ⓒ TOHO. CO., LTD.

73

アラビアを暗示するサラジアとアメリカのバイオメジャーによるゴジラ細胞の争奪戦によってゴジラが眠りから目を覚ますことによって始まる。両国はゴジラ細胞を用いて抗核エネルギーバクテリアという核抑止力の均衡を崩す次世代の兵器を作ろうとしている。もともと抗核エネルギーバクテリアは兵器としてだけ研究されていたのではなく、原発事故などによる放射能汚染に有効な手段として考えられていたという設定である。

ゴジラは、ゴジラ細胞を用いて作り出された怪獣ビオランテと戦う。ビオランテは、白神博士がゴジラ細胞と薔薇の花と娘の遺伝子を融合させて生みだした怪獣である。ゴジラ映画には稀なマッド・サイエンティストのように白神博士を描く。博士は、両国によるゴジラ細胞の争奪戦の犠牲となって命を落とした溺愛する愛娘、英理加の遺伝子を薔薇の細胞に組み込み、彼女をこの世に残そうとしていた。つまり、ゴジラの戦う敵は、遺伝子工学(バイオテクノロジー)の産物なのである。この新たな科学技術は、政治の道具としてだけではなく、抗核バクテリアを大量生産し販売しようとする大河原財団の金儲けの手段としても描かれている(『モスラ対ゴジラ』(1964)でモスラのたまごがレジャーランドで集客するために盗まれるのと同様である)。

ゴジラは、怪獣ビオランテと抗核バクテリアのロケット弾を搭載した自衛隊のスーパー X2 と戦い、敗れ、一度は海に帰ってゆく。科学者・桐島は「このままいけば遺伝子工学も原爆が生んだゴジラに負けない怪獣を私たちは作ってしまう」と呟く。映画の冒頭で「同一個体内に異なった遺伝的背景を持つ細胞が混じっていることを示す「キメラ」[6]について言及されるが、キメラの語源を辿ると、それはギリシャ神話の怪物「キマイラ」の名に由来す

るものである。核怪獣ゴジラと対峙し互角に戦う怪獣ビオランテの物語は、新しい科学技術である遺伝子操作という、死者を蘇らせたフランケンシュタインのように、自然の摂理を操作するバイオテクノロジーの恐怖が、核の恐怖に等しいもの、あるいはそれを凌ぐものであることを表す。

　また同時に、本作は科学を超えた未知の分野についても新たに言及し始める。超能力を持つ少女・三枝未希の登場である。彼女は本作以降平成シリーズのヒロインとなる重要な存在である。三枝は超能力を使ってゴジラが大阪に向かうのを止めようとして気を失う。また、怪獣ビオランテの中で生きていた英理加の心のメッセージも受け取る。こうした人間と怪獣とのコミュニケーションは米国のモンスター・ヴァース・シリーズの『ゴジラ vs コング』（2019）や『ゴジラ×コング 新たなる帝国』（2024）においても展開されている。

　さらに、少し脇道に逸れるが、遺伝子操作による不本意な怪獣の出現やゴジラ細胞の利用という筋書きは、第6章で言及する米国のアニメーション TV 番組『ゴジラ　ザ・シリーズ』（1998-2000）の話に酷似することも付け加えておきたい。例えば、シーズン1の第3話「ヒート・チーム結成？（"Talkin' Trash"）」はニューヨークの街のゴミを処理するために科学者が作り出したバクテリアの生物が、制御できなくなり怪獣化してしまうという話であるし、シーズン1・第19話「決死圏！ゴジラの体内（"What a Long, Strange Trip It's Been"）では生物学者が私欲のためにゴジラ細胞を用いて合成怪獣を作る話も語られ、2話とも本作と非常によく似ているのである。

　白神博士は人間と怪獣の関係についても言及する。「ゴジラもビ

オランテも怪獣ではない、彼らを造った傲慢な科学者こそが怪獣なのだ」と訴える。RhoadsとMcCorkleは、この言葉を受けて、「技術や自然は良くも悪くもないが、科学技術がもたらす潜在的な結果を考慮しないで向こうみずに科学進歩を追求することこそが真の悪なのである」と記している[7]。

こうして本作でもパラダイムシフトが起こる。『ゴジラ対ヘドラ』（1971）では、核に対する懸念から環境汚染に対する懸念へと大きなパラダイムシフトが起こった。本作でも、核の脅威がバイオテクノロジーのそれにパラダイムシフトすると言えるだろう。RhoadsとMcCorkleは続けて指摘する。「科学は単に自然に対立するものとして置かれているのではない。遺伝子技術の到来とバイオテクノロジーのおかげで人間は自然の摂理を侵害する＝操作することを行うことができることになった」のである[8]。

最後に平成シリーズとして共通する特徴的な点をもう一つ付け加えたい。本作も怪獣と対決する作品だが、前作と同様に、怪獣と対峙するのはやはり日本人たる人間であるということである。モンスター・ヴァースのシリーズ作品とは異なり、人間が科学の力を用いてスーパーXを開発し、あるいは超能力の助けで怪獣と対峙する、自ら戦おうとする人間の主体性が描かれている点を指摘しておきたい。それはこの後のすべての平成シリーズ作品にも言えることである。

この物語のサラジアに暗示されるサウジアラビアは、現在では、バイオテクノロジーの開発を国家戦略と位置付けて力を注ぎ[9]、現在はその開発においてアメリカとの協力関係が報道される状況だが、当時両国は難しい状況にあった。湾岸戦争後アメリカの軍隊が駐留し、サウジアラビア国内では特にイスラム教徒たちの間に

不満が高まっていたのである。そして 1995 年にサウジアラビアの首都リヤドでアメリカ人を対象とした爆発テロ事件が起こったわけである[10]。

第 4 節　『ゴジラ VS キングギドラ』（1991）[11]

　『ゴジラ VS キングギドラ』（1991）では、前作を含むこれまでのように新しい科学技術やその使用・開発に警鐘を鳴らすのではなく、日本の経済繁栄に対して疑問を投じる。物語のプロットが複雑なので、まずあらすじからはじめよう。23 世紀からエミーと言う名の日本人女性を含めた、3 人の未来人がある任務のためにタイムマシンに乗って地球にやってくる。その任務とは、21 世紀の日本からゴジラの存在を消すことである。なぜなら、23 世紀のゴジラは日本を核汚染国にし、日本の国土はほとんど人が住めない状態になっているからだという。彼らはゴジラを良く知る動物学者の真崎とフリー・ライターの寺沢をエミーの任務に同行してもらうことを依頼する。タイムマシンでエミーたちは 1944 年のラゴス島へ行き、後に原爆の放射能を受けてゴジラに変えられる恐竜をベーリング海へ移動させようとするのである。この任務は成功したが、さらに別の問題を引き起こす。ゴジラの代わりに、キングギドラが九州に現れ、北へ向かい、日本の大都市を破壊するのである。

　物語の後半では、キングギドラの出現は未来人 3 人の策略であったことが判明する。日本人がキングギドラを追い払おうとしている間に、今度はゴジラが北海道に現れて海底で原子力潜水艦の残骸を餌にする。しかしエミーは日本に徹底的なダメージを与えよ

図3-5　宣伝ポスター（1991）
『ゴジラVSキングギドラ』ⓒTOHO. CO., LTD.

うとする他の２人の未来人を裏切り、最後にはキングギドラもゴジラも追放するのに成功する。

　このゴジラは1984年版の守護神としてのイメージをさらに強化する。日本の救世主としての役割が歴史的に説明されるのである。ゴジラザウルスと呼ばれる恐竜が、ラゴス島に生息していたのだが、その島でアメリカ軍を撃退し、日本軍を守ったという歴史的

第 3 章　ゴジラの声 (あるいは啓示)

図 3-6　将校・新堂　　　　図 3-7　ラゴス島のゴジラザウルス
『ゴジラ VS キングギドラ』 © TOHO. CO., LTD.

事実が新たに設定される。その後ビキニ環礁の放射能を受け、ゴジラになったというのである。日本人の将校・新堂は、島から撤収する際に、部下とともに「われわれを救ってもらったことにどんな感謝の言葉も見つけることができない」といってゴジラに敬礼をする。この新堂は、第二次世界大戦後、日本の経済を立て直し、今日の繁栄をもたらした立役者であるが、ゴジラを見てつぶやく。「こいつは再びわれわれのために戦ってくれる」。またもう一人のラゴス島で命を救われた元兵士の池畑もオープニングシーンで次のように語る。「私は知っている。それ（恐竜）が何であるか。恐竜はいつもどこかで我々を見つめている。恐竜は我々がくじけそうになるとき、必ず現れる。私が出会ったのは、絶望の淵の戦場、行き詰まった時……アメリカ軍から守ってくれた」と話す。

79

このように映画の前半部分においてゴジラは再び日本人の守護神としてのアイデンティティ（側面）が強調される。同時にゴジラは日本を戒める役割も担っている。本作が従来のゴジラ作品のパターンと最も異なるのは、ゴジラによる原発襲撃によって生じる放射能汚染といった環境破壊を背景にしつつも、ゴジラ映画が科学技術ではなく日本の経済繁栄に言及する点である。確かに日本の経済大国化は、1984年版の映像に示されていたが、この作品ではさらに深く探求されている。未来人は実際、23世紀の日本が強大になり、地球を買い占め、傲慢になったことを警告するためにやってきたとされ、21世紀の日本に巨大なダメージを与えてそれを防ごうとしたのだという。要するに、日本がキングギドラに襲撃され、後にゴジラにも襲撃されたのは、日本が強大になり、経済発展を驕り、過去を忘れたからだとされているのである。ゴジラに命を救ってもらった前述の元将校・新堂が、ベーリング海に原子力潜水艦を送り、恐竜に核ミサイルを撃ち込んでゴジラを再誕生させようともくろむほど、強大な権力を持つに至る。クライマックスの破壊シーンでは、かつて命を助けられた新堂が、ゴジラによって殺され、その結末が奢りの結果を証明するのである。

　この映画の意図は、前述した生き残り兵の池畑が、恐竜博物館の前で通り過ぎる人々に語りかける次の台詞からも明らかである。「恐竜はいつどこででもわれわれを見ている。……君たちは、今この国をどう思うか？表面上は、平和そうに見えるが、深層レベルでは、滞っている。生きる望みを失ってはいないだろうか」。この物語世界の中の未来の日本は、経済は繁栄しているが心の貧しい国として、貧しい国々を買収する強欲な国として描かれる。さらに次々に原子力発電所を破壊するゴジラによって放射能に汚染さ

れた国をも示している。

　1954年アメリカの身代わりとして生まれたゴジラは、1961年には日本の象徴に、1965年および1984年には人類の救世主に、そして1991年にはついに日本独自の守護神となる。核や戦争に対する不安と恐怖、そしてアメリカの抑圧による日本人のトラウマを背負ったゴジラが、第二次世界大戦時のアメリカ軍を撃退し、さらに未来のアメリカ人も倒し、日本人の不安や恐怖およびアメリカに対するコンプレックスを根源的に消滅させる働きを持つ。第二次世界大戦時に敵であったアメリカは、未来においてもライバルとして表象される。しかしながら、1991年版のゴジラが過去のアメリカ人を撃退し、かつ未来のアメリカ人も消すことによって、日本人をアメリカに対する劣等感という過去の呪縛から解放し、対等な意識へと導くとも考えられる。ぬいぐるみをかぶったゴジラの物語上の機能は、まさしく日本人のアメリカ人に対する心情に呼応して変化してきたとも言えるだろう。

　ゴジラシリーズは、1950年代のアメリカに抑圧された心情、60年代初期の対決姿勢、60年代中期における同盟国としてのパートナー意識、70年代の自己没頭による一時的忘却によるアメリカの不在、80年代のアメリカに対する依存と二面性、そして90年代の呪縛からの解放といった日本人のアメリカに対するさまざまな心情の変化を、時代に応じて仮面をつけ変え、役割を変えることによって映し出してきたと考えられる。ただし、この『ゴジラVSキングゴジラ』は、「日本経済に警鐘を鳴らすのが目的である」という大森一樹監督の弁解にも関わらずアメリカの映画界の反対に遭い、上映されなかったということも付け加えておきたい[12]。

第5節　『ゴジラ VS モスラ』（1992）[13]

　川北紘一監督が「最終的に子供と親が一緒に見られる映画ということで、ゴジラの対戦怪獣をモスラにした」と話す本作は、1964年の『モスラ対ゴジラ』とほぼ同じパターンで話が進む。まず、

図3-8　宣伝ポスター（1992）
『ゴジラ VS モスラ』© TOHO. CO., LTD.

モスラはインファント島出身の平和の守り神であり、ゴジラは名古屋城や名古屋の街そして名古屋のコンビナートを破壊し、モスラと戦う完全な悪役である。ゴジラとモスラに加えて、黒いモスラ、バトラが登場する。地球の守護神はモスラとバトラが担い、彼らが主役でゴジラは単なる破壊者の脇役である。プロットも同じである。モスラとコミュニケーションをとる双子の小妖精、コスモスが登場し、モスラの卵が日本に運ばれる。卵は、『モスラ対ゴジラ』（1964）と同様に、チェレンコフ・ブルーの模様をしており、コスモスとともに金儲けを企む企業に利用されそうになる。コスモスやモスラの卵を利用し金儲けをしようとする企業は、1964年版と同じ開発を行う建築会社である。コスモスを助けるために、モスラそしてバトラが現れ、最初は両怪獣間で闘うが、ゴジラが現れると力を合わせて戦う。

　大きく異なるのは、バトラの出現にも関わる物語世界である。モスラが守護神として祀られるインファント島が荒廃している点は共通するが、荒廃した理由が異なる。1964年版では死の灰が原因とされたが、1992年版では営利を目的とした企業と政府自体も支援する開発の行き過ぎが、豊かな自然を破壊しているのである。ヒロインの環境庁の職員は荒廃したインファント島を見て次のように呟く。「森林が守っていた島を人間が壊してしまったのよ」。「人類は自然が10億年以上かけて作ってきたものを破壊している。いつの日かこのようなことは日本全国で起こるだろう」とも言う。バトラが名古屋城や日本の都市を破壊するのは、人間が環境破壊し、地球生命体を脅かしているためであるとされている。

　本作の丸友観光も富士山麓の広大な森林を伐採し、ゴルフコースを建設する計画を進めており、その環境破壊によって住民から

反対されている。丸友観光は海外にも進出するほどの大企業で環境破壊の規模はさらに大きく拡大する。隕石の落下によってゴジラもモスラも長い眠りから目覚めるが、バトラが出現した理由は、コスモスの説明によると「一部の科学者が地球の気候を自由に操る装置を作りだし、地球生命の怒りを買ったため、身の危険を感じた地球生命体が、破壊本能のみを持つ黒いモスラ、バトラを作りだした」。という「バトラは地球生命体を脅かすものを徹底的に破壊する」とコスモスは説明する。

本作のテーマは明らかに人間の活動によって進行する地球温暖化と環境破壊の危機である。物語の序盤で環境計画局長とそこで協力する地質学者深沢教授との間に交わされた会話がそれを集約する。局長の「二酸化炭素増加による地球温暖化、オゾン層の破壊、ただでさえ地球が危ない方向だと言うのに人間は平気で伐採している」と言う発言に対して深沢教授は「大気の異常、海水面の上昇、海底プレートへの影響……このままでは地球は本当に危ないところまで行ってしまいますよ」とさらに議論を進める。そしてバトラが名古屋城や日本の都市を破壊するのは、人間が環境破壊し、地球生命体を脅かしているためであるとされるのである。Rhoads and McCorkie は 1964 年の作品と比較して次のように述べている。「恐ろしい幼虫が名古屋城を含む名古屋の街を破壊する、それはゴジラがほぼ 30 年前に『モスラ対ゴジラ』で打ち砕いたものだ。前のゴジラの大暴れと同様に、バトラの破壊は日本の産業発展に対する自然の逆襲である」。

ではここで平和を愛し地球生命体を守るモスラとバトラに敗れるゴジラは何を意味するのだろうか。『モスラ対ゴジラ』（1964）のように、ゴジラは核の平和利用を表すモスラに対立的なものと

して核の軍事利用を示す核兵器を示す破壊神というわけでもなく、昭和シリーズの多くの作品のように地球や人類の守護神でもない。おそらく地球を破壊する人類そのものを表していると言えるだろう。丸友観光の社長は、モスラが東京を破壊するのを見て、こう叫んでいる。「もっと壊せ！　この町は俺たちが作り直す」。宝田明扮する南野（国家環境計画局長）は、ゴジラが原子力発電所を狙うわけではなく、行き先、目的がはっきりしない様子を見て「ゴジラが行方を見失ったか」という。目的や行く先がはっきりしないゴジラは、「迷える人間」を表しているのかもしれない。最後には、モスラとバトラは地球生命体を守るという共通の目的のために一致団結してゴジラと戦い、ゴジラは敗れて海底に沈められる。

　ゴジラは環境破壊を繰り返し地球生命体の存在を脅かす人類を代表しているのかもしれない。本作が製作されたのは、気候変動枠組条約京都議定書が採択された1997年の5年前のことである。地球温暖化については、昭和シリーズの1962年の『キングコング対ゴジラ』の冒頭でニュースとして言及されたのが最初である。また、気候のコントロールについては1967年の『怪獣島の決戦ゴジラの息子』で国際連合が考案した気象コントロールによる農地化の実験「シャーベット計画」が紹介されている。そこでは怪獣島に人工の雪を降らせ、怪獣たちを鎮めたのである。実際に気象コントロールが行われた2008年の北京オリンピックよりも50年近く前のことである。この時北京では晴天を確保するために、別の場所で人工の雨を降らせたことはまだ記憶に新しい。前作の『ゴジラVSビオランテ』（1989）でもゴジラを退治するために、人工的に雷を発生させており、本作までは科学技術の進歩としてポジティブに描かれていたと言えるだろう。ところが本作ではま

るで自然の摂理に反するかのように地球生命体を脅かす環境破壊の原因としてとりあげられているのである。

第6節 『ゴジラ VS メカゴジラ』（1993）[14]

　『ゴジラ VS メカゴジラ』で特技（特撮）助監督を務めた川北紘一は、本作のメカゴジラの造型について以下のように述べている。「かつてのメカゴジラは宇宙人の侵略の武器だったから悪役として登場したけど、今回は人類を守るためだから、造型も昔の様な凶暴な感じだとまずいでしょ。そこで造型は丸みをつけて、全体的に柔らかいフォルムにした」[15]。本作ではゴジラが悪役、メカゴジラが正義の味方と設定されている。

　物語のあらすじは、ゴジラの被害が増大し、その脅威から世界を守るために、日本政府は筑波に国連 G 対策センター本部を置き、人類の世界中の叡智を集めた史上最強の対ゴジラ用戦闘マシンの開発を進め、最終的にメカゴジラを製作する。このメカゴジラは海底に沈んだキングギドラ（ロボット）を引き上げ、23 世紀のロボット工学を徹底的に研究し、それを応用して製作したものである（これはモンスター・ヴァースの『ゴジラ×コング　新たなる帝国』（2024）にも応用されている）。核システムを用い、動力はレーザー核融合炉、燃料は重水素、外部装甲板は超耐熱合金 Nt1、コーティングは人工ダイヤモンドでゴジラの熱線を反射させるだけでなく、増幅収束して打ち返すこともできる究極の戦闘マシンであるという。ゴジラが初めて現れるのは、使用済核燃料の廃棄場所で、そこはゴジラザウルスの子供、通称ベビーの卵があった場所である。そこでは、恐竜プテラノドンが突然変異したラドン

第 3 章　ゴジラの声（あるいは啓示）

に遭遇し、まずは動物本能で戦う。その卵が京都の国立生命研究所に移され、孵化する。孵化したベビーを求めて再びゴジラが出現するというものである。つまり、ゴジラの出現する理由は動物的な本能なのである。

このゴジラとベビーの関係は、『怪獣島の決戦　ゴジラの息子』（1967）のミニラとゴジラの関係と同じである。また、このミニラとゴジラの関係は米国製のハンナ・バーベラの TV アニメ『ゴジラ』（Godzilla, 1978-1979）に登場するゴジラと甥のゴズーキーとの関係にもよく似ていることを記しておく。

確かにゴジラは四日市コンビナートや京都の街を破壊する悪役ではあるが、科学技術を結集したメカゴジラとは対照的に、命あるものとしての面が強調されている。まず動物本能で遭遇したラドンと戦うが、ベビーを探して京都の街をさまよう。超能力少女・未希とコミュニケーションも可能となる。さらに、超能力によってゴジラの第二の脳の場所がつきとめられ G クラッシャーで貫通されると、ゴジラの体から血が流れてクローズアップされる。まるでメカゴジラに乗って G フォースとしてゴジラと戦う人間を責めているかのようである。

さらにベビーには動物性あるいは人間性も吹き込まれている。例えば、恐怖や不安を感じると目の色が赤色に変わったり、生命科学研究所の女性所員の五条梓に甘え、母のように慕い、まるで親子のような愛情や絆を育んでゆく。同時に同族のゴジラに対しても強く反応する。ゴジラがメカゴジラに止めを刺されそうになり苦しんでいると、急に暴れ出すのである。そしてゴジラはメカゴジラに第二の脳を破壊され一度殺されるが、ベビーに呼ばれたラドンがゴジラにエネルギーを与えると、ゴジラは再生し最終的

にメカゴジラを破壊し勝利する。Gフォースのメンバーは次のように叫ぶ。「信じられん……何をやっても無駄だ、奴を止めることはできない……勝利を決めたのは命だったな。彼には守るべきものがある」。梓が、超能力者未希にメッセージをベビーゴジラに伝えてもらい、ベビーゴジラをゴジラの元に返すとゴジラはともに静かに海に帰っていく。ゴジラのベビーに対する親の愛情のような面が強調されている。

ゴジラは全くの悪者でも正義の味方とも描かれていない。ロボット工学の知見を集めたメカゴジラをゴジラに匹敵する、あるいは凌ぐほどの力を持つものであることを証明する、あるいはロボット工学の凄さを強調し、科学技術のバロメーターとして用いられていると言えるかもしれない。核技術に匹敵するロボット工学への期待と不安を示していると言えるだろう。

モンスター・ヴァース第1作『GODZILLA ゴジラ』（2014）でも使用済核廃棄場ユッカマウンテンに怪獣ムートーが出現するが、ここでは核燃料廃棄物の危険性も指摘していると言えるだろう。

第7節　『ゴジラ VS スペースゴジラ』（1994）[16]

ゴジラが平成シリーズで唯一、地球の守護神となる作品である。国連G対策センターでは、メカゴジラをしのぐ新兵器・MOGERAによるゴジラ打倒をめざす「Mプロジェクト」と、ゴジラの後頭部にテレパシー増幅装置を埋め込んで、超能力者の三枝未希のテレパシーによってゴジラを操り、被害を防ぐ「Tプロジェクト」の2つの計画が進んでいる。最終的にゴジラは、三枝と対ゴジラ用戦闘機であるMOGERAを操縦するGフォース隊員たちととも

に、地球を征服するためにやってきた宇宙怪獣スペースゴジラと戦うという話である。

　スペースゴジラは、生命工学専門の権藤博士によると「宇宙へ飛散したビオランテの粒子か、宇宙へ飛び立ったモスラの脚に付着していたゴジラの肉片かは定かではないが、いずれかに含まれていたゴジラ細胞がブラックホールに飲み込まれて結晶生命体を取り込み、恒星の爆発で発生した超エネルギーを浴びてホワイトホールから放出される過程で、急速に異常進化して誕生した宇宙怪獣」である。ゴジラ細胞をもとに進化して生まれたスペースゴジラはオリジナルのゴジラ以上に強くタフな怪獣である。スペースゴジラは福岡にあるタワーを通して宇宙のエネルギー源を吸収しているが、オリジナルのゴジラはそれを見抜いてタワーをMOGERAとそれを操縦するGフォースとともに攻撃し、最後にはスペースゴジラを木っ端微塵に破壊する。

　ゴジラに関する描写で興味深い点は、前作よりもさらに進んだ人間性の描写と登場人物のゴジラに対する心情である。確かに鹿児島や福岡の街を破壊し群衆が逃げ惑い、ゴジラを恐れる様子は描かれるが、ゴジラが現れる理由は、ゴジラを倒して地球を征服しようとするスペースゴジラとは対照的に、前作と同様、同族のリトルを守るためである。ゴジラは、リトルに会いにしばしばバース島の海岸に現れる。そしてスペースゴジラに襲われたときは、自分の身を投げ出してリトルを守ろうとするのである。

　登場人物のゴジラに対する心情にも大きな変化が見られる。超能力者の三枝は、そもそもTプロジェクトには反対であり、リトルに愛情を示しているが、ゴジラに対しても深い愛情を有している。ゴジラがリトルを奪われ海へ去っていくと、ゴジラのことが

心配でバース島に一人でも残ろうとする。MプロジェクトのGフォース隊員でさえも次第にゴジラとの連帯意識を築いていく。とりわけ、仲間を殺されて深い恨みを持ち、執拗にゴジラを追いかける結城隊員も、ゴジラに良きライバル意識のようなものが芽生える。負傷したゴジラに対して「傷ついたやつを追う気にはなれない」と同情し、スペースゴジラをやっつけたゴジラを見て「大した野郎だあいつは」とさえ言うのである（こうしたゴジラに対する愛情とその意味が次作で明らかになる）。

　本作は宇宙怪獣の地球への襲来を告げるモスラの妖精コスモス、キュートなリトル、三枝とGフォース隊員の恋愛、そしてスペースゴジラとMOGERAの戦闘シーンも凄まじく、エンターテイメント要素が満載の作品である。特にMOGERAは東宝の過去のヒット作『地球防衛軍』（1957）に登場したロボットがリメイクされ登場したものであり、高性能な攻撃力が印象的である。MOGERAは第4章で言及されるのちのビデオゲーム *Save the Earth* にも登場することになる。

　そうした娯楽作品ではあるが、物語に埋め込まれた当時の社会的な要素を多く含んでいる。まずゴジラ細胞をもとに進化して生まれたスペースゴジラはゴジラのクローンとも言えるが、現実に羊のクローンが生まれたのは2年後の1996年のことである。万能なゴジラ細胞の利用は、核の拡散とも考えられるが、同時に山中伸弥教授がノーベル医学賞を受賞したIPS細胞を想起させる。それは2016年で平成シリーズの終了したずっと後のことである。

　また、三枝未希の超能力がゴジラにテレパシーを送るだけではなく、物を動かすことができるサイコキネシス（念頭力）を可能にし、また別の人間（恋愛対象のGフォース隊員）を通してその

場の景色を見てモノを動かすまで発達する描写も、科学とは対極にある超能力に対する当時の人々の強い関心を反映している。翌年（1995年）に地下鉄サリン事件を起こしたオウム真理教の教祖が超能力者として信者にアピールしていたことを想起させる。

　最後に注目したいのは、環境汚染が地球だけでなく宇宙空間にまで拡大されていることへの言及である。スペースデブリと呼ばれる宇宙ゴミのことである。1950年代後半から冷戦期に宇宙開発が始まり、人工衛星などの人工物が宇宙空間に打ち上げられ、およそその半分近くが地球上を回るようになった。ところがそのうちの「5%ほど」が「稼働中の人工衛星で、残りは不要になった衛星やロケットなどの残骸や破片」だという。そうした宇宙ゴミが活動中の人工衛星と衝突する事故が度々起こり、映画公開の2年後には大きな事故が起こっていた[17]。スペースデブリは年々増加し、現在では大きな問題として頻繁に取り上げられ、その除去に関する研究も進められている[18]。

　宇宙に飛び散ったゴジラ細胞の破片はそうしたスペースデブリを示し、ゴジラとゴジスペースゴジラとのバトルは人工衛星とデブリとの衝突とも見ることができる。「スペースゴジラは一体なんなのか」というGフォース隊員の問いに対して、権藤博士は次のように答える。「G細胞の凶悪な部分だけ成長したモンスター。宇宙が汚染され続けていくならば、いつまた第2のスペースゴジラが現れるかわからないという私たちへの警告である」。

第8節　平成シリーズ最後の作品
『ゴジラ VS デストロイア』（1995）[17]

　本作のキャッチ・フレーズは「ゴジラ死す」であり、ゴジラを葬る作品として宣伝された。ただし、復活するということを前提に。400万人の集客、配給収入20億円を記録した。このゴジラは前作のバース島の地層に含まれた高純度のウランが熱水の噴出により核分裂をおこし、自然の恐ろしい影響を受けている。ゴジラは原子炉にあたる心臓部の温度が急上昇し、自分で自分を制御できなくなり、メルトダウンが起こる危険性を持って現れる。

　一方、ゴジラが戦うデストロイアは第1作の芹沢博士が開発したオキシジェン・デストロイヤーが海底にすむ生物に影響を与えて作り出された恐ろしい怪獣である。

図 3-9　メルトダウン寸前　スチール写真（1995）
『ゴジラ VS デストロイア』 ⓒ TOHO. CO., LTD.

ゴジラは、この怪獣デストロイアと戦い、ジュニアを殺され、メルトダウンを起こし、最終的にはカドミニウム弾を搭載したスーパーＸに冷凍弾を打ち込まれる。酷い目に遭うゴジラだが、その出現理由は前回と同様に、バース島での爆発で生じた高純度のウランでリトルから成長したジュニアに会うためであり、デストロイアと戦うのも、ジュニアにおびき寄せられたためである。それ以外にゴジラ自身に理由はない。つまり、ゴジラの描写は破壊する加害者というよりも「被害者」の部分が強調されているのである。なぜならジュニアを殺され、悲しみと怒りでデストロイアに突進するゴジラは、破壊者というよりも子どもを愛する親のように描かれているからである（本当は親子ではなく地球上で唯一同族の生き物という設定である）。まさにゴジラがメルトダウンし、溶けていくシーンは非常に美しい音楽を用いて幻想的に描かれる。ゴジラが死んでいくシーンを見つめながら、山根博士の孫ゆかりは「ゴジラが東京を死の街にして溶けていく。これが私たちの償いなの？」と言う。伊集院博士が「償い？」と尋ねると、「科学を、核をもてあそんだ我々人類の……」と呟く。このシリーズ最終作で、ゴジラが確かに人類の罪を背負った「身代わりのスケープゴート」であることが明らかになる。

　また、オキシジェン・デストロイヤーが与える東京湾の環境に対する影響の恐ろしさを描いている点も特筆すべきであろう。初代作品ではそうした影響に考えが及ばなかったのも時代を考えると当然である。その後の科学の発展といっそう盛んになった経済活動のために、人間社会はさまざまな局面で自然環境と衝突を起こすようになった。そうして現代社会においては生態学の認識を踏まえていっそう進んだ環境問題に関する意識が深まったのであ

る。本作は 1950 年代と 1990 年代の環境に対する意識の違いを認識させるものである。また、ゴジラのメルトダウンに備えて物語の中で言及される「東京の半径 200km 以内の住民を避難させる措置」は、記憶に新しい福島第一原子力発電所のメルトダウンの事故を予告していたかのようである。

　米国においては、第 2 章で論じられたように、平成シリーズの中で劇場公開された作品は『ゴジラ』（1984）の米国版 *Godzilla 1985* のみであり、あとは全てビデオや DVD を通して受容されている。そのために平成シリーズに関する言及もそれを除いて作品の簡単な紹介にとどまり、作品ごとの批評は非常に少ない。だが、この最終作については宣伝の効果もあって最も注目を浴びた（例えば、2014 年までの東宝のゴジラ映画と怪獣映画をコメントした Brian Mattew Clutter はその著書 *Titans of Toho* の中で平成シリーズの中では「必見」（a must watch）として唯一 A 評価を与えている [20]）。また Steve Blidrawski も本作を高く評価し、詳細な批評を記している。彼は、「これまで幾度となく破壊され退治されてきた怪獣の死に真剣に向き合っている……。ドラマチックに初代作品にまで遡り、シリーズを完結させることでそれ［怪獣の死に真剣に向き合うこと］）を達成する」といい、脚本家の大森一樹と大河原孝夫について述べている。「70 年代の馬鹿げた（silly）怪獣にすることなく、凶暴性を弱めることなく怪獣を擬人化する。……視覚化されたゴジラの苦痛が、観る人に同情を呼び起こす……［それは］長い間シリーズから欠落していた要素であり、米国のクラシック作品『キングコング』（1933）のようである」と絶賛するのである [21]。

　このように、再び核の恐怖を体現する恐ろしい怪獣として復活

した平成ゴジラは、ビオランテ、キングギドラ、スペースゴジラ、デストロイア、モスラとバトラ、メカゴジラ、スペースゴジラという、人間が次々と作りだす新しい科学技術が生んだ怪獣と凄まじいバトルを繰り広げる。

そのバトルは、核技術をはじめとし、バイオテクノロジー、ロボット工学、宇宙工学など新しい科学技術や日本のみならず人類全体の発展に対する期待と不安の間で揺れるわれわれの心情と、人間と地球環境の相互関係のバロメーターとなっているのだろう。ゴジラ映画は、日本が戦後技術立国として目覚ましい経済発展を遂げ、経済大国の一員となる過程で、核戦争や国際関係、科学技術そのものへの期待と不安、経済活動がもたらす公害や環境問題、自然からの阻害、そして地球温暖化など人間の営みによる地球生命体の環境破壊について描かれる時代の考え方や心情、そしてその大きな変化を映し出す。とりわけ平成ゴジラは、自然と文明の間で揺れ動く日本人の、特に負の部分を一気に引き受ける身代わりと言えるだろう。しかも、本最終作『ゴジラVSデストロイア』からもわかるように、国民に自覚されたスケープゴートであるからこそ、これほど愛されるのかもしれない。

第1章でフルーグフェルダー氏が指摘した核の問題・経済至上主義・環境保護という昭和シリーズの3つの視点は、この平成シリーズでは飛躍的な科学技術の進歩によって大きな展開・発展が見られる。核の視点で言えば、核兵器のみならず、地殻変動による原子力発電所の事故とひいてはメルトダウン、ゴジラ細胞に暗示される核の拡散、戦争の標的、そして核廃棄物の危険性に至るまで大きく展開している。

さらに、科学技術と結びついた経済至上主義が自然をなおざり

にし、開発が行きすぎ、気候変動をはじめとするさまざまな地球上の、さらには宇宙空間にも至る環境問題が取り上げられている。人新世（アントロポセン）が話題となり始めた2000年代初頭よりも前から、ゴジラ映画はこうした問題を語ってきた。いや、そうした状況を引き起こす人間の根源的な問題、いわば人間の怪獣性を視覚化してきたと言えるだろう。われわれは怪獣ゴジラの視点に立って人類全体のこと、そして人間性について時間と空間を超えて見ることができる。ゴジラ映画は、当時の政治・経済・社会・国際関係・文化、そして人間と地球環境など人間社会の複雑な事情を映し出し、その時々の善と悪を論じるとともに、これらの諸要因が奇妙にもつれ合い紡ぎ出す未来を予想する、あるいは招いていると言えるだろう。

引用注

1) 『ゴジラ』製作：田中友幸、監督：橋本康二、特技監督：中野昭慶、脚本：永原秀一、音楽：小六禮次郎
2) Sean Rhoads and Brooke McCorkle, *Japan's Green Monsters: Environmental Commentary in Kaiju Cinema*（efferson, NC: McFarland, 2018）, p.142
3) 同上 p.145
4) 高橋誠一郎『ゴジラの哀しみ 映画《ゴジラ》から映画《永遠の０（ゼロ）》へ』のべる出版　2016年12月20日
5) 『ゴジラVSビオランテ』（1989）製作：田中友幸・富山省吾、監督：大森一樹、特技監督：川北紘一、脚本：大森一樹、音楽：伊福部昭・すぎやまこういち
6) 量子科学技術開発機構（QST）「キメラー SHIRABE」https://sirabe.nirs.qst.go.jp/sirabe/ キメラ
7) Sean Rhoads and Brooke McCorkle 上掲書 p.154
8) 同上 p.155
9) 2024年２月５日ジェトロ・ビジネス短信。「『バイオテクノロジーによる国家戦

略」を発表」https://www.jetro.go.jp/biznews/2024/02/a1ef4d16346559ec.html
2024年1月28日　ARAB NEWS「サウジアラビアのバイオテクノロジーにおける先導的地位を強固にする新たな取り組み」では米国の振興バイオテクノロジー企業がサウジアラビアに資金調達したり、そうした企業が米国で研究を行うなど。https://arab.news/8egv8

10）高橋誠一郎『ゴジラの哀しみ　映画《ゴジラ》から映画《永遠の0（ゼロ）》へ』のべる出版　2016年12月20日　p.63

11）『ゴジラVSキングギドラ』（1991）製作：田中友幸・富山省吾、監督：大森一樹、特技監督：川北紘一、脚本：大森一樹、音楽監督：伊福部昭

12）Dan Cziraky, "GODZILLA TODAY UNSEEN SEQUELS" *Cinefantastique*, pp.39-40

13）『ゴジラVSモスラ』（1992）製作：田中友幸・富山省吾、監督：大河原孝夫、特技監督：川北紘一、脚本：大森一樹、音楽監督：伊福部昭

14）『ゴジラVSメカゴジラ』（1993）製作：田中友幸・富山省吾、監督：大河原孝夫、特技監督：川北紘一、脚本：三村渉、音楽監督：伊福部昭

15）川北紘一「最新作はゴジラVSメカゴジラ」『ゴジラ映画40年史・ゴジラデイズ』集英社　1993年11月24日　pp.241-242

16）『ゴジラVSスペースゴジラ』（1994）製作：田中友幸・富山省吾、監督：山下賢章、特技監督：川北紘一、脚本：柏原寛司、音楽：服部隆之

17）Nicholas L. Johnson「宇宙ゴミの脅威」『日経サイエンス』1998年11月号　https://www.nikkei-science.com/page/magazine/9811/debri.html

18）地球安全機構（JAXA）「地球と宇宙の安心安全な環境を目指して」https://www.jaxa.jp/projects/debris/index_j.html

19）『ゴジラVSデストロイア』（1995）製作：田中友幸・富山省吾、監督：大河原孝夫、特技監督：川北紘一、脚本：大森一樹、音楽監督：伊福部昭

20）Brian Mattew Clutter、Titans of Toho: An Unauthorized Guide to the Godzilla Series and the Rest of Toho's Giant Monster Film Library（Lexinton, KY）2016

21）Steve Biodrowski,"GODZILLA VS. DESTROYER: The King of the Monsters goes out in a Wagnerian blaze of glory.p40

第4章
ミレニアル世代の体験
—— 米国のZ世代とゴジラ映画

扉絵4 米国版ポスター *Godzilla 2000*

アーロン・テイラー・レフラー
Aaron Taylor Lefler

序説──ミレニアル世代とゴジラとの関係

　本書が出版される時点で、ゴジラは70年にわたり文化的な言動力となっている。この長寿のおかげで、さまざまな世代がさまざまな方法で怪獣王を体験することができたのだった。昭和・平成シリーズは、アメリカのベビーブーマー（1946～1964年生まれ）とX世代（1965～1980年生まれ）にとって主要なゴジラ映画であり、その存在期間と多様なテーマ探求から大きな注目を集めた。

　しかし、アメリカのミレニアル世代は、インターネットが急速に発達し、グローバル化が進んだ時代に成人した。ミレニアル世代は、ベビーブーマーやX世代とは異なり、ゴジラに多様な形で接することができたのである。その結果、ゴジラはもはや大スクリーンやテレビだけにとどまらず、全米のビデオゲームや印刷メディアにも登場するようになった。

　21世紀のグローバリゼーションがもたらしたこのような新しい体験の機会を考えると、アメリカのミレニアル世代がゴジラとどのように出会ったのかを探ることは重要である。彼らの日常生活にゴジラはどのように登場したのか？　グローバリゼーションはゴジラの受容にどのような影響を与えたのか？　また、この時代にゴジラファンが直面した課題があるとすれば、それは何だったのだろうか？

本章は、アメリカのミレニアル世代が、子供時代やこれまでの人生を通じてどのようにゴジラに触れてきたかについて、遭遇した典型的な障害や状況など個人的な経験をもとに検証する。このような新時代の接触には、主に映画やテレビ番組といった伝統的な視覚メディア、パイプワークス社（Pipeworks）やアタリ社（ATARI）といった会社のゴジラ・ビデオゲーム、そして米国シカゴで毎年開催されるゴジラ・コンベンション「Gフェス」に関連したゴジラファンのための雑誌（*G-FAN*）といった印刷メディアが含まれる。

　オハイオ州コロンバスで育った少年時代に、私はよく家族でオハイオ州シンシナティの従兄を訪ねた。そんなある日、8人の子供と3人の大人がリビングルームに集まり、夕食後に観る映画を選んだのだった。年長の従兄弟と叔父は、地元のブロックバスター（レンタルビデオ店）から戻ってくると、巨大な目が描かれたうろこ状の緑色のジャケットのVHSテープを取り出した。「新作のこの怪獣映画はどうだ」と従兄が提案した。それはマシュー・ブロデリック（Matthew Broderick）が出演したトライスター社の1998

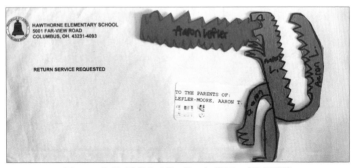

図4-1　筆者が小学生時代に描いたゴジラ。（筆者提供）

年版 *Godzilla*（邦題は『GODZILLA』、以降「1998 年版」と記す）だった。アメリカ版ゴジラを見るというその決断は、当時アメリカ中の多くの家庭で繰り返された選択であり、多くのアメリカ人ミレニアル世代にとって生涯のファンダムの始まりとなったのである。

1980 年代初頭から 1990 年代半ばに生まれたアメリカのミレニアル世代は、映画に登場するゴジラとともに育ったわけではない。前章にあるように、東宝は 1984 年の『ゴジラ』（私が観たのはカットなしの吹替版 *The Return of Godzilla,* 1985）の後、欧米の配給会社を見つけるのに苦労した。1995 年の『ゴジラ VS デストロイア』（*Godzilla vs. Destroyah*）でのゴジラの死はアメリカではニュースにはなったが、ゴジラは今日のように有名ではなかった。多くのアメリカ人ミレニアル世代にとって、1998 年版が大スクリーンでゴジラを見る最初の機会となったのである。

多くのファンの間では否定的な評価だったにもかかわらず、1998 年版の重要性は、全国的な展開という点では侮れない。レジェンダリー社のモンスター・ヴァース・シリーズがゴジラを米国の国民的な言説に再導入したのと同様に、トライスター社の 1998 年版はアメリカの新しい世代のファンに怪獣王を知らしめたのだった。このことは、そのさまざまな反応にも関わらず、東宝がミレニアム時代にゴジラを復活させる上で重要な役割を果たしたのである。

1998 年版を家族で観た後、4 歳の私は母に向かって「ゴジラって誰？ なんでそんなに大きいの？」、そして最も重要なことだが、「どうやったらもっとゴジラを見ることができるの？」といった質問の集中砲火を浴びせた。雑貨の収集に熱心な母は、1954 年に公開された日本の傑作『ゴジラ』の 1956 年に公開された米国版

Godzilla, King of the Monsters!（『怪獣王ゴジラ』）を VHS で持っていると教えてくれた。その週末に家に帰ると、私は熱心に引き出しを探ってテープを見つけ、アメリカで公開された最初のゴジラ映画を観た。映画を観終わった直後の私の感想は、「ゴジラが大好きだ！」だった。この瞬間から怪獣王に対する私の生涯の愛着が始まった。

第 1 節 『ゴジラ 2000 ミレニアム』

　1998 年版からわずか 1 年後、東宝はミレニアムシリーズの第 1 作『ゴジラ 2000 ミレニアム』（1999、米国では *Godzilla 2000* として 2000 年に公開、以降『ミレニアム』と記す）を公開した。この映画を最初に知ったきっかけは思い出せないが、6 歳の私が嫌がる母や兄を引きずって地元の映画館に行き、大きなスクリーンでゴジラを観たことを鮮明に覚えている。映画館でゴジラ映画を観るというこの家族行事は、レジェンダリー社のモンスター・ヴァース・シリーズとさらに大きくなった家族とともに、今日まで誇りを持って続けている。

　映画は、ゴジラ予知ネットワーク（GPN）の一員としてゴジラを研究する科学者・篠田とその娘・イオ、記者・一ノ瀬由紀の姿を描く。彼らの研究姿勢は、ゴジラを破壊しようとする篠田の元同僚、危機管理情報部（CCI）の片桐の対応と直接衝突する。CCI のゴジラ壊滅作戦は、東京湾の地下で UFO が発見されたことで頓挫する。UFO の乗員はミレニアンと呼ばれる異星人で、数百万年間休眠状態だった彼らの文明を地球に再現しようとする。ミレニアンは、ゴジラの遺伝情報を利用して体を改造し、宇宙船の外

でも存在できるようにして、地球に新たな王国を築こうと計画する。ゴジラのDNAの一部を奪ったミレニアンは、グロテスクな怪獣オルガに変身する。昭和のプロレス・マッチを彷彿とさせる戦いの中、ゴジラはオルガを内部から破壊して地球を異星人から救う。

　プロデューサーの冨山省吾氏によると、東宝の当初の計画は、平成シリーズを1995年の『ゴジラVSデストロイア』で終了し10年後の2005年にゴジラを復活させるというものだった。しかし、トライスター社が製作した1998年版の不適確な描写を受け、東宝はもっと早くゴジラを復活させなければならないと感じたのだった[1]。1998年版が日本で公開されてから2ヵ月も経たないうちに、冨山氏はゴジラというキャラクターを現代に甦らせようと、新しいゴジラ映画のストーリーを練り始めた。この映画を新世代にとって最初のゴジラ映画にしようと考えていたため、ゴジラのルーツに大きく立ち返り、譲れない重要なデザイン要素を維持し、本多猪四郎監督のオリジナルの構想に忠実である一方で、新しい時代のためにキャラクターを刷新することが決定された[2]。

　デヴィッド・カラット（David Karat）の*A Critical History and Filmography of Toho's Godzilla Series*では、『ミレニアム』において、前作のアメリカ映画1998年版よりも優れたバージョンであることを示すために、その他にもいくつかの一騎打ちの事例が挙げられている。東宝が意図したのは、トライスター社によるゴジラの映画化を揶揄する微妙な言及やジョークを盛り込むことだった[3]。最終決戦でゴジラのDNAを吸収したミレニアンは、初めて宇宙船の外でイカのような自分の体を作り上げた。しかし、彼らはゴジラのDNAをうまく扱うことができず、エイリアンは怪獣

オルガに変異した。その頭部はトライスター社の1998年版ゴジラのデザインに酷似している。そしてそれは東宝による本物の日本製ゴジラによって腹部を貫通され完全に消滅させられたのだった。

両作品とも、体の一部を切り取った断片的な映像でゴジラを紹介したり、落下物によって男が圧死したり、ゴジラの足音が近づいてきて物体が飛ばされ浮き上がったり、ゴジラが泳いでいるショットや、陸地に近づくにつれて背びれが水面を突き破ったり、主人公たちがトンネルを車で走りながらゴジラから逃げなければならないシーンなど、すべてがトライスター社の1998年作品に対する東宝の優位性を示すかのようだ[4]（図4-2）。最もわかりやすい批判としては、「経験から知っているように、ゴジラは攻撃されると退却する代わりに前進する」と述べる軍人が描かれるシーンがあるが、これはトライスター社のゴジラに対する明らかなジャブ（攻撃）である。なぜならそのゴジラは、物語の間ずっとアメリカ軍から逃走しており、それがファンの間でも大きな憤りを生んだからである[5]。

『ミレニアム』のゴジラは多様に解釈することができるが、最も顕著な描写は、環境保護と自然の力という視点、そして前の時代と比較すると目立たなくなっては来ているが、今もなお存在する核というテーマである。

映画は、ゴジラが日本中を暴れ回り、最新のエネルギー施設を破壊する場面から始まる。特に印象的な序盤のシーンでは、ゴジラが光り輝く街並みに現れると、街は破壊のために停電する。それは自然災害がしばしば引き起こすカオスを想起する。暗闇は、災のオレンジ色の光に照らされたゴジラのシルエットを際立たせ、自然の力としてのゴジラのイメージを強調する。

第 4 章　ミレニアル世代の体験

Top—Cars in front of New York City's Grand Central Terminal are poised to be flattened as Godzilla puts its foot down. Bottom— Godzilla plows an ominous path through Midtown Manhattan, laying waste to city landmarks in the TriStar Pictures presentation, **"GODZILLA."**　　　Photos: Centropolis Effects

図 4-2　*Godzilla*（1998）スチール写真

こうしてゴジラは人類にとって、制御不能な存在でありながら、世界のバランスを保つために不可欠な存在として表現される。オルガを退治し、東京湾に眠っていたエイリアンを目覚めさせた片桐を殺した後、人類がゴジラを生み出し、それ以来人類はゴジラを滅ぼそうとしていたと語られる。一ノ瀬記者は、新宿の破壊を再開したゴジラを見て、なぜゴジラは人類と敵対しているにもかかわらず、人類を守り続けているのかと問う。篠田はそれに対し、「ゴジラは私たち一人ひとりの中にいるのではないか」と示唆する。このようなゴジラのアンチ・ヒーロー（悪漢）的な描写は、平成や昭和の時代を彷彿とさせる。1991年の『ゴジラ VS キングギドラ』（*Godzilla vs. King Ghidorah*）、1994年の『ゴジラ VS スペースゴジラ』（*Godzilla vs. Space Godzilla*）、そして1995年の『ゴジラ VS デストロイア』に見られるように、ゴジラと日本は同盟を結んでいるのではなく、より大きなより不安定な脅威が出現したときにのみ味方となるだけなのである。ゴジラは脅威の原因が人類であろうと外部の力であろうと、バランスを保つために現れる。

　環境問題は『ミレニアム』にも同様に描かれており、主に人類が制御できない力、つまり「自然」に干渉する描写を通してはっきりと示されている。映画の序盤で、CCIは東京湾に完全に岩で覆われたミレニアン宇宙船を発見する。何百万年もの間眠っていたこの宇宙船は、CCIの科学者たちがそれを研究しようとすると、長い眠りから目を覚まし、映画のプロットと悪役が動き始めるのである。多くの平成シリーズにおける描写と同様に、『ミレニアム』もまた、自然（もしくはその摂理）に手を加えることの危険性を描いている。例えば、1989年の『ゴジラ VS ビオランテ』（*Godzilla vs. Biolante*）では、悲嘆に暮れる科学者が死んだ娘の

DNA をバラと結合させて復活させようとするが、突然変異によって怪物のような巨大植物に進化し、ゴジラはそれを倒さなければならなくなる。同様に、『ゴジラ VS デストロイア』では、東京湾アクアラインの建設中に、初代のゴジラを倒したオキシジェン・デストロイヤーによって突然変異した古代の何百万もの微細生物が解き放たれてしまう。その微生物が環境に「水が生物を食う」というような異変を起こし、怪獣デストロイアを生み出すことになる。

　以前の作品や時代ほど中心的なテーマではないが、『ミレニアム』には反核のテーマも含まれている。ゴジラが東海原発を攻撃するシーンは、撮影の1ヵ月後に同施設で実際に起きた原発事故のため、ほとんどカットされた[6]。この事故は、1997年にも同施設でそれまでで最悪の原発事故が起きていたことを想起させるため、日本では環境保護への抗議が巻き起こった。原発攻撃のシーンは、最近の悲劇の利用を避けるためにもう少しのところで削除されそうになったが、ゴジラが現在進行中の日本の原発危機と隠喩的につながっていることを思い出させるものとして、最終的に映画に残された[7]。

　さらに、ゴジラが東海原発に接近した際、CCI の片桐は「ゴジラが原発を食い荒らし破壊しに来る」と発言し、ゴジラが到着する前に原発の停止を命じる。平成シリーズの1984年の『ゴジラ』（*The Return of Godzilla*, 1985）や2024年のモンスター・ヴァース・シリーズの *Godzilla × Kong: The New Empire*（『ゴジラ×コング 新たなる帝国』）と同様に、『ミレニアム』ではゴジラが原子力発電所のエネルギーを糧とするさまが描かれている。そして初期の昭和シリーズよりももっと抑えた表現ではあるけれども、再

度ゴジラ映画の放射能の要素を画面に持ち込むのである。

　『ミレニアム』は、平成シリーズと多くの共通点を持つ一方で、平成時代の作品とは重要な点で異なっている。まず、第 1 作を含むミレニアム時代の全体的なトーンは、平成時代の作品よりもかなり軽い。これは作品がシリアスな瞬間を描いているということではないが、『ゴジラ VS デストロイア』（1995）におけるゴジラの核のメルトダウンによる地球滅亡の脅威や『ゴジラ VS メカゴジラ』（*Godzilla vs. Mechagodzilla II*, 1993）におけるメカゴジラの手によるゴジラの瀕死の状態ほどには、ミレニアンの侵略の重大性は強調されていないのである。

　さらに、『ミレニアム』では、平成シリーズと比較して、戦いにおける人間の行動があまり強調されていない。CCI は映画の序盤でゴジラを殺そうとし、ミレニアン宇宙船を目覚めさせた責任はあるが、宇宙船が脱出した後は彼らの努力と主体性はほとんどなくなり、ゴジラとエイリアンの争いが主役となる。これとは対照的に、平成シリーズはしばしば人間にもっと主体性を与えていた。例えば、『ゴジラ VS キングギドラ』（1991）では、人間が積極的に過去にタイムスリップしてゴジラの誕生を阻止し、最終決戦ではメカキングギドラを製作・操縦する。他の平成シリーズのほとんどの映画においても人間が重要な役割を果たしている。『ゴジラ』（1984）ではスーパー X を操縦することから、『ゴジラ VS メカゴジラ』や『ゴジラ VS スペースゴジラ』ではメカゴジラやモゲラを設計・操作し、『ゴジラ VS デストロイア』ではゴジラが世界を滅ぼすメルトダウンを起こす前に被害を軽減しようとゴジラの冷凍保存を手伝ったのである。

　『ミレニアム』における人間の主体性の希薄化は、人間がプロッ

トや争いの主役であった平成時代とは対照的である。この変化は、ミレニアム時代のファンの間で、ゴジラ映画において人間はより受動的なキャラクターであるという認識を強固なものにする一助となった。

第2節　ミレニアル世代がみた『ゴジラ2000 ミレニアム』

東宝のミレニアムシリーズの最初の作品である『ミレニアム』は、1984年の『ゴジラ』(米国版 *Godzilla 1985*[i]) と、2016年と2023年にそれぞれアメリカで限定公開された東宝の『シン・ゴジラ』と『ゴジラ-1.0』の間で、アメリカで広く公開された唯一の日本のゴジラ映画として特別な位置を占めている。

『ミレニアム』は、多くのミレニアル世代が日本のゴジラ映画に触れた最大の出来事であり、何年もの間、最も重要な出来事であり続けた。Gファンはしばしば、この映画をトライスターの1998年版と好意的に比較した。しかし、アメリカの一般大衆の多くは1998年の映画の続編だと勘違いし、混乱を招いたのである。とはいえ、ゴジラは復活し、アメリカ文化の中で重要な存在となった。私の地元紙『コロンバス・ディスパッチ』(*The Columbus Dispatch*) は、この映画のプレミア上映後、ミレニアム・ゴジラの新しいデザインの写真を掲載した。祖父の助けを借りて私はその写真を切り抜き、その後数年間学校で使うバインダーの表紙にした。

---

i 第2章のカラハン氏の説明によると、1984年に日本で公開された『ゴジラ』をそのまま東宝がカンヌ映画祭で放映したのが *The Return of Godzilla* だが、配給社がなかなか見つからなかった。最終的にニューワールド社が米国での放映権を取得し、吹き替えが行われ、再編集された短縮版が *Godzilla 1985* である。

『ミレニアム』は、私や他の多くのミレニアル世代のファンにとって、初めて手にした家庭用ホームビデオのゴジラ映画でもあった。クリスマスプレゼントとしてDVDを受け取った私は、繰り返しこの映画を観たのだった。ゴジラのミレニアム・デザインと赤い放射火炎は、私のデフォルトのお気に入りになった。このバージョンに慣れきっていた私は、ゴジラのアトミック・ブレスが他のほとんどのバージョンでは実は青く、パワーアップしたときだけ赤くなることを後で知って戸惑ったのである。

　『ミレニアム』DVDの特典映像は、私にとって特に印象深いものだった。映画本編のほかに、ゴジラが街を破壊するダイナミックなメニュー画面があり、無力な人々が命からがら逃げ惑う様子が映し出されていた。さらにDVDには、ゴジラの歴史や映画、1954年以降の戦績（29勝10敗2引き分け）など、ゴジラ関連の特典が用意されていた。これらの数字が不正確であるにもかかわらず、私には印象深く残り、今でも覚えている。

　ホームビデオの領域にとどまるが、ゴジラのコンテンツのデジタルリリースは、アメリカのミレニアル世代がゴジラ映画に触れるのに大きく貢献した。当初は品薄で手に入りにくかったが、ゴジラ映画はこの時代、グローバリゼーションがもたらした異文化間での消費における急速な発展から大きな恩恵を受けていた。私がゴジラにハマり始めた頃、アメリカではVHSテープが時代遅れになりつつあり、DVDが新たな流行商品となりつつあった。DVD人気の高まりは、日本のメディアを輸入する意欲的な配給会社と相まって、アメリカのミレニアル世代に数多くのゴジラ映画をもたらしたのである。

　私にとって、チェーン展開する書籍小売店のバーンズ・アンド・

第 4 章　ミレニアル世代の体験

ノーブル（Burnes & Noble）は、地元で最も多くの DVD を所蔵しており、ゴジラ映画を手に入れるための一番の場所だった。家族でバーンズ・アンド・ノーブルに行くたびに、DVD コーナーに駆け込み、その時発売されていたゴジラ映画の新作をチェックしたものだった。そしてまだ持っていないゴジラ映画を買ってくれるよう、母と交渉することになった。

　しかし、当時アメリカでゴジラ映画を見つけるのは簡単なことではなかった。どの映画がアメリカに持ち込まれるのか、そのパターンやロジックがないように思えたからである。棚には昭和・平成・ミレニアムシリーズの映画がランダムに並んでいた。1973 年の『ゴジラ対メガロ』（*Godzilla vs. Megalon*）や 1984 年の『ゴジラ』のように、数年後にアマゾンやイーベイ（eBay）のようなネット通販を利用して初めて入手できた作品もあった。

　さらに、いつでも入手できる映画は数本しかなく、ひとつの時代の映画が複数入っているボックスセットもあった。ボックス・セットは一度に何本もの映画を手に入れるには便利だが、私はすでに 1 本か 2 本の映画をセットで持っていることが多かったため、数本を手に入れるためだけに同じものを持つ羽目になった。これを母親に認めてもらうのが難しかった。ゴジラ映画を探しても、すでに持っている映画しかなく、空振りすることもしばしばだった。ゴジラ・コレクションを増やすには、何年も店に通い、SF コーナーの棚を探し回る必要があった。

　ゴジラメディアの入手状況は、インターネットの出現とネット販売の台頭によって劇的に改善された。ほとんど一夜にしてゴジラ映画は、以前よりも多くの場所でより多くの数が出回るようになった。これによって、ミレニアル世代がゴジラに触れる機会が

大幅に増え、ゴジラ・コンテンツのより広い世界へとファンを導いたのである。

第3節　アニメ——初期のメディア露出

　幸運なことに、私の子供時代には、ハンナ・バーベラ（Hanna-Barbera）による1978年の『ゴジラ・パワー・アワー』や、1998年版を原作としたFOXキッズの『ゴジラ ザ・シリーズ』（*Godzilla: The Series*）の再放送があった。どちらのアニメシリーズでも、ゴジラは悪の計画を調査する科学チームと一緒に敵の怪獣と戦うヒーローとして描かれている。

　ハンナ・バーベラのアニメでは、ゴジラの甥で、翼のあるゴジラの超ミニチュア版であるゴズーキーが科学チームの一員として登場する。ゴズーキーは臆病で不器用で、東宝のミニラによく似た煙の輪を出す。しかし、彼は叔父のゴジラを呼び出すことができ、必要なときはいつでも科学チームを守って戦ってくれる。特筆すべきは、このアニメではゴジラに象徴的な火炎放射が、緑色の火を噴くように描かれていることだ。多くのアメリカ人がゴジラは緑色の火を噴く怪獣だといまだに信じているのは、この描写のせいかもしれない。

　『ゴジラ・パワー・アワー』の風変わりなばかばかしさにも関わらず、私は弟とその再放送を見るために母の部屋に駆け込んだ楽しい思い出がある。このシリーズは、昭和シリーズから明らかにインスピレーションを得ており、ゴズーキーについては様々な意見があるものの、ミレニアル世代を含む多くのファンにとって、今でも愛すべきノスタルジックな宝物である。私は全シリーズを

第 4 章　ミレニアル世代の体験

DVD で購入し、これも『ゴジラ ザ・シリーズ』と並んで私のゴジラ映画の棚に堂々と鎮座させている。

　『ゴジラ ザ・シリーズ』は、私の世代のゴジラファンの間で、そしておそらくファンダム全体の中で、独特の位置を占めている。誰もが批判したトライスターの1998年版の後継作品であるにもかかわらず、このシリーズは私を含め、ファンからむしろ肯定的に評価されている。

　このシリーズでは、トライスターの1998年版に登場した多くの登場人物が、現在は人道的環境分析チーム・ヒート（H.E.A.T.）と呼ばれる研究チームを結成する。主人公のニック・タトポロスは、マディソン・スクエア・ガーデンで唯一生き残ったゴジラの卵が孵化した時に居合わせており、彼を父親と間違えたことで養父の役割を引き受けることになる。この新しいゴジラは、オリジナルのように繁殖することはできないが、特徴的な火炎放射を使うことができ、ヒーローとして新しい家族を守り、特大の番犬のように敵怪獣と戦う。

　私のような層のファンにはおおむね好評だったが、当時このシリーズは、ポケモンやデジモンのような他の日本の番組との競争に苦闘した。とはいえ、このシリーズは真のファンに、1998年のトライスターのゴジラでなしえただろうより良い可能性を垣間見せてくれる。

　上記のゴジラアニメはどちらも、ゴジラを物語の中心的なヒーローとして描いている。米国の子供向け番組はしばしば、単純化された「白か黒か」のレンズで対立を描くことを好み、そこではヒーローと悪役が明確に定義される。『ゴジラ ザ・シリーズ』も『ゴジラ・パワー・アワー』も、アメリカのメディアのこの特徴に

113

忠実だった。その結果、社会におけるゴジラの位置づけをめぐるニュアンスや、より深い意味を持つメタファーは、ある世代からは失われてしまった。多くのミレニアル世代にとって、ゴジラはヒーローであり、それ以上の存在ではなかったのである。

第4節　ビデオゲームとゴジラ映画

　私が熱心なゴジラ・ファンになって間もない頃、東宝の映画やグッズ以上に、ゴジラ関連のビデオゲームが最も重要なアクセスの場となった。特に、アタリ社とパイプワークス社から発売された3作品の「ゴジラ」である。任天堂ゲームキューブの *Godzilla: Destroy All Monsters Melee*（以下、*Melee* と記す）、ソニー・プレイステーション2の *Godzilla: Save the Earth*（以下、*Save the Earth* と記す）、任天堂Wiiの *Godzilla: Unleashed*（以下、*Unleashed* と記す）は、多くのミレニアル世代のファンにとって、最初で最大にゴジラを知るきっかけとなったのである。

　映画は比較的手に入りにくく、インターネットも今ほど普及していなかった。しかし、米国では平均的なミレニアル世代の子供の時間の大部分をビデオゲームが占めていた。これらのビデオゲームのおかげで、私は初めてゴジラの昭和シリーズや平成シリーズ、そして歴史上の脇役だった怪獣に触れることができたのである。

　近所のゲームショップに日課のように通った8歳の私は、見つけたばかりの任天堂ゲームキューブの新作を買ってほしいと母にねだった。*Melee* だ。交渉の末、母は、ゴジラのゲームなら何カ月も私を満足させられるが、映画では数時間しかもたないことに気づいた。そうして母は私にゲームを買ってくれた。家に帰って

ゲームを起動すると、「GODZILLA! DESTROY ALL MONSTERS! MELEE!」と低い声が私に呼びかけ、その高揚感は、ゲームを始めると戸惑いと好奇心に変わった。プレイヤーは、平成ゴジラ（ゴジラ90年代と呼ばれる）、メガロ、アンギラスの3体の怪獣から選択するところから始まる。私はこの画面に驚いた。「ゴジラ90年代？　なぜ90年代？　メガロって誰？　この［将来アンロックできる］怪獣たちは誰？　空も飛べるし雷も放つ、かっこいい3つの頭を持つ竜はどうやってアンロックするの？」

　ゲームのストーリーモードを進めると、早くもメカゴジラ、ガイガン、デストロイア、ラドンといった東宝映画の歴史的怪獣に遭遇した。8歳のゲームスキルでは、メガロで数ラウンド勝つことができただけで、キングギドラには常に負けていた。もっと多くの怪獣をアンロックして、これらの怪獣になってプレイしようと決意した私は、地元の図書館に行ってインターネットにアクセスし、ゲームの攻略法を調べた。

　このころの私は、東宝の怪獣が登場しない米国製のアニメシリーズやトライスターのアメリカ製ゴジラ、それにゴジラとオルガだけが登場する東宝の『ゴジラ2000ミレニアム』しか知らなかった。そうした中で *Melee* は、私が初めて東宝ゴジラの大キャストに触れた作品だった。それまで知らなかったゴジラに登場する怪獣が他にもいたことに驚いた。この新たな知識は、これらの新しい怪獣についてすべてを学び、その能力を確認し、必殺技を記憶し、彼らがどこから来て、どんな映画に登場してきたのかを知りたいという欲求に火をつけた。

　朝スクールバスが来る前に、私は時々職場にいる母に電話して、新しい怪獣をもう一度見たいから、しばらくゴジラゲームをやっ

てもいいか尋ねた。やがて私はすべての怪獣の解説と、この時点（2002 〜 2003 年）までに東宝が公開した 20 本以上のゴジラ映画のリストが載っているゲームの攻略本を購入した。その膨大な数の映画を見たとき、私はそのすべてを手に入れ、怪獣王ゴジラについて学べることはすべて学ぼうという意欲に駆られた。

　アタリ社とパイプワークス社は他に 2 本のゴジラゲームを制作した。2004 年の *Save the Earth* と 2007 年の *Unleashed* は、それぞれソニーのプレイステーション 2 と任天堂 Wii 向けに発売された。前者は、この 3 つのゲームの中では「ミドル・チャイルド・シンドローム」という言葉もあるように、苦戦を強いられすぐに忘れ去られてしまった。とはいえ、友人たちもこのゲームのコピーを持っていて遊び方を知っていたので、私が友人たちと一緒に遊べた最初のゴジラゲームだった。一方、*Unleashed* は私が子供時代に遊んだ最後のゴジラゲームであり、現在に至るまで馴染みのあ

図 4-3　ATARI 社のビデオゲーム 3 作品
Godzilla: Destroy All Monsters Melee、*Godzilla: Unleashed*、*Godzilla: Save the Earth*

る大作である（図 4-3）。

　インターネットが急速に普及したおかげで、私は発売前に *Unleashed* のことを耳にし、半ば見え透いてはいたが、その年のクリスマスにこのゲームが欲しいことを母にほのめかした。その頃 13 歳になっていた私は何週間も胃痛が続き、クリスマス直前に入院する必要があった。結局、病院で母と「もし CAT スキャンの結果虫垂炎だったら、クリスマスプレゼントの *Unleashed* を早めにもらう」という賭けをした。母は一晩中病院で過ごして疲れ切っていたが、私の賭けに同意した。数時間後、看護師が私の病室に入ってきて虫垂を切除する必要があると言い、私はクリスマス前にこのゲームが手に入ると知って、歓声を上げた。

　盲腸を手術してくれた外科医は、私の虫垂炎は彼の生涯で見た中で最悪のもので、生きていることさえ幸運だったと後に言った。手術から目覚めて、いかに幸運だったかを聞かされたとき、私はむしろ平然としてすぐに母に言った。「オーケー、素晴らしい。それで私のゴジラゲームはどこ？」と。母は私にゲームを手渡すと、「ほら、でも病院では遊べないよ」と言った。そんなことは私にはどうでも良かった。ゴジラのゲームが手に入ればそれで良かったのだ。8 日間の入院を終えて家に帰ると、私は任天堂 Wii の電源を入れ、3 日間ぶっ続けで *Unleashed* で遊んだ。

第 5 節　ビデオゲーム――モンスター級の三部作

　発売時期が何年も違ったり、登場する怪獣の数が違ったりと、3 作とも小さな違いはあるものの、中心的なテーマは一貫している。明らかに昭和シリーズのおかしくも愛嬌のある特徴からインスピ

レーションを得ていて、ゴジラはエイリアンの侵略——本編では宇宙人ヴォルタークーから地球を守るヒーローとして描かれる。本編の悪役つまりボスの怪獣はたいてい、メカゴジラやメカキングギドラのようなゴジラの宿敵か、オルガやスペースゴジラのようなエイリアンの侵略というゲームの筋書きに合う怪獣である。

　また、3作ともゲームプレイの仕組みは同じだが、若干の変更がある。核となるのは、すべてのモンスターが持つ体力バーと、特殊武器やエネルギー武器用のエネルギーバーがあることだ。プレイヤーは、物理的な攻撃やビーム攻撃、建物や他のモンスターなどのモノを投げることで、敵モンスターの体力を消耗させなければならない。また、どのゲームにも軍隊が登場し、その時点で最も街に損害を与えたモンスターを攻撃することになっている。映画では通常脇役だが、これらの軍隊は、プレイヤーの動きを数秒間止めるフリーズ砲やプレイヤーにわずかだが無視できないダメージを与えるロケット弾を使用できるのである。

　*Melee*ではメインストーリーモードを好きな怪獣でプレイできるが、公式のストーリーは90年代のゴジラかゴジラ2000ミレニアムのどちらかでプレイし、最終ボス（ラストボス）はメカゴジラⅡ（メカゴジラⅡでプレイする場合はメカキングギドラ）となる。プレイヤーは一般的に、地上にいる怪獣よりも有利な飛ぶ怪獣を用いた戦略をとる。キングギドラ、メカキングギドラ、メカゴジラⅡはいずれも飛ぶことができ同時にビーム兵器を使用でき、ゲーム終盤の最終ボスとしては手強い。

　さらに、メカゴジラⅡは、ハンドロケット、レーザーアイ、ビームチェスト、ジェット推進などの致命的な武器により、このゲームで最高のキャラクターとみなされている。このため、特に基本

的なゴジラと戦う場合は、メカゴジラⅡはラスボスにふさわしいが、メカゴジラⅡを使うプレイヤーは本来有利なので、友達とプレイする場合は望ましくない。

Save the Earth では、それぞれの怪獣の戦闘上の弱点と強みを描いたスタット・システムが導入された。ゴジラ 90s とゴジラ 2000s は、ゲーム内で最もバランスのとれたキャラクターとして設定され、核兵器と炎には強いが雷撃には弱く、昭和・平成のシリーズにおけるゴジラの過去の戦いを反映している。ゲームの主な悪役は典型的にはオルガであり、時にはスペースゴジラも登場し、2つのバージョンのゴジラをヒーローとして確固たるものとした。

Save the Earth は、前作 *Melee* よりも多くの怪獣とゲームプレイ機能を備えていた。新たにメガギラス、モゲラ、モスラ、スペースゴジラ、そしてジェットジャガーが加わった。それぞれの怪獣は、映画に登場する怪獣に基づいた特殊能力を持っていた。モゲラは戦闘中にエネルギーを得るためにリチャージする必要があり、モスラは蛾の姿に進化する前のサナギとしてすべての戦闘を開始し、ジェットジャガーは戦闘スタイルに合わせてサイズを変えることができ、メガギラスは尻尾で相手からエネルギーを抜き取ることができ、ビーム／エネルギー武器もコピーすることができた。

また、プレイヤーが怪獣を選択し、その怪獣に関連したユニークなミッションに挑戦するチャレンジモードも導入された。時間切れになる前にゴジラとして街を破壊したり、モゲラとして小惑星地帯を飛んだり、ジェットジャガーのクローンを破壊したりと、ミッションはさまざまだった。これらのチャレンジに成功すると、プレイヤーはゲーム内ポイントを獲得し、そのポイントは、当時

公開予定だった 2004 年の映画『ゴジラ FINAL WARS』の先行上映やイラストを見るのに交換することができたのである。

 Unleashed は前 2 作のゲームのコンセプトをさらに発展させた。バラン、メカゴジラ I、ゴジラ 1954、ビオランテ、キングシーザーなど、より多くの怪獣が追加された。さらに、すべての怪獣は 4 つのグループのいずれかに分けられた。アース・ディフェンダー、エイリアン、ミュータント、地球防衛軍（GDF）である。

 このゲームには、どの怪獣のグループを選ぶか、また他のグループに忠誠を誓うかによって、複数のエンディングが用意されている。ゴジラは、モスラ、アンギラス、ラドンなどとともに、意外にもアース・ディフェンダーに属している。このグループまたは GDF でゲームに勝つと、プレイヤーは主な悪役であるヴォルタークが操るスペース・ゴジラを倒し、世界を救うという良いエンディングを迎える。プレイヤーがエイリアンとして勝利した場合は、侵略してきたエイリアンが勝利の笑みを浮かべるだけの悪のエンディングを体験することになる。ミュータントで勝利すると、プレイヤーの怪獣が地球上のあらゆるものに胞子を感染させ、全世界を征服することになるのである。

 プレイ可能なモンスターを多数与えられると、プレイヤーはお気に入りのモンスターに惹かれる。しかし、ファンの間では、最高のキャラクターはデストロイアとオルガだというのが一般的だ。デストロイアは、マップのどこからでもオキシジェン・デストロイヤーで相手を攻撃し、相手のヘルスセルをそっくり奪うことができる。オルガの腕力とつかみ技は昭和シリーズのゴム製の着ぐるみによるレスリング（格闘）を彷彿とさせ、近距離戦では非常に効果的である。前 2 作と同様、*Unleashed* では、ゴジラの主要

な敵や最強の敵はゲーム内の最強のキャラクターであり、ゴジラの味方やいわゆる「善人」とは異なり、ボスの素材としてふさわしい役割を果たしている。

これらのゲームはすべて、ゴジラやその味方がゲームの事実上のヒーローであり、ラスボスはメカゴジラ、メカキングギドラ、スペースゴジラのような大物ゴジラの悪役であるという中心テーマで展開する。ゲームのストーリーには、ゴジラとの複雑な関係や、長い間シリーズと関連付けられてきた社会における怪獣にまつわる深い意味を探るようなニュアンスはほとんどない。アタリ社とパイプワークス社のゴジラゲーム三部作では、先に述べたゴジラアニメと同様に、ゴジラは地球のヒーローであり、全人類の擁護者として描かれている。

ミレニアル世代がゴジラシリーズに触れる上でユニークだったのは、このゴジラゲーム三部作だった。これらのゲームは、多くの人々にゴジラシリーズに早くから触れる機会を提供した。ミレニアル世代は古い家庭用ゲーム機で以前のゴジラのビデオゲームをプレイしていたが、その複雑さと当時のゲーム業界の黎明期のため、それほど広くプレイされているわけではなかった。それでもこの三部作は、ゴジラのビデオゲームとしては最大かつ最も広範な作品として、ミレニアル世代のファンに大きな影響を与えた。

2007年に*Unleashed*がリリースされた後は、ゴジラのビデオゲームには同様の傾向が見られず、新作は数年間リリースされなかった。最新の試みとしては、2014年にソニーのプレイステーション3向けに*Godzilla*が発売されたことが知られているが、このゲームは評判が芳しくなく、現在では事実上入手不可能となっている。筆者のようなミレニアル世代は、アタリ社のゴジラビデオゲーム

三部作を最大限に活用できる理想的な時期に生まれた。ビデオゲームのおかげでより広範にゴジラシリーズを学び、探究することができたのだった。

大人になってから、もう遊ばないゲームや時代遅れになったゲーム機をたくさん売った。しかし、子供の頃に遊んだゴジラのゲームだけは、今でも思い出として大切にとってある。

第6節　*G-FAN*

ゴジラに関する印刷物（メディア）は何十年も前から様々な形で身の回りにあった。米国のミレニアル世代にとって、ゴジラの印刷メディアの種類は大幅に拡大した。従来、ゴジラに関するメディアといえば、マーベル（Marvel）やIDWパブリッシング（IDW Publishing）といった出版社のストーリー本やコミック本だった。私が幼少の頃、地元の図書館で入手できたゴジラの本は限られており、*Godzilla, King of the Monsters*（1996）、*Godzilla Invades America*（1997）、*Godzilla vs. Space Monster*（1998）などのスコット・シエンシン（Scott Ciencin）によるゴジラ・ダイジェスト小説シリーズだけだった。これらの本はニッチ（特定の人に人気の分野）であり、目立つところには陳列されていなかった。

ミレニアル世代のファンにとってユニークな情報源となるのが、米国シカゴで毎年開催されるゴジラ・フェスティバル（G-Fest）を主催する大怪獣エンタープライズ（Daikaijyu enterprises）が発行するゴジラファンのための季刊誌（*G-FAN*）である（図4-4、

第 4 章　ミレニアル世代の体験

図 4-4　雑誌『G-FAN』92 号（2010）　　図 4-5　雑誌『G-FAN』97 号（2011）
　　　　表紙　　　　　　　　　　　　　　　　　表紙

4-5）。*G-FAN* は 1992 年、カナダ人教師 J.D.Lees が友人たちとゴジラ情報を共有する手段として創刊された。その可能性を認識した Lees は、やがてゴジラ関連の記事、レビュー、写真、ファン作品などを掲載する雑誌に拡大した。*G-FAN* は現在、ガメラ、キングコング、ウルトラマン、その他日米の怪獣映画を含むすべての怪獣をカバーしている。2022 年現在、*G-FAN* は世界で最も長く続いているファン雑誌となっている。

　当初、*G-FAN* の記事はゴジラと彼の映画の背景にある深い意味に焦点を当てていた。例えば、1954 年のオリジナル版『ゴジラ』における倫理学を採用しているか（*G-FAN* 35 号）、ゴジラがアメリカを象徴しているか（*G-FAN* 41 号）、『ゴジラ』（1954）は 1953 年の『原子怪獣現る』からインスピレーションを得たのか（*G-FAN* 63 号）、そして東宝の平成ゴジラ映画における神道の象徴性

123

（*G-FAN* 81 号）などが議論された。インターネットが普及する以前、*G-FAN* はゴジラの深い意味について詳細に議論できる数少ないプラットフォームのひとつだったのである。

　G-FAN はまた、ゴジラの開発に携わった重要人物へのインタビューも掲載している。例えば、1999 年秋刊行の 41 号には、昭和シリーズの作曲家、伊福部昭のインタビューが掲載され、作曲家としての役割や課題、アイヌ文化から受けたインスピレーションについて語っている。同誌はまた、ゴジラに関わったアーティスト、ミュージシャン、元俳優、監督など、あまり知られていない人物にもインタビューしている。*G-FAN* と *G-Fest* は、ミレニアル世代のファンにとって、こうした著名人について知ることができる数少ない情報源だった。

　最近では、*G-FAN* の記事はガメラやキングコングなど他の怪獣を取り上げるなど多様化している。例えば、2021 年春の 131 号では『シン・ウルトラマン』や『ウルトラマン』シリーズについて、2022 年冬の 138 号では Netflix の新シリーズ『ガメラ リバース』（*GAMERA-Rebirth*）についての記事が掲載された。同誌はまた、日本の社会、言語、文化にも重点を置いている。2007 年秋の 81 号では、怪獣という言葉を理解するための漢字と部首のレッスンを導入した。最近の記事では、海洋堂が年 2 回開催している日本の玩具メーカーの展示会「ワンフェス」（*G-FAN* 111 号、2015 年冬号）や、在日米沿岸警備隊と軍が佐世保、横浜、東京でゴジラの映画シーンやアトラクションを探検した経験（*G-FAN* 130 号、2020 年冬号、*G-FAN* 135 号、2022 年春号）など、日本の都市やゴジラ関連のイベントにスポットを当てている。2011 年秋の 97 号では、日本の社会評論におけるゴジラの役割と、怪獣が日本人の

図 4-6　雑誌『G-FAN』97 号（2011）p.26

メンタリティや不安の変化をどのように反映しているかを分析したのである（図 4-6）。

　記事はまた、怪獣に関するファンが作成したコンテンツを受け入れている。これには、短編小説、コミックアート、個人的なコレクション、最近のゴジラや怪獣映画に関する映画レビューなどが含まれるが、これらに限定されるものではない。*G-FAN* の最新号には毎回、購入可能な最新のゴジラ玩具の紹介や、読者が投稿したファン小説やアートワークが掲載されている。2010 年夏発行

の *G-FAN* 92 号によると、2001 年公開のゴジラ映画『ゴジラ・モスラ・キングギドラ 大怪獣総攻撃（GMK）』について、他のミレニアム作品と比較した場合の歴史的メッセージやテーマ転換について考察している。さらに、*G-FAN* 118 号では、YouTube を拠点とする怪獣フィギュアのコレクターに彼らのゴジラコレクションについてインタビューし、ファンにとってのゴジラシリーズの魅力を探っている。

G-FAN は、ゴジラシリーズへの深い洞察を提供し、すべての世代のファンからなるコミュニティを育んでいる。このコンテンツは、ミレニアル世代のゴジラファンに、当時のアニメやビデオゲームで見られた典型的なヒーローや地球防衛者のイメージを超えた、怪獣王に対する少し異なった微妙な視点を与えるのに一役買っている。

昭和や平成初期のゴジラファンは、主に東宝の映画やテレビ放映に接していたのに対し、ミレニアル世代のゴジラファンは、ゴジラ・フランチャイズにユニークな形で触れることができた。具体的には、トライスターのゴジラ、ビデオゲーム、コミックや *G-FAN* のような出版物などを通して、よりアメリカナイズされたゴジラに触れていたことが特徴であろう。これらの違いは、地球を守るために戦うヒーローの役割を担いながら、様々なメディア形態で描かれるゴジラを見慣れた、新しいタイプのゴジラファンを生み出すきっかけとなった。

現在、アメリカでは東宝とレジェンダリーによるゴジラシリーズがファンから絶賛され、「ゴジラブーム」が起きている。現在のアメリカ社会におけるゴジラの存在感と人気は、かつてゴジラグッズを探しあぐねたミレニアル世代にとっては、今や夢が実現した

と言ってもいいだろう。この章では、ミレニアル世代のゴジラとの出会いに焦点を当ててきたが、将来の世代がどのように怪獣王に出会うのか、そしてそれがゴジラファンの進化にどのような意味を持つのか、興味が尽きない。

引用注

1) J.D. Lees, "Millennium Goji Revealed," *G-FAN* #40, July-August 1999, p. 51.
2) Kalat, David. "Godzilla 2000." Essay. In *A Critical History and Filmography of Toho's Godzilla Series,* 2nd ed., pp. 426-427. Jefferson, NC: McFarland & Company, Inc., 2010.
3) Ibid. p. 425.
4) Ibid.
5) Ibid.
6) J.D. Lees, "Godzilla 2000," *G-FAN* #46, July-August 2000, p. 16.
7) Ibid.

第5章
ゴジラと Godzilla
―― 日米並行制作体制の行方

扉絵5　宣伝ポスター（2023）『ゴジラ -1.0』© 2023 TOHO CO., LTD.

中川涼司
Ryoji Nakagawa

はじめに

2016年の『シン・ゴジラ』に続いて、東宝の自社制作作品として2023年12月に公開された『ゴジラ -1.0』（*Godzilla Minus One*）は全世界で1億1367万6322ドル（Box Office Mojo[1]、2024年12月末時点）の興行収入をあげている。うちアメリカ国内では、5714万4669ドル（全体の50.3％）で、日本国内4820万7737ドル（同42.4％）を上回る興行収入をあげ、まさに国際的なヒットとなった。また、興行収入だけではなく、2024年3月には米アカデミー賞の視覚効果賞を受賞した。この賞は当該年度においてもっとも視覚効果の優れた作品に対して贈られるもので、過去には『スターウォーズ』、『タイタニック』、『アバター』などが受賞しているが、日本作品が受賞するのは初めてである。

その一方、ゴジラ生みの親である東宝の自社制作と並んで、米レジェンダリー社制作、ワーナー・ブラザース配給のモンスター・ヴァース・シリーズ（2019年公開の『ゴジラ キング・オブ・モンスターズ』*Godzilla: King of the Monsters*, 監督マイケル・ドハティ）、2021年公開の『ゴジラ vs コング』（*Godzilla vs. Kong,* 監督アダム・ウィンガード）、2024年公開の『ゴジラ×コング 新たなる帝国』（*Godzilla × Kong: The New Empire,* 監督アダム・ウィンガード）も制作され、大きな興行収入を生んでいる。

このようにゴジラが日米で同時並行的に制作されていく形になっていったのはどうしてなのか。また、その経営的意味は何なのかを、ゴジラの生みの親である東宝、モンスター・ヴァースのシリーズを制作するレジェンダリー社、そして部分的にレジェンダリー社と組んでモンスター・ヴァース・シリーズの配給を行うワーナー・ブラザースとレジェンダリー社の買収を行った中国のワンダ・グループの経営戦略の分析を通じて考察するのが本章の目的である。

　また、本章は前稿「ゴジラと日本映画産業」（中川　2019）の続編であり、前稿と併せて読んでいただけると幸いである。

第 1 節　東宝にとってのゴジラ

　東宝にとってのゴジラの意味については、すでに前稿（中川 2019）で詳しく考察しているので、ここでは簡単に確認だけをしておく。

1.1　東宝の設立

　東宝株式会社は 1932 年 8 月に阪神急行電鉄（現在の阪急電鉄）の創業者・小林一三によって設立された。阪急電鉄の沿線開発の一環として成功した宝塚少女歌劇団の成功をうけ、演劇、映画の興行を主たる目的として株式会社東京宝塚劇場として設立されたものである。

　1931 年に系列会社として設立されたトーキーシステムの開発を行う写真化学研究所（Photo Chemical Laboratory ＝ PCL）は、1937 年関連会社 J.O. スタヂオと合併し、東宝映画株式会社となっ

ていた。東京宝塚劇場は1943年、東宝映画を合併し、映画の製作・配給・興行および演劇興行の一貫経営に乗り出し、社名を東宝株式会社と改めた。

PCLの設立に参加し、東宝映画の常務取締役に就任した森岩雄は、予算と人的資源の管理を一元化するプロデューサー・システムを日本の映画界に本格的に導入した人物とされる。森はPCL時代にハリウッド視察を行い、映画手法としての特殊撮影の重要性を認め、東宝発足後に円谷英二をたっての招きで迎え入れた。

1.2 撮影所機能の充実と大作主義、社会性

1951年に新東宝が倒産して、これらにより東宝から離れていたプロデューサー、監督、俳優なども東宝に復帰した。小林一三は撮影所の整備に巨費をかけ、最新鋭機材の導入やオープンセットの設置、新スタジオの建設などが行われ、一時はほぼ制作機能を失っていた砧撮影所は日本屈指の撮影所に生まれ変わった。そこでの経営コンセプトは大作主義であったが、強い社会性を持っていたのも大きな特徴である。

撮影所整備が完了した1954年に3本の超大作が公開された。それは稲垣浩監督による『宮本武蔵』、黒澤明監督による『七人の侍』、そして本多猪四郎監督（円谷英二特殊技術担当）による日本初の怪獣特撮映画『ゴジラ』だった。『ゴジラ』はプロデューサーだった田中友幸が、多くの空想小説、秘境探険小説で珍獣、怪獣を登場させた小説家・香山滋に水爆を象徴するような大怪獣という意図で『G作品』（ゴジラ）のストーリー作りを依頼し原案を作成し、1954年に「G計画（ゴジラ）」として会議を通した。

第1作『ゴジラ』は1954年、広島、長崎の被爆からまだ9年で

記憶も鮮明で、かつ、アメリカによるビキニ諸島の水爆実験で第5福竜丸が被爆した事件が発生する中で製作された。ゴジラは「水爆実験によって現れたジュラ紀の恐竜」であり、絶対的な恐怖の存在であった。特撮を担当した円谷英二は、当時一般的ではあったが時間がかかる上に、迫力に欠ける人形アニメではなく、着ぐるみによる方法を採用し、伊福部昭による効果的な音楽もあって迫力ある映像となった。核と冷戦の恐怖をゴジラという架空の怪獣を通してまざまざと描いた同作は人びとに大きな衝撃を与え、観客動員961万人を記録した。続く1955年の第2作『ゴジラの逆襲』はもう一つの怪獣アンギラスを登場させ、他の核大国の存在を暗示するものとなった。

1.3 怪獣対決による娯楽路線への転換と観客動員数の減少

1962年に7年ぶりに撮影された『キングコング対ゴジラ』は初期2作とは異なり娯楽性の強いものであった。画面はカラーとなり、「怪獣同士の対決」というその後の日本の怪獣映画の流れを決定付けた。

キングコングの権利者であるRKOは東宝との契約に当たり、キングコングの名称使用料5年間分として8000万円を要求した。それは東宝の当時の映画3本分の制作費に匹敵した。ここでも特撮を担当した円谷は、(1933年の第1作では人形アニメーションであった) キングコングを着ぐるみでどう表現するかに力を注いだ。結末は日米関係に配慮して曖昧な形にされたが、日米の両怪物キャラの対決は人気を呼び、ゴジラ史上最大の1250万人の観客を動員、配給収入だけで4.3億円をあげて、RKOへの支払いを補って余りあるものとなった。

1964年の『モスラ対ゴジラ』ではモスラ（成虫、幼虫）が登場、また、同年末に初の怪獣映画による正月映画として製作された『三大怪獣 地球最大の決戦』では、ゴジラが人間の味方になっていくとともに、新たな敵役としてキングギドラが登場、また、単体作品となっていたラドンもゴジラに合流した。これらにより、ゴジラシリーズの定番怪獣が出そろった。

しかし、ゴジラシリーズも1962年の『キングコング対ゴジラ』で1200万人を越える観客動員を記録して以降は、テレビの普及、ストーリーの陳腐化、低予算化による特撮の劣化などにより観客動員数は減少の一途をたどった。

東宝は従来のビジネスモデルである製作・配給・興行を一体化したブロック・ブッキングを廃止し、外部プロダクションの製作した映画を買い取り、自社の劇場にかけるフリーブッキングへと転換した。砧製作所は貸しスタジオとなり、プロダクションにレンタルされることとなった。特撮部門は1971年の製作分離により、東宝映像という別会社となり、独立採算制を強いられた。社長は円谷と二人三脚で特撮と戦記物を支えてきた田中友幸であった。円谷の引退、死去後、ゴジラシリーズは観客動員数を落とし続け、田中は低年齢層に向けた作りに変更するなどしたが、観客動員は戻らなかった。低予算で過去のフィルムを使いまわし、必要なところにだけ金をかける方針であったが、1973年の『ゴジラ対メガロ』で観客は半減、ゴジラシリーズも1975年にはついに打ち切りとなってしまった。

1.4 制作再開と再中断、ハリウッドへの委託

1980年代にはいって日本の映画市場は落ち着きを見せてきたこ

とから、ゴジラシリーズ（平成シリーズ）の製作が再開された。1984年『ゴジラ』は原初モデルに戻り、人類の脅威として描かれるようになった。また、1989年の『ゴジラ vs ビオランテ』は大人向けの社会派的で斬新なストーリーではあったが興行的には不振であった。1991年『ゴジラ vs キングギドラ』は定番怪獣を登場させ、ゴジラは親子で見るファンタジー映画化され、怪獣対決がメインとなった。ターゲットとして筆者自身もゴジラを見た親とその子供となった。400万人前後の観客動員を果たしたので興業的に失敗とはいえないが、東宝の1995年からのシネコン化、作品ラインナップの見直し、制作体制の見直しの中で1995年『ゴジラ vs デストロイア』でもってシリーズは再び中断した。以降、東宝ではゴジラの映画製作をハリウッドに任せ、配給・興業に専念する方針が採られた。

第2節　日米並行制作の第1段階
——エメリッヒ版とミレニアムシリーズ

　ハリウッドでまず『GODZILLA』（*Godzilla*, 1998）の製作を行ったのはトライスター社である。監督は1994年の『スターゲイト』、1996年の『インデペンデンス・デイ』でヒットを飛ばしていたローランド・エメリッヒ（Roland Emmeric）である。本作は最新の恐竜研究を反映させ、またCGを多用することで、日本版とはかけ離れたゴジラのスタイルとなった。ゴジラは日本における「怪獣」としてではなく、ハリウッド映画に多く見られる「突然変異による超巨大生物」とされた。

　日本では約51億円の興行成績（配給収入約30億円を興行収入

換算）をあげた。観客動員数は360万人であり、日本では平成ゴジラシリーズを下回る水準であるが、世界で3億7901万4294ドル[2]（当時の対ドル円相場平均144円換算で約546億円）の興行収入となった。製作費は1億3千万ドル（同約187億円）であり、東宝版映画製作費の10倍以上であったが十分にペイした。

　日本では興行収入以上に、ゴジラの姿が大きく変わってしまっていることが不評であったが、モンスターによる恐怖映画として世界を市場として売ることには成功した。CGを多用し、着ぐるみでは表現できない多くの動きを表現したことでゴジラの新たな展開を準備したとも言える。

　エメリッヒ版が日本では不評であったことと、逆に新たな展開の可能性があるように見えたこともあって東宝では1999年から新たなゴジラシリーズとしてミレニアムシリーズが開始された。ストーリーの基本は平成シリーズと同じであるが、しかし、すでにCGが普及し、ハリウッドの都市破壊シリーズが人気を博しており（部分的にCGも用いてはいるが）、着ぐるみものは明らかに時代遅れだった。ストーリー的にも新規性はなく、親子も中高生・大人単独も見ないものとなり、映画産業が若干上向きになる中でゴジラの観客動員数は激減した。2004年の『ゴジラ FINAL WARS』公開時に、東宝は今後しばらくゴジラ映画を製作しないことを発表し、それまでゴジラシリーズ映画などの海上シーンで使用した東宝大プールを解体した。

第3節　日米並行制作の第2段階
——エドワーズ版 *Godzilla* と『シン・ゴジラ』

3.1　エドワーズ版 *Godzilla*（2014）

『ゴジラ対ヘドラ』（1971）の監督である坂野義光は東宝から同作を基としたIMAX 3Dによる短編映画の製作権を獲得したものの、出資者を得られなかった。その後の2007年、坂野はアメリカのプロデューサー、ブライアン・ロジャースと会い、プロジェクトに取り組むことを計画した。ロジャースは2009年にレジェンダリー・ピクチャーズ（Legendary Pictures、以下、レジェンダリー社）に話を持ちかけ、長編映画を製作するプロジェクトへと移った。

2014年のレジェンダリー社制作（ワーナー・ブラザーズ／東宝配給）の『GODZILLA　ゴジラ』（*Godzilla*）は外観的にもエメリッヒ版にあったような恐竜に近いものではなく、従来の怪獣のスタイルに戻し、ストーリー的には核問題とも絡めて日本の原初スタイルに近いものとなった。大規模予算によりCGを多用し、迫力ある画面とするとともに、日本人とアメリカ人の両方の俳優を起用、日本市場にも世界市場も受け入れられるものとして、国際的プロモーションを展開した。監督は日本のゴジラファンでもあるギャレス・エドワーズ、出演は渡辺謙、アーロン・テイラー＝ジョンソン、サリー・ホーキンズなどであった。

アメリカでは2014年5月16日に公開され、初日興行収入は3850万ドル（約39億円）に達し、世界オープニング興行収入1位の1億9621万ドル（約196億円）であった。2024年末時点で、

アメリカ合衆国で2億68万ドル、全世界で5億2498万ドルを売り上げている[3]。アメリカでの初日興行収入は『キャプテン・アメリカ／ウィンター・ソルジャー』(*Captain America: The Winter Soldier*, 2014) の3690万ドルを上回り、2014年の初日興行成績の最高記録を塗り替えた。

日本では7月25日から全国427のスクリーンで公開され、最終的な興行収入は32億円となり、ミレニアムシリーズで最大のヒットになった『ゴジラ・モスラ・キングギドラ 大怪獣総攻撃』(2001)の27.1億円を上回った[4]。観客動員数は218万人を記録した[5]。

3.2　レジェンダリー社の経営戦略とワンダ・グループによる買収

レジェンダリー社は、2005年にトーマス・タル (Thomas Tull, 1970-) により設立されたカリフォルニア州バーバンクの映画制作会社である。設立年の2005年よりワーナー・ブラザースと共同で映画を制作し続けていたが、レジェンダリー社は制作費のほとんどを自社で賄い作品の権利保有や独自の企画進行を考えるようになり、ワーナー・ブラザースもまた共同出資を募らずに自社が制作を行い利益の独占を考えるようになったため、契約満期となる2013年をもって共同制作を終了した。レジェンダリー社は2013年からNBCユニバーサルとの契約を結び2014年から共同制作に入り、2014年10月にはソフトバンクによる2億5000万ドルの出資が発表された。レジェンダリー社は『ジュラシック・ワールド』、『バットマン』の「ダークナイト」シリーズなどを制作した。

2003年にトライスター社のゴジラ使用権も期限切れとなった[i]

---

i) 東宝のゴジラ製作の歴史的経緯については中川涼司 (2019) を参照。

ことから、2007年、『ゴジラ対ヘドラ』（1971）監督の坂野義光がアメリカのプロデューサーのブライアン・ロジャースとプロジェクトに取り組むことを計画し、2009年にレジェンダリー社に話を持ちかけ、長編映画を製作するプロジェクトが立ち上がった。2009年8月、レジェンダリー社は東宝と共同で新しいアメリカ版のゴジラ映画を製作して2012年に公開すると発表した。レジェンダリー社はさらに当時まだ共同製作の関係にあったワーナー・ブラザース社と共同製作・共同出資し、シリーズをリブートするとした。しかし公開は2年遅れ、2014年となった当該時点ではワーナー・ブラザース社との共同製作の契約は終了していたが、日本以外での配給は同社が担った。

また、レジェンダリー社は2011年に合弁会社 Legendary East Ltd. を香港に設立した。これは中国における外国製映画のクオータ規制回避の狙いがあった。当初の持ち株比率は Paul Y. Engineering Groupが50％、レジェンダリー社が（Legendary Asian Pacific, LLC or Legendary East Holdings, LLC などを通じて）40％、華宜兄弟社（Huayi Brothers）が10％であった。しかし、資金調達面での不調などから2012年華宜兄弟社との関係は断たれ、代わって中国電影集団公司がパートナーに加わった。同社は中国の映画製作会社であるとともに、中国唯一の映画輸入権を持つ会社である。

2014年、*Hollywood Reporter* 誌は、ワーナー・ブラザース社とレジェンダリー社がゴジラとキングコングの3部作構成でのシリーズを企画していることを報じた[6]。ゴジラの続編にはラドン、モスラ、キングギドラが登場することも発表された。続編3作目ではゴジラとキングコングとの対決が描かれることが決定した。レ

ジェンダリー社とワーナー・ブラザース社が共同で製作・配給する、ゴジラとキングコングを主人公とした一連の怪獣映画はモンスター・ヴァース（Monster Verse）と命名された。

　しかし、この企画が実現する前の 2016 年 1 月に、レジェンダリー社は映画配給、映画館運営からさらに製作にも進出する意思を固めた中国のワンダ・グループに 35 億ドルで買収された。トーマス・タルの招きで監督にあたった張芸謀監督による『グレートウォール』が Legendary East でポストプロダクションを行っていた最中であった[7]。長城の巨大なセットなどで 15 億ドルをかけた本作はレジェンダリー社にとっても大きな転換点となった。結局、本作は興行的には『クリムゾン・ピーク』（*Crimson Peak*, 2015）、『ウォークラフト』（*Warcraft,* 2016）に続く「失敗」（興行成績自体は決して悪くないが、コストに見合っていなかった）となった。300 人の従業員を抱える同社はいずれも巨額の資金を必要とする『GODZILLA　ゴジラ』（*Godzilla*, 2014）、『パシフィック・リム　アップライジング』（*Pacific Rim: Uprising*, 2018）、『キングコング　髑髏島の巨神』（*Kong: Skull Island*, 2017）の製作を予定しており、5.8 億ドルの資金調達を行い、さらに JP モルガン・チェースから 7 億ドルのクレジット・ラインの設定も行っていた。しかし、それでは不十分と判断した同社は買収とともに数億ドルの融資も行い、また、中国での配給も期待できるワンダ・グループの出資を受け入れた[8]。

　トーマス・タルはワンダ・グループによる買収後も 20％の株式を引き続きもち、CEO の立場を維持した。しかし、2017 年タルは『グレートウォール』の興行的「失敗」やその他経営方針の食い違いにより CEO の職を辞し、後任はニューズ・コーポレーショ

ンやマイクロソフトで取締役を務めた経験があり2015年にワンダ入りをしていたジャック・ガオ（Jack Gao）が暫定でつくこととなった。しかし、2016年から中国政府の海外投資に対する規制が強くなり、思ったような経営が行えないことから2017年10月にガオもまたレジェンダリー社およびワンダ・グループを離れている[9]。

　2017年12月5日、Irell & Manella LLPのパートナーであったジョシュア・グロード（Joshua Grode）がレジェンダリー（・エンターテイメント）社のCEOに選出された[10]。グロードはUCLA卒。同大学卒業後の初の仕事が著名な映画監督でプロデューサーでもあるシドニー・ポラック（Sydney Pollack）のアシスタントであり、すぐに、「B級映画の帝王」ロジャー・コーマン（Roger Corman）のアシスタントに転じ、「第2ユニットディレクター（a second unit director）」になっていた。その後、両親のすすめにより法曹の道に進むこととし、ロヨラ大学ニューオーリンズ校で法務博士（JD）を取得した。彼はIrell & Manellaに弁護士として入所するが、その時の顧客がレジェンダリー社であり、ワンダ・グループによる同社の買収にも関わった。その縁からレジェンダリー社のCEOに就任することとなったグロードはワーナー・ブラザース社からユニバーサル社に配給契約変更を行うことに携わり（ただし、上記の通り短期間で終了）、2000万ドルから1億5000万ドルの範囲の映画を年間8本製作することとされた[ii]。マーベル社への対抗とみられる *Pokémon Detective Pikachu*（2019）は当初

---

ii) Joshua Grode の経歴等については以下のサイトを参照した。Legendary CEO Joshua Grode on Pitting 'Pikachu' Against Marvel, Warner Bros. Upheaval, *The Hollywood Reporter*, Apr. 25, 2019, https://www.hollywoodreporter.com/news/general-news/legendary-ceo-joshua-grode-pitting-pikachu-marvel-1203881/

ユニバーサルから配給される予定であったが、ワーナー・ブラザースに変更された。

3.3 『シン・ゴジラ』——東宝の本格自社制作への復帰

　ゴジラ映画について東宝は、上記のように1999年に準備不十分なままに自社制作にいったん戻し、2004年に再度中止するという中途半端な自社制作回帰があったが、2016年の『シン・ゴジラ』はそれら失敗を踏まえた、本格的自社制作回帰であった。『シン・ゴジラ』のエクゼクティブ・プロデューサーの山内章宏（東宝株式会社映画企画部部長）によれば、ゴジラは「東宝にとっては唯一無二のキャラクターなので、どこかで復活させたい気持ちがありながら、大事がゆえになかなか手が出せなかった」[11]。2012年に、レジェンダリー社によるハリウッド版ゴジラの企画発表があり、また、エドワーズ版が大きく成功する中で自社制作の機運は高まった。東宝は近年では日本の映画制作において一般化している制作委員会方式すらとらずに、完全自社体制で新たなゴジラ映画制作に取り組むこととなった。着ぐるみは廃され、完全CG化された。ストーリーは東日本大震災を念頭に、ゴジラが実際に東京を襲撃した場合に日本政府が如何に対応しうるかという点から組み立てられた。

　監督は特撮に対する造詣の深さと、実写のキャリアもあり、人気アニメ、エヴァンゲリオンの監督であり、海外に対してジャパンメイドのゴジラとして引きがあるであろうという理由から庵野秀明氏が選択された。ただし、『エヴァンゲリヲン新劇場版』全4部作のうちの第4作『シン・エヴァンゲリオン劇場版：Ⅱ』はまだ完成しておらず、庵野氏は総監督、脚本での参画となり、監督

は庵野氏の盟友・樋口真嗣氏となった。しかし、庵野氏のコミットの仕方は中途半端なものではなく、ディテールにもこだわり続けた。戦闘のリアルさを出すための自衛隊との頻繁な打ち合わせ、リアルな政治プロセスを踏み、かつ、政治家らしい言い回しもできるよう政治家の方々への意見聴取などが繰り返された。PRにおいて「VS日本」としたのも過去の怪獣対決ではなく、対決するのは日本とゴジラであることを明確にしたものである。事前のネタバレはこれまでにない固さで封じられた。

しかも、初期2作を除く過去のゴジラにおいて人間の戦闘能力は極めて低く、見どころは怪獣同士の戦いであり、ゴジラは死なず、去るだけであった。しかし、『シン・ゴジラ』においては人間の果敢な作戦が功を奏する。そこには想定外の事態にも最後はちゃんと対応してほしかったという東日本大震災への思いが込められている。

観客動員数は560万人と1965年の『怪獣大戦争』以来の500万人越え、興行収入も82.5億円を達成した。国内製作中断前の最終作である2004年の『ゴジラ FINAL WARS』が観客動員数100万人、興行収入12.6億円であったことを考えると、その復活ぶりは特筆すべきものとなった『シン・ゴジラ』は、旧来からのゴジラファンに加え、東日本大震災へのオマージュとしての人間ドラマ、大人の見る映画として成功した[iii]。ただし、全世界興行収入7805

---

iii) 山内章弘、(「シン・ゴジラ」エグゼクティブ・プロデューサー)「今回は、3.11以後の日本というのが結果的にすごく意味を成しています。脚本をつくる段階では、リアルシミュレーションではあるが、架空の日本というか震災を経験していない日本を舞台にするゴジラだという案もあったんですよ。ただやっぱり、リアルシミュレーション映画としていまの日本のお客さんに観てもらうにあたって、震災が起っていない日本は想像しにくい。やっぱり震災を経た日本にゴジラが現れた、その上

万 3145 ドルのうち、日本が 7540 万 3349 ドル（全体の 96.6％）を しめ、アメリカ国内はわずかに 191 万 8403 ドル（同 2.5％）にす ぎなかった。東日本大震災へのオマージュという意図が日本以外 には伝わりにくく、また、早口でやり取りする日本語の会話劇は 国際的には通じにくかったといえよう。

3.4　アニメ版『GODZILLA』（2017 年、2018 年）
——本格実写版第 2 弾へのつなぎ

　『シン・ゴジラ』は成功したが、東宝は次作を実写ではなくアニ メとすることとした。東宝はその理由を明らかにはしていないが、 『シン・ゴジラ』は成功したとはいえ、同年の東宝の最大のヒット 作であるアニメ映画『君の名は。』（2016）に比較すると興行収入 は 3 分の 1 に過ぎない。また、東日本大震災のオマージュとして の『シン・ゴジラ』のストーリーはシリーズ化には向いておらず、 新たなストーリー展開が必要であり、アニメのほうがストーリー 展開をさせやすい。また、国際市場に売り込むにはアニメのほう が競争力がある。こういったことが、東宝がこれまでこだわって きたゴジラの実写・特撮ではなくアニメ化した理由と考えられる。

　アニメ化にあたり、東宝が白羽の矢を立てたのは、ゲーム作家 として成功し、アニメストーリー制作も手がけていた虚淵玄であ る。虚の脚本により、巨大生物「怪獣」特にゴジラの脅威にさら された人類が他の星に移住しようとするが失敗、「亜空間飛行」の

　で我々はどう対処するかを描いたほうが観客の感情移入がしやすいと考えました。 結果そうして良かったと思います」エキサイトレビュー！「庵野秀明対樋口真嗣 「シン・ゴジラ」撮影現場ルポ＆山内章弘プロデューサーインタビュー」https:// www.excite.co.jp/News/reviewmov/20160921/E1474418852445.html?_p=3

ために2万年後の地球に舞い戻り、依然存在するゴジラの亜種生物と戦うというストーリーが展開された。それは人類の滅亡の危機からの脱出という『宇宙戦艦ヤマト』や『エヴァンゲリオン』などのテーマに近いものとなっている。監督は、『名探偵コナン 純黒の悪夢（ナイトメア）』（2016）でシリーズ最高63.1億円の興行収入をあげた静野孔文と、TVアニメ『シドニアの騎士 第九惑星戦役』などで知られる瀬下寛之の2人。制作はポリゴン・ピクチャーズ。全3DCGで作成されているが、ピクサー／ディズニーのように立体性を強調するものではなく、日本アニメの特徴である比較的平面的な画像となっている。

目指されたのはアニメという特性を活かした「シン・ゴジラとはむしろ真逆のゴジラ世界」[iv]である。リアリティという点では、実写と特撮の組み合わせに及ばない。したがって、むしろ遠未来に時間軸を設定したSF的なものとし、また、『シン・ゴジラ』では排除された「宇宙人」の存在も取り入れられた。ただし、ゴジラが強大な恐怖の存在であること、モスラと双子姉妹の登場、ゴジラに対抗するメカゴジラ、キングギドラの存在など、これまでのゴジラのリソースはふんだんに盛り込まれている。

全三部作構成で、第1章『GODZILLA 怪獣惑星』は2017年11月に公開され、第2章『GODZILLA 決戦機動増殖都市』は2018年5月、第3章『GODZILLA 星を喰う者』は2018年11月に公開され、劇場公開後、動画配信サービスNetflixで全世界配信された。『GODZILLA 怪獣惑星』の2017年11月17日〜12月3日累計の興行収入はランキング8位（動員10位）の3億4234万9800

---

iv）映画パンフレット『GODZILLA 怪獣惑星』におけるインタビュー記事での虚淵玄氏の発言

円であり、最終的には10億円に達しなかった。上映館数が限られており、また、映画館よりもネット配信に重点が置かれていることを考えると失敗とはいえないが、『シン・ゴジラ』で見せた盛り上がりには到底及ばない。

第4節　日米並行制作の第3段階
——モンスター・ヴァースと『ゴジラ -1.0』

4.1　モンスター・ヴァース

　モンスター・ヴァース・シリーズとして製作されたのは、2017年公開の『キングコング　髑髏島の巨神』(*Kong: Skull Island*、監督ジョーダン・ヴォート＝ロバーツ、全世界興行収入5億6865万2812ドル)、2019年公開の『ゴジラ キング・オブ・モンスターズ』(*Godzilla: King of the Monsters,* 監督マイケル・ドハティ、同3億8730万138ドル)、2021年公開の『ゴジラ vs コング』(*Godzilla vs. Kong,* 監督アダム・ウィンガード、同4億7011万6094ドル)、2024年公開の『ゴジラ×コング 新たなる帝国』(*Godzilla × Kong: The New Empire,* 監督アダム・ウィンガード、同5億7175万16ドル)である[12]。

　2020年にレジェンダリー社とワーナー・ブラザースは『DUNE／デューン 砂の惑星』(*Dune,* 2021) および『ゴジラ vs コング』の配給を巡って係争状態となった。ワーナー側が劇場公開と同時に自社系列のネットHBO Maxへのリリースにこだわったからである。両者は法廷闘争に至る寸前に和解をしたが、『ゴジラ vs コング』はアメリカでは3月26日に劇場公開とともにHBO Maxで

も配信が開始された。レジェンダリー社は2022年より新たなパートナーを探し始め、ソニー・ピクチャーズ（Sony Pictures）とパラマウント・ピクチャーズ（Paramount Pictures）が候補となったが、2022年11月ソニー・ピクチャーズと（Legendary East が所轄する中国を除く地域での）営業、資金調達、配給に関するパートナー関係となることが発表された。ただし、すでに契約済みである『DUNE／デューン　砂の惑星』と『ゴジラ×コング　新たなる帝国』は引き続きワーナー・ブラザースが担うこととなった。また、ソニー・ピクチャーズはネット配信部門を持たないため、ネット配信については他社との協力関係を模索することとなった。

4.2　モンスター・ヴァースのコンテンツにおける中国要素と 日本ゴジラへのリスペクト

ワンダ・グループによるレジェンダリー社の買収はいかなる影響があったであろうか。上記のとおり、レジェンダリー社はワンダ・グループによる買収以前にすでに香港にスタジオを構えており、また、傘下企業の Legendary East Ltd. には中国電影集団の出資もされているため、同社の中国的要素はすべてワンダ・グループによる買収によるものとは断定できない。しかし、それでもコンテンツにおいてその影響を見て取ることは可能である。ただし、それにも関わらず日本のゴジラへのオマージュも多く見られる。

ギャレス・エドワーズ監督の『GODZILLA ゴジラ』（*Godzilla*, 2014）は初期ゴジラ（第1作、第2作）へのリスペクトが強い。冒頭で核実験の映像が流れ、核実験が怪獣を覚醒させたことが示されている。また、初期ゴジラの芹澤博士と本多猪四郎監督の名前を合体してネーミングされた「芹澤猪四郎」を渡辺謙が演じ問

題解決に当たる。かつ、ヒーロー化したゴジラへのリスペクトからゴジラはむしろ街を破壊する2匹の怪獣ムートーと闘う。本作に中国人は登場しない。

『キングコング 髑髏島の巨神』（2017）は怪獣映画や「新世紀エヴァンゲリオン」、ジブリ作品の大ファンで、「オタク」と自称するジョーダン・ヴォート=ロバーツが監督を務めている。同氏は「巨大なゴリラではなく、『孤独な巨神』として描きたかった」が、その理由は上田文人氏の名作ゲーム「ワンダと巨像」からの影響があると言う[13]。日本人の零戦パイロットの「グンペイ・イカリ」という名前は任天堂で数々のヒット作を生み出した開発者・横井軍平と、「新世紀エヴァンゲリオン」の主人公・碇シンジから来ている。しかし、全体としたイメージは『ジュラシック・パーク』に近く、さまざまな怪物との闘いが中心である。また、隊員には日本人はおらず代わってレジェンダリー社作品の常連となる中国人のジン・ティエンが参加している。

『ゴジラ キング・オブ・モンスターズ』（*Godzilla: King of the Monsters*, 2019）の監督もゴジラマニアのマイケル・ドハティである。「芹澤猪四郎」役の渡辺謙が再度出演し、ゴジラを退治するためではなくエネルギーを与えることを目的として核兵器を使用するために自己犠牲的に出撃する。ゴジラ第1作で使われた「オキシジェン・デストロイヤー」も使われ、形状は違うが対ゴジラ砲のメーサーも登場する。音楽として伊福部昭による「ゴジラのテーマ」、古関裕而による「モスラのテーマ」も流れる。ゴジラだけでなく、キングギドラ、ラドン、モスラも登場する。ただ、ドハティ監督のオマージュは主に怪獣間の闘いが中心となった（ヘドラなどは除く）『キングコング対ゴジラ』（1962）以降へのものと言え、

社会批判の色合いはやや薄い。

　中国の影響としてモスラを保護する基地は南京に置かれ、それを管理する博士としてハリウッドでも活躍する中国人女優・章子怡（チャン・ツィイー）が登場する。なお、本作は2016年1月の買収でレジェンダリーの親会社となった大連万達集団が所有する青島東方影都で『パシフィック・リム：アップライジング』とともに撮影が行われた。

　『ゴジラvsコング』（*Godzilla vs. Kong*, 2021）の監督はアダム・ウィンガードである。舞台は2024年に設定されている。ストーリーとしてはおおむね以下の通り。巨大テクノロジー企業「エイペックス・サイバネティクス」はおとなしくしていたゴジラを呼び寄せ街を襲撃させた。また、怪獣の調査を行っている研究機関「モナーク」は髑髏島に前哨基地を設置し、ゴジラから守る名目でコングを収容していたがコングはそれに苛立っていた。エイペックスは新兵器開発のためコングの帰巣本能を利用して地下空洞世界を突き止めようとするが、コングの移送途中ではゴジラに気づかれ闘いになる。エイペックスは香港で（前作のラストに出てきた）キングギドラの頭を使った対ゴジラ兵器のメカゴジラを開発していた。香港でメカゴジラとゴジラの闘いが始まり、ゴジラがメカゴジラに勝利すると今度はコングとの闘いが始まった。しかし、コングと心通わせる少女がゴジラは悪くないとコングを説得し、闘いは終わる。

　以上のように、香港でコングとゴジラが戦うという中国的要素はとり入れられている一方で、『キングコング対ゴジラ』（1962）に対するオマージュも散りばめられている。コングを筏で運ぶシーン、コングを大きな網で空中に吊り上げて運ぶシーン、コングが

ゴジラの熱放射を封じるために斧の柄をゴジラの口に押し込むシーンなどである。メカゴジラは『ゴジラ対メカゴジラ』(1974)、『メカゴジラの逆襲』(1975)、『ゴジラ VS メカゴジラ』(1993)、『ゴジラ×メカゴジラ』(2002) など数多くの日本のゴジラ映画に登場しているメカゴジラへのオマージュである。しかし、『ゴジラ vs コング』(*Godzilla vs. Kong*, 2021) の敵はマーベル・コミックスの「ヒドラ」のような謎の組織でアメリカン・コミック的な構図となり、社会批判的要素はほとんどない。核兵器批判などは全く出てこない。芹澤博士の息子・芹澤蓮が登場するが、悪の組織の一員として、白眼を剥いてトランス状態に入る人物であり「芹澤」の名前に対するリスペクトは感じられない。

『ゴジラ×コング 新たなる帝国』(*Godzilla × Kong: The New Empire,* 2024) は『ゴジラ vs コング』の続編である。共闘してメカゴジラを倒したゴジラとコングは、それぞれゴジラは地上で、コングは地下空洞で暮らしていたが、タイタン（怪獣）に対する電波信号が発信され、ゴジラとコングは新たな強敵と出会っていく。自分を種族の最後の生き残りと思っていたコングは、邪悪な巨大エイプであるスカーキングとそれに支配される冷凍怪獣シーモにであう。スカーキングと戦うためにコングはゴジラの力を借りようとし、両者を仲介するものとしてモスラが登場する。人間として登場するのは前作に続きモナークの人類言語学者アイリーン・アドリューズや彼女の養女でコングと手話で話すことができるイーウィス族の少女ジアなどが登場するが、前作とはことなり、人間とタイタン（怪獣）の戦いはなく、タイタン同士の壮絶な戦いが繰り広げられる。本作には中国要素も日本要素もほぼ見られない。舞台となっているのはローマ、フランス、北極海、エジプ

ト、リオデジャネイロであり、日本も中国も出てこず、日本人、中国人も登場しない。

4.3 『ゴジラ -1.0』

　東宝は自社制作路線についても継続した。しかし、『シン・ゴジラ』は国内では記録的興行収入を上げ、エポックメイキングな作品となっていたため、後継の実写版ゴジラについては「『シン・ゴジラ』に続くに相応しいと思える企画を生み出すこと」がなかなかできないでいた。そこで白羽の矢がたったのが、『ALWAYS　三丁目の夕日』シリーズ（2005, 2007、2012）、『永遠の0』（2013）、『海賊と呼ばれた男』（2016）、『アルキメデスの大戦』（2019）などの VFX を活用した作品でヒットを飛ばしていた山崎貴監督であった。『ALWAYS　続三丁目の夕日』（2007）では逆に山崎の側から東宝の側に許諾を求めてゴジラを登場させており、東宝内で山崎のゴジラ愛は知られていた。

　実は、この時点で一度山崎にはゴジラ映画製作のオファーがされている。しかし、山崎はこの冒頭の「わずか2分のゴジラ登場シーンのためにかなりの数の人員と時間を投じなければならず、当時の技術や環境では1本のゴジラ映画を作れるだけのリソースはまだないと判断し、辞退」していた。山崎は『シン・ゴジラ』を見て、「次にやる人はハードルが上がって大変だろうな」と思ったとのことで、まさか自分がその次の人になるとは思っていなかったようである。しかし、次にオファーが来た時には、山崎や山崎が所属する映像制作会社白組は『ALWAYS　三丁目の夕日』シリーズの後に、『永遠の0』、『海賊と呼ばれた男』、『アルキメデスの大戦』などの経験を積んでおり、マシンの性能も上がっていた。そ

して何と言ってもオファーを受けたあとに、白組は「西武園ゆうえんち」のアトラクション映像『ゴジラ・ザ・ライド　大怪獣頂上決戦』（2021〜）を制作する経験を経て、ゴジラ映画を作る自信ができていたようである[v]。

　時代は終戦直後1945〜47年に設定された。それは『ゴジラ』の原点のさらに原点に返るという意味だけでなく、コロナの中の絶望から前向きに生きていくという今日的意味が込められていた。メッセージは「生きて、抗え。」（本章扉絵参照）。戦後の焼け跡からやっと抜け出そうとしているときにゴジラに町を破壊され、絶望的な状況のなかで、極めてプリミティブな装置でもってこの強大な敵に向かっていき、そして勝利する。

　ゴジラは恐怖の対象として造形され、目は小さく、背びれは三列でとがっており、熱線を吐くときは背びれが光りながらいったん伸びて、さらに一気に引っ込むという動きをする。足は太く、足で踏みつぶされるシーンを効果的に用いている。目を引くのは海上のシーンである。水しぶきをCGで表現するのは効果的ではあるが困難が大きい（図5-1）。しかし、『永遠の０』などで実写をもとに加工を加える経験を積んでいたうえに、水の表現の達人が社内におり、リアルな表現となった。船や屋上が斜めになって落ちていくシーンも『アルキメデスの大戦』で経験ずみである。破壊される建物もミニチュアを使っているが、その破壊の様子をそのまま撮っているわけではなく、建物の材質や内部構造まで考えて、破壊のされ方を計算してCG化している。

　制作面に加えて配給面での革新も行われた。東宝は、2022年に

---

v）『G-1.0』（映画パンフ）を参照。

図 5-1 『ゴジラ -1.0』(2023) スチール写真
ⓒ 2023 TOHO CO., LTD.

発表した長期経営計画「TOHO VISION 2032」において、4つの成長戦略キーワードのひとつとして「海外市場の開拓」を掲げた。それまで社内の国際部が担っていた東宝グループの映像コンテンツビジネスにおける海外事業展開を、TOHO Global を設立して移管した。当初は限定公開とされていた『ゴジラ -1.0』は実際にはオープニングは 2308 スクリーンで公開され、通常の全国公開とされる 2000 スクリーンを大きく上回った。これは、リスクを取って自社配給にしないと大きな発展を望めないと考える東宝が積極的に試写会などを展開したことに加え、ハリウッドのストライキの関係で、競合作が少なかったり、あるいはマーベルやディズニーの同時期の映画の興行が不振だったりしたという幸運も作用している[14]。

4.4 『ゴジラ -1.0』の成功の経営的意味

　『ゴジラ -1.0』の制作費は 15 億円（約 0.1 億ドル）と推定されている。これは邦画としては突出した金額であるが、『GODZILLA ゴジラ』（*Godzilla*, 2014）の制作費が 1.6 億ドル、『ゴジラ　キング・オブ・モンスターズ』（*Godzilla: King of the Monsters*, 2019）が 1.7 億ドル、『ゴジラ vs. コング』（*Godzilla vs. Kong*, 2021）が 1.5 億ドルで、日本の 15 倍以上であるうえに、宣伝費として日本円で 100 億円程度かけられていることを考えると、極めて少ない制作費での作品である。

　15 分の 1 の制作費で 5 分の 1 程度の興行収入をあげていると考えると、本作についてはコストパフォーマンスが高かったということになるが、今後もこのような高コスパ制作が続けられる保証は何もない。2023 年 12 月に公開されたのは日本の東宝と、モンスター・ヴァース・シリーズを手掛けるレジェンダリー社、ワーナー・ブラザースとの間にはゴジラ映画に関する契約があり、同じ年にゴジラが登場する新作を公開できない契約となっており、2024 年 3 月に『ゴジラ×コング 新たなる帝国』（*Godzilla × Kong: The New Empire*）が公開されるためである。これが結果的に競合作の欠落ないし不作という幸運を呼んだ。ただし、『ゴジラ -1.0』は上記の契約関係から 2 月 1 日で劇場公開が終了してしまった（アカデミー賞視覚効果賞の受賞により 2024 年 11 月 1 日から全米 800 スクリーン規模で再上映）。レジェンダリー社は今後ソニー・ピクチャーズとパートナーとなるため、今後の契約関係がどうなっていくのかはあるが、日米並行制作の制限は残ると思われる。

　また、VFX の技術的な向上はあるにしても、日本テイストのも

のが（映画祭での受賞ということではなく興行として）世界的にヒットしていくかどうかという問題は依然として残る。

そのようなことを考えると、自社制作としてハリウッド並みの大規模投資・大規模回収に進むにはリスクが高い。したがって、自社制作もしつつ、ハリウッドにキャラクター使用許諾を与え、また、日本国内配給を担当する日米並行制作体制は当面続いていく可能性が高い。

おわりに

以上、東宝にとってゴジラ映画は会社設立時からの経営の柱であり、また、シンボルでもあった。技術的またストーリー的な制約によりいったん自社制作をやめハリウッドにキャラクター使用許諾を与えて、また、国内での配給を行う形になったが、それはゴジラをGodzillaという国際的キャラクターへと、また、造形や動きについてもCG技術を多用したものへと進化させた。しかしそれとともに、東宝のそれまでのゴジラのコンセプトとの間に乖離が生じ、自社制作回帰が行われ、日米並行制作体制となった。

その流れを整理すると、第1段階の着ぐるみを使用した制作はもはや時代遅れで成功せず、第2段階の自社制作の『シン・ゴジラ』はCGによるものとなった。また、テーマ的にも東日本大震災へのオマージュとしての意味は、日本国内では大いに話題を呼び興行的にも成功したものの、世界市場への進出はほとんどなかった。その一方でGodzillaを使ったハリウッド作品はシリーズ化が決定された。第3段階では、日本におけるVFX技術の向上と国際的な自社配給網の整備、邦画としては大きな投資などによって、

国際的ヒットとなり、また、技術的にもアカデミー賞視覚効果賞を受賞するまでになった。しかし、制作費はハリウッドと比べ格段に少なく、また、国際的市場力を考えると、自社制作一本にするまでには至らず、当面は日米並行制作体制が続く可能性が高い。

　しかしこれはゴジラと Godzilla が柔道と JUDO、和食と WASHOKU のような同一性と対立をかかえたものになっていくことにもつながりかねない。

引用注

1) https://www.boxofficemojo.com/title/tt23289160/?ref_=bo_se_r_1
2) Box Office Mojo "Godzilla" https://www.boxofficemojo.com/movies/?id=godzilla.htm
3) Box Office Mojo "Godzilla (2014)" https://www.boxofficemojo.com/release/rl3193210369/
4) 映画.com「2014年洋画興収ベスト10、ディズニー2作品で320億円！」https://eiga.com/news/20141211/17/#google_vignette（2014年12月11日）
5) 鈴木良英「東宝はなぜ「国産ゴジラ」を再び作るのか　ハリウッド版2作目にガチンコ勝負！？」東洋経済ONLINE　https://toyokeizai.net/articles/-/56454（2014年12月21日）
6) Kit, Borys (2014). 'Star Wars' Spinoff Hires 'Godzilla' Director Gareth Edwards (Exclusive), *Hollywood Reporter* http://www.hollywoodreporter.com/heat-vision/star-wars-spinoff-hires-godzilla-706636, May 22（2021年4月28日閲覧）。
7) Patrick Frater (2016), China's Wanda Acquires Legendary Entertainment for $3.5 Billion, Variety, January 11, http://variety.com/2016/biz/asia/wanda-deal-with-legendary-1201676878/.
8) Barnes, Brooks (2017), Seesawing Fate of Legendary Reflects the Film Industry's Volatility, *The New York Times*, July 25
9) Brzeski, Patrick (2017), Jack Gao Exits China's Wanda, Legendary Entertainment (Exclusive), *The Hollywood Reporter*, Oct. 16, https://www.hollywoodreporter.com/news/general-news/jack-gao-exits-chinas-wanda-legendary-entertainment-1049427/#!
10) Fleming, Mike Jr. (2017). Joshua Grode Takes Legendary CEO Post; How He And

Mary Parent Intend To Write Wanda-Backed Company's Next Chapter, *Deadline Hollywood*, Dec. 5, https://deadline.com/2017/12/joshua-grode-legendary-entertainment-ceo-mary-parent-rebuild-plans-dalian-wanda-1202220510/

11）エキサイトレビュー！「庵野秀明対樋口真嗣「シン・ゴジラ」撮影現場ルポ＆山内章弘プロデューサーインタビュー」https://www.excite.co.jp/News/reviewmov/20160921/E1474418852445.html?_p=3

12）興行収入は Box Office Mojo　https://www.boxofficemojo.com/title/tt3731562/?ref_=bo_se_r_1（2024 年 12 月 31 日アクセス）

13）成田おり枝（2017）「イケメンすぎるキンコングの佇まいは『ワンダと巨像』がモデル！」MOVIE WALKER PRESS、3 月 23 日　https://moviewalker.jp/news/article/104417/（2021 年 8 月 22 日アクセス）

14）数土直志「『ゴジラ -1.0』米国快進撃はラッキーでない ヒット生み出した東宝の国際戦略」Note（2023 年 12 月 4 日）　https://note.com/sudotadashi/n/n0da003911655

参考文献

『G -1.0』（映画パンフ）（2023）

「ゴジラ映画の歓び。」『SCREEN　*a*』（『スクリーン』2023 年 10 月号増刊）

ツツイ、ウィリアム・M. 著、神山京子訳（2005）『ゴジラとアメリカの半世紀』中央公論新社

東宝五十年史編纂委員会編纂（1982）『東宝五十年史』東宝

『東宝75 年のあゆみビジュアルで綴る3/4 世紀』編纂委員会、東宝株式会社総務部編（2010）『東宝 75 年のあゆみ：ビジュアルで綴る3/4 世紀』東宝

中川涼司（2019）「ゴジラと日本映画産業」池田淑子編著『アメリカ人の見たゴジラ、日本人の見たゴジラ― Nuclear Monsters Transcending Borders』大阪大学出版会、120-149 ページ

中川涼司（2021）「大連万達集団（ワンダ・グループ）の国際展開とレジェンダリー社買収の意味：中国文化産業多国籍企業の発展」『立命館国際研究』第34 巻第2 号、1-33 ページ

フィアット、クリストフ著、平野暁人訳（2013）『フクシマ・ゴジラ・ヒロシマ』明石書店

第6章
純米国製ゴジラの誕生
―― ハンナ・バーベラのアニメーションから
　　モンスター・ヴァースまで

扉絵6　*Godzilla, King of the Monsters!* のポスター
Godzilla Releasing Company（米国の配給会社）。1956年、リトグラフ、104×69cm。
フルーグフェルダー氏のコレクション。写真：John Bigelow Taylor

池田淑子
Yoshiko Ikeda

序説

　日本の初代作品『ゴジラ』(1954) が改変され、英語に吹き替えられたハリウッド版『怪獣王ゴジラ』(*Godzilla, King of the Monsters!* 1956)(扉絵6) が米国で大ヒットすると、昭和シリーズ (1954-1975) はすべてほぼ同時に英語に吹き替えられアメリカ各地で上映された。本書第2章でデイビッド・カラハン (David Callahan) 氏が詳細に記したように、昭和シリーズの米国版は、劇場公開された後、ケーブル・テレビで放送され、ビデオ化され、戦略的に宣伝・広告されて広く消費された。1975年の第15作『メカゴジラの逆襲』でいったん同シリーズが終結した後も米国ではゴジラ人気は衰えず、ついに1978年に純米国製アニメTV番組「ゴジラ・パワー・アワー」が制作された。これがいわゆる「ハンナ・バーベラのゴジラ」(Hanna-Barbera's Godzilla) である (このゴジラのイメージは、ちょうど扉絵6の宣伝ポスターのゴジラと非常によく似た感じである)。ハンナ・バーベラのゴジラは、昭和シリーズの後半に登場する人間を守る「正義の味方」であり、米国の子供たちにとってもヒーロー的な存在だったようである。そうした根強いイメージを裏付けるのが、巨大化したイグアナのような怪獣が街を破壊し人間を襲う米国製実写版『GODZILLA』(*Godzilla*, 1998) が、不調に終わったという事実である。しかも

159

実写版の次に制作されたアニメ TV 番組第 2 弾『ゴジラ　ザ・シリーズ』（*Godzilla: The Series*, TV Episode, 1998-2000）が「正義の味方」のイメージを復活させると、人気を博したということも特筆（記憶）に値する。

　21 世紀に入ると 3.11 の福島第一原子力発電所事故がきっかけとなり、日米両国でゴジラ映画が再評価された。特に米国の反応は早かった。2011 年に米国で改変されていないオリジナルの『ゴジラ』（1954）の DVD が英語字幕付きで販売されると、2014 年には日本よりも先に、モンスター・ヴァース・シリーズ第 1 作となる『GODZILLA ゴジラ』（*Godzilla*）が制作されたのである。

　本章では、まず米国製アニメの第 1 弾「ゴジラ・パワー・アワー」（Godzilla Power Hour）を収録し、DVD で発売されたハンナ・バーベラの『Godzilla』（*Godzilla: The Original Animated Series*, 1978-1979）を紹介する。次に、実写版第 1 弾『GODZILLA』（1998）とそのアニメ版 第 2 弾『ゴジラ　ザ・シリーズ』（1998-2000）とを比較する。最後にモンスター・ヴァース・シリーズ第 1 作『GODZILLA ゴジラ』（2014）を詳細に分析し、米国製ゴジラ誕生の軌跡を辿りたい。

第 1 節　ハンナ・バーベラのゴジラ（Godzilla）と　　　　　　ゴズーキー（Godzooky）

　米国における土曜の朝のテレビ番組「ゴジラ・パワー・アワー」は、ハンナ・バーベラ・プロダクションが、東宝と米国の NBC 放送と共同で制作したアニメーションである。ハンナ・バーベラは、日本でも 1960 年代頃より繰り返し放送されたお馴染みの「トムと

ジェリー」など、非常に多くの子供向けアニメ番組を制作したプロダクションである。当時（1978年10月4日号）の業界誌バラエティ（*Variety*）の評価では「ゴジラ・パワー・アワー」は、NBCのトップ4のテレビショーの一つに挙げられる子供の人気番組である[1]。

このゴジラ・パワー・アワーの13話を収録したのが *Godzilla: The Original Animated Series* である。3巻からなる DVD 表紙には、前述したゴジラと目が丸くて愛嬌のある甥の Godzooky（ゴズーキー）と Majors（メージャーズ）を船長とする科学者チームが描かれている。ゴズーキーは彼らと船カリコ号で旅をし、さまざまな怪獣に遭遇する（チームのメンバーが危険な事態に陥るとゴズーキーやメージャーズがゴジラを呼び、ゴジラがその問題の怪獣を退治するという冒険物語である）。

ゴズーキーは科学者チームにとってペットのような存在である。彼は人間の言葉を理解し唸えて返事をし、人間とうまくコミュニケーションをとることができる。一方、叔父のゴジラは、コミュニケーションが苦手なため甥のゴズーキーを介してカリコ号の乗組員とやり取りをする。体の色はゴジラもゴズーキーも『怪獣王ゴジラ』（1956）のポスターにあるような緑色である。

ゴジラは体長が300〜400フィートあり、昭和シリーズの『キングコング対ゴジラ』（1962）のように敵の怪獣と取っ組み合いをしたり、ミサイルを物ともせず吹き飛ばしたりして、とても強くて頼もしい怪獣である。また、ゴジラとゴズーキーの関係は、同シリーズの『怪獣島の決戦 ゴジラの息子』（1967）や『ゴジラ・ミニラ・ガバラ オール怪獣大進撃』（1969）のゴジラとその息子のようで、彼らはとても親しみやすいキャラクターとしても描か

れている。「ゴジラ・パワー・アワー」は子供番組であるため暴力シーンはほとんど見られず、火炎放射の代わりに、目からレーザー光線を出し、口からも熱光線を発している（炎を吐く）だけである。そしてゴズーキーが、ゴジラの息子のように口から熱光線を出す練習をしたり、偽ゴジラが登場したりと、上記の昭和シリーズを彷彿させる。

当時の新聞、ロサンジェルス・タイムズ紙（*Los Angels Times*）やボストン・グローブ紙（*The Boston Glove*）などでは、子供のテレビ番組として新聞のリストに挙げられているが、クーリエ紙（*The Courier*）には「暴力的でないゴジラってどんなの？」、レキシントン・ヘラルド紙（*The Lexington Herald*）には「NBCは東京を破壊していた有名なドラゴンのゴジラを良い奴に変えてしまった」などと評されている[2)][3)]。同紙には、当時のトレンドは「スーパー・ヒーロー」であるというコメントが掲載されていた。

ゴジラ研究者のスティーブ・ライフル（Steve Ryfle）著の*Japan's Favorite Mon-Star*によると、米国のNBCは検閲をしており、建物を破壊したり、人間を攻撃したり、ガンマ光線を吐くような内容は阻止されたという[4)]。その代わりに目のレーザー光線（laser beams）にしたり、口から火（fire breath）を吐くようにしなければならなかったのである。核兵器に関する特徴はすべて取り除くよう強いられ、人間を救う子供のヒーロー、正義の味方として描かなければならなかったそうである。

しかし、ビデオになった上記3巻の番組を詳細に見ると、非常に興味深い点が見受けられる。確かにゴジラやゴズーキーの怪獣そのものの特徴には核兵器に関するものは取り除かれてはいるが、

ゴジラが戦う敵にはそうした特徴がしばしば付与されている[i]。例えば、第11作目「怪獣ブリーダー」(*The Breader Beast,* 1978) の怪獣は、小さな水中生物が金や銀といったメタルや天然ガス、そして汚染によって「核エネルギー」を作り「放射能を撒き散らす」厄介な怪獣として登場し、クイン博士（Dr. Quinn）は「原子炉のように爆発寸前」であるとブリーダーについて解説する。そして科学者チームの作戦がゴズーキーを介してゴジラに説明されると、ゴジラは目のレーザー光線でブリーダーの心臓部にある「原子核」を破壊し退治するのである。ただし、この作品では、原子力が「悪者」として描かれているのではなく、むしろ「凄まじい力」であることを強調するのに用いられている。

また、第12作目ではゴズーキーとカリコ号の乗組員はタイムワープして原始時代に行くことになるが、彼らを元の時代に戻すために再度タイムワープして戻る時には「ウラニウム鉱」を利用するといった具合である。子供番組といえども何かしら核と関連づけて、核エネルギーの凄さが表現されているのである。いずれにしてもゴジラは、カリコ号の乗組員や人間が襲われると、科学者の知恵に導かれながら彼らの窮地を救い、終始正義のスーパー・ヒーローとして描かれている。

こうした子供のアニメーションについて、本書の第1章でグレゴリー・フルーグフェルダー（Gregory M.Pflugfelder）氏が自身の経験を語っている。同氏は、少年期に怪獣映画を見ると正義感

---

[i] この『ゴジラ・パワー・アワー』は1978年11月に60分から90分に延長され、その後も番組名を少し変えながらこのゴジラのアニメ番組は1981年まで続いたが、ビデオがあるのは最初の13作のみであるため、その範囲で分析する。(*Weekly Variety,* Nov.1, 1978)

が吹き込まれ、「善対悪の感覚を磨くことに一役買っているのは言うまでもない」[5] と論じているが、まさしく同様の影響が「ゴジラ・パワー・アワー」にも当てはまるだろう。科学的な現象に関する簡単な説明がいつもクイン博士により行われており、各エピソードには教育的な要素が含まれているのである[6]。また、後述する『GODZILLA ゴジラ』(2014) のギャレス・エドワーズ (Gareth J. Edwards) 監督が初めて見たゴジラもこのハンナ・バーベラのゴジラだったということを記しておきたい。

第 2 節　『GODZILLA』(1998)

純米国製ゴジラ第 2 作目は、実写版『GODZILLA』(1998) である (図 6-1)。監督は『インディペンデンス・デイ』(1996) で

図 6-1　*Godzilla* -4K Steelbook (1998)

一躍有名になったローランド・エメリッヒ（Roland Emmerich）で、予算が2億4千万ドル（日本円で220億）を超え、ソニー・ピクチャーズが1年以上の長い期間宣伝し、しかもプロモーションに200万ドルをかけた期待の超大作である。

2024年3月、日本の『ゴジラ −1.0』（2023）がアカデミー賞視覚効果賞を獲得したが、『GODZILLA』（1998）におけるゴジラのコンピューター・グラフィック（CG）も当時非常に大きな話題となっていた。プレスブックによると、エメリッヒ監督とディーン・デヴリン（Dean Devlin）プロデューサーは、「どうやってゴジラを再現するのか」という質問に対して、「われわれができるのは進んだ特殊効果技術しかないと考えた」と回答している[7]。さらに「CG、ロボットモデルのゴジラ、そしてゴジラスーツを着た演技者、と3種類のゴジラを使ったが、本当の怪獣か映画のマジックかわからないし、どれがどれかも判別できない」ほどの上出来だったと言われていた[8]。「サイズが重要なんだ」（SIZE DOES MATTER）のスローガンとともに、フォーチュン誌（*Fortune*）の表紙やテレビのトレイラー、そしてテレビショーでも頻繁に取り上げられた[9]。ニューヨーク・タイムズ紙（*New York Times*）には、チケット代と関連商品で10億ドルを販売する可能性があるとの記載もあった[10]。

このゴジラはフランスの核実験によりイグアナが突然変異した怪獣である。マンハッタンで暴れ回り、ランドマークのビルや建物を破壊し、行く手に人間がいても構わず踏み潰す凶暴な怪獣である。「核兵器」のメタファーというよりも、非常に繁殖力の強い動物というイメージである。日本の平成シリーズの『ゴジラ』（1984）では帰巣本能といった動物の習性が取り上げられたが、本

作では多くの卵を地下に産みつける繁殖機能の部分が強調されている。ブルックリン橋の電線に引っ掛かったときに悲鳴のように吠えるだけで、雄叫びのような咆哮もしないし背びれも光らない。火炎放射も発しない。足跡がどしんどしんと響く日本のゴジラとは全く異なり、高層ビルの間を軽妙に動く巨大化したイグアナか爬虫類といったところか。マディソン・スクウェアで孵化したベビー・ゴジラも映画『ジュラシック・パーク』（1993）に現れたT-レックスのようにいきなり人間を襲う。ゴジラはニューヨークの街を破壊するが、その破壊の描写において核のイメージはなく、人間以外の自然のもの、巨大生物として強調されているだけである。この巨大生物は人類の敵として最終的にアメリカ軍の核ミサイル攻撃により退治される。つまり、本作では、「救世主」はゴジラを退治するアメリカ軍なのである。

　米国の政治的・社会的な文脈から考えると、当時はゴジラが核の恐怖を体現する必要がなかったのかもしれない。なぜなら、1987年にロナルド・レーガン元大統領がベルリンの演説「この壁を壊しなさい（Tear down this wall）！」で当時のゴルバチョフ大統領に核軍縮を訴えたのを皮切りに、1991年には「戦略兵器削減条約」（START: Strategic Arms Reduction Treaty）が米ソ間で結ばれ、その後ソ連が崩壊し、1994年にはウクライナ、カザフスタン、ベラルーシ及びロシアと米国の5か国の間でこの条約が執行されていた[11]。つまり、この冷戦終結後の時代は、核軍縮と新たな世界秩序を模索し、米国にとっても核政策について二面的で不確かな時期だったからである。

　本作品の前評判からすると米国での受け止めは散々であった。ワシントン・ポスト紙（*Washington Post*）には「過度の売り込み

で……中途半端に料理されたユーモアのない作品」だと酷評された[12]。また「がっかりだ。真新な最高の着ぐるみを着た古臭いフォーミュラ」という見出しで、「CGのゴジラは素晴らしいが、物語はエメリッヒ監督のヒットした前2作『スターゲイト』(1994)と『インディペンデンス・デイ』(1996)の中間にある作品で古臭くてつまらない」と酷評する記事が、シラキュース・ヘラルド誌(*Syracuse Herald-Journal*)をはじめとする数々の雑誌や地方紙で見られた。また、リバプール大学の季刊誌 *Science Fiction Film & Television* が次のように記している。

> エメリッヒのゴジラは大部分の東宝ゴジラのファンに拒否された……それはオリジナルのゴジラの容貌や物語から多くの点で外れていることによる……おそらくゴムスーツを着た俳優がミニアチュアと交流するのではなく、CGが作った怪獣であることだろう。同様に1998年のゴジラは、背筋を伸ばし重々しく歩き回る東宝のゴジラとは異なり、陸地では『ジュラシック・パーク』の第2弾『ロストワールド』(1997)のT–レックス(ティラノサウルス・レックス)のように走るのである」[13]。

2014年、筆者の学外研究中にリンカーン・センターにあるニューヨーク公共図書館の副館長デイビッド・カラハン氏を訪ねインタビューをしたことがある。本書第2章の執筆者でもあるカラハン氏が怪獣映画の、特にゴジラ映画の大ファンだと聞いたからである。この1998年のアメリカ製ゴジラについてどう思うかと尋ねると、彼は次のようにキッパリと返答した。「咆哮もなく、背鰭も光

らず、火炎放射も何もない……ゴジラではない」と。ニューヨーク・タイムズ紙では、「子供時代から見て育った、着ぐるみでB級のそれでも愛嬌のあるモンスター（Cheezey monster）でもない」というコメントもあった[14]。

このようにアメリカでもこの実写版ゴジラはあまり受け入れられなかった。デヴリンプロデューサー自身も後にこの不評体験を振り返り、「ゴジラを善・悪のどちらでもなく中立的な立場にしたことが大きな失敗だった」と語っている。観客がゴジラの死にどのように反応したら良いかわからなくなったからだそうだ。そこで次に続くアニメ番組で修正したのだという[15]。

第3節 『ゴジラ　ザ・シリーズ』 (*Godzilla: The Series*, 1998-2000)

このアニメ第2弾は、土曜の朝、フォックス・キッズ・ネットワーク（Fox Kids Network）で放送されたTVアニメ番組『ゴジラ　ザ・シリーズ』である（図6-2）。前作『GODZILLA』（1998）の続編として、1998年秋よりコロンビア・トライスター・テレビション（Columbia Tristar Television）が放映した。本節では1999年にソニー・ピクチャーズによってDVDで発売された『ゴジラ　ザ・シリーズ』（*Godzilla: The Complete Animated Series*)に収録された40のエピソードを調査する。

主な登場人物は、ゴジラと毎回登場する巨大生物やミュータント怪獣などさまざまなタイプの怪獣、そしてゴジラと協力して悪い怪獣を退治するニック・タトプロス（図6-2の左のDVD中央の人物）が率いる科学チームのヒート（Humanitarian Environmental

第6章　純米国製ゴジラの誕生

図6-2　*Godzilla: The Series*（1998-2000）

Analysis Team）である。ニックの恋人のTVリポーターとヒックス率いる米軍もしばしば登場する。第1話は、前作『GODZILLA』でゴジラが倒された後、マディソン・スクエア・ガーデンで巣の卵を処分する生物学者ニックとベビーゴジラが出会う話である。ニックが親ゴジラの体液を浴びていたため、奇跡的に免れた卵から孵化したベビーゴジラは、ニックを自分の親と間違えてしまう。3ヶ月後、大きくなったベビーゴジラは、ニックの窮地には必ず彼を救おうと現れ、最初はゴジラを倒すために出動した米軍のヒックスもゴジラがヒートチームを救うのを見てその役割を理解するという筋書きである。

このシリーズでは、毎エピソードにおいてゴジラが巨大生物やミュータント怪獣と戦うのだが、ゴジラも怪獣も核兵器や原子力とはほとんど関連づけられていない。日本の平成シリーズと同様、むしろゴジラ細胞や遺伝子工学を用いたバイオテクノロジーに焦点が当てられているのである。例えば、シーズン1・第19話「早

169

霜」（An Early Frost）の、ニックの旧友で生物学者のカメレオンが私欲のためにゴジラ細胞を用いて作る合成怪獣の場合を考えてみたい。

　日本の昭和シリーズの次の平成シリーズの第 1 作『ゴジラ VS ビオランテ』（1989）でも、亡くなった娘の細胞とバラの細胞、さらにゴジラの細胞を遺伝子工学によって合成したビオランテという怪獣が生み出された。米国の『ゴジラ　ザ・シリーズ』においても、バクテリアや薬品を用いたバイオテクノロジーを駆使して巨大怪獣やミュータント怪獣を生み出し、そうしたバイオ怪獣が人間を襲い、自然を破壊するという話が展開されている。第 3 話は、山積みにされたニューヨークの街のゴミを処理するために科学者が作り出したバクテリアの生物が、制御されないまま不本意にも怪獣化してしまうという話であったが、シーズン 2・第 13 話「お前の棘はどこ？」（Where is thy sting?）になると、今度は米軍が新たな戦争の手段として、計画的にバイオテクノロジーを用いてサソリに突然変異をおこして巨大化させ、どんな環境にも繁殖する生物を考案する。人間に害を及ぼす生物兵器を作り出すといったバイオハザードを引き起こす物語にまで発展するのである。

　特筆すべきはシーズン 2 ・第 3 話「S.C.A.L.E」（Service of Creatures Arriving Late to Earth）の筋書きである。SCALE というグループは元来動物保護組織であったが、アレクサンダーという軍隊上がりのメンバーが加わってから極端なテロリスト集団に変貌する。彼女は、米軍がミュータントの研究のためにモンスター・アイランドに集めた怪獣を解放しようとして次のように主張する。「人間はこの地球を崩壊させた。今や他の生物が支配する時が来た。ミュータントの時代だ。すべてのミュータントを解放

せよ。本当に危険なのはヒートチームと軍隊である」。巨大化した蚊の怪獣がゴジラの血を吸い、さらに凶暴なミュータント怪獣に変貌し、ヒートを襲うのである。

　興味深い点の1つ目は、怪獣を動物園のようにコンピューターでコントロールして飼育し研究する「モンスター・アイランド」のコンセプトである。これはまさしく昭和シリーズの『怪獣総進撃』（1968）で描かれる「怪獣ランド」そのものである。いっそう興味深い第2点目は、この環境保護集団SCALEが環境テロリストに変貌する様子が、2019年に放映された『ゴジラ キング・オブ・モンスターズ』の中での巨大生物を研究する秘密組織モナークの科学者エマが環境テロリストに変貌するのと酷似しているところである。科学者エマも同じような主張をする。「人間は病原菌だ。人類の文明活動が原因で崩壊寸前の地球環境を修復するためには、地球の免疫である怪獣による破壊と再生が必要である」。

　ロサンジェルス・タイムズ紙によると『ゴジラ　ザ・シリーズ』の人気は上々だったようである[16]。ブランドウィーク誌（*Brandweek*）は、「ゴジラの復活といえば、2歳から11歳を対象として最高視聴率を記録した土曜の朝に放映されるコロンビア・トライスターのアニメシリーズである」と特記している[17]。

　確かにこのアニメシリーズは、実写版『GODZILLA』（1998）の続編のため、姿形はイグアナ、動作も非常に身軽で、高層のビルからビルへとジャンプして動く。また、水中でもまるで魚のようにスイスイと泳ぎ、自由に移動する。その点では、どしんどしんと闊歩する日本のゴジラとは異なるが、背鰭は特に光らないものの雄叫びもするし、口から火炎放射も行う（ただし、放射能かどうかは明らかでない）。同時代の平成シリーズのさまざまなテー

171

マを扱い、遺伝子工学、環境汚染、ロボット工学によって生まれ、人間を襲い、街を破壊する怪獣と戦い、人間や地球を守る正義のヒーローとして復活を遂げる。これを機会にビデオ・ゲームも大量に生産されるなどメディア・ミックスもいっそう盛んになる。

第4節　60歳の伝説に新たな生命を吹き込む　『GODZILLA ゴジラ』（2014）の誕生[18]

　2014年6月5日、東宝の本社にて、同年7月25日から日本で一般公開が始まった米国製『GODZILLA ゴジラ』（モンスター・ヴァース・シリーズ第1作）のプロモーションの一角としてゴジラ巨大壁画落成式が行われた。その幕を下ろしたのは、初代『ゴジラ』（1954）の主役・尾形を演じた今は亡き俳優・宝田明氏と、映画『モンスターズ　地球外生命体』（2010）が高く評価され、本

図6-3　*Godzilla*（2014）米国版ポスター

172

作品の監督に抜擢された新鋭のギャレス・エドワーズ氏である[ii]。落成式の間、同監督は常に宝田明氏に敬意を払い、会場はとても和んだ雰囲気だったが、落成式に続く作品説明会で宝田氏から思わぬ言葉が飛び出した。「この映画に出られなかったのは非常に残念である」といったことを告白したのである。一瞬息を呑むような瞬間だったが、即座にエドワーズ監督は「編集の段階で宝田明氏を含むシーンをカットしなければならなかったんだ」と説明したことを記憶している。はたして作品の内容とはどのようなものなのだろうか。

説明会で配布された資料には、「モンスターというものは、何か他のものの隠喩を必ず含んでいる。彼らは人間性の闇の部分と、制御できないものに対する人間の恐怖を象徴しているんだ」という同監督の言葉が記されていた。次項では、現代レトリックの理論家である米国のケネス・バーク（Kenneth Burke）が定めたドラマティズムの概念を用いて、監督のいう隠喩や人間性の闇の部分を明らかにしたい。

4.1　ドラマティズムとゴジラのアイデンティティ

まず簡単にあらすじを説明しよう。タイトルクレジット後のオープニングのシークエンスは、巨大生物の調査・研究のために世界中から集まった科学者集団モナークの芹沢博士と助手のグラハム博士がフィリピン諸島へ向かうヘリコプターのシーンから始まる。彼らが向かったユニヴァーサル・ウエスタン鉱山では太古の未確認巨大生物ムートー（MUTO: **M**assive **U**nidentified **T**errestrial

---

[ii] 筆者もこの落成式と作品説明会に参加した。詳細はMOVIE WALKER PRESS「映画ニュース」（2014.6.5）https://moviewalker.jp/news/article/47344/ を参照。

Organism）の繭が2つ発見される。1つは無傷の卵であり、もう1つはすでに殻で孵化し海へと向かっていた。次のシークエンスでは物理学者のアメリカ人ブロディ夫妻が勤務する日本の原子力発電所が崩壊し、妻のサンドラが犠牲になる。そして物語では15年の月日が流れる。日本に残りメルトダウンの本当の理由を探し求める夫のジョー・ブロディ。ジョーとともに日本のジャンジラ発電所でムートーのオスの孵化に巻き込まれる、ジョーの息子・海軍大尉のフォード。放射能の餌を探し求め、あちこちに出現するオスとメスのムートー。ムートーを追うゴジラ。ゴジラとムートーを追うモナークの科学者と米国海軍司令官らを乗せた潜水艦。出会う先々で繰り広げられる二頭の怪獣の凄まじいバトルを、モナーク、海軍、そしてフォード一家が目撃するという物語である。

　次に、米国の文学理論家で修辞学者でもあるケネス・バークが提供する分析ツールについて簡単に説明したい。バークは、思想を言語化すること、例えば小説や劇などの文芸作品の創作行為を人間の象徴的行為と考えている。彼の言う象徴的行為とは、人間がさまざまな対立や矛盾が混在した不確定な状況を整理し理解しようと、シンボルを用いて行う行為のことである。彼の提唱したドラマティズム・ペンタッド（Dramatism Pentad）は、次の5つの要素を1組とする枠組み（pentad）とその要素の組み合わせからテクストを分析し、そうした対立や矛盾と向き合う「作者」の、無意識なものも含んだ創作の動機（社会的な動機）を言語表現から探求するものである[iii, 19]。具体的にいうと、この枠組みはお馴

[iii] 映画における「作者」とは映画評論家シーモア・チャトマン（Seymour Chatman）のいう「内包された作者」を意味する。つまり、映画の作者とは、監督のみならず、プロデューサー、脚本家、俳優、音楽、衣装や舞台装置、など「映画創作に関

第 6 章　純米国製ゴジラの誕生

染みの以下の5つの要素とその要素の組み合わせをもとに物語を分析し、物語の根底にあるテーマやメッセージについて明示されない意味も含め、深く分析することを可能にする。

1）行為（Act）：何が起こったのか、何がなされたのか
2）行為者（Agent）：どんな人物がそれを行うのか、誰が行ったのか
3）場面（Scene）：行為の背景。どこでいつそれが起こったのか
4）媒体（Agency）：どんな方法で行われたのか。どのようにそれが起こったのか
5）目的（Purpose）：なぜそれが起こったのか（行為者の視点から）

それでは、まず上記の要素の一つ「行為者」から、登場人物を分類しよう。主人公の怪獣ゴジラは行為者、地球外生命体のオスとメスの一対ムートーはゴジラと敵対する反行為者（Counter-agent）とする。日本の原子力発電所で働き、事故に遭遇する米国の物理学者のジョーとサンドラのブロディ夫妻はムートーの正体を暴く鍵を掴もうとする協力者（Co-agent）、そして同夫妻の息子フォードは大人になり海軍の将校となり、爆弾処理班としてムートーの攻撃を防ごうとするため、その妻で救急治療室の医師であるエルとともに協力者とする。最終的にゴジラを信じる研究集団モナークの芹沢博士もグラハム博士も協力者に分類する。当初はゴジラを攻撃するが、最終的には芹沢博士やグラハム博士の話を信じるアメリカ海軍の司令官ステンツ提督も協力者（Co-agent）

わるすべてのものを含んで複合体としての内包された作者」と考えている（『小説と映画の修辞学』p.140 水声社　1998）。

として表6-1のように分類される。

この物語では、ゴジラとムートーがさまざまな場所に現れバトルを繰り広げるので、5つの要素の組み合わせの中でも「行為者」と「場面」の組み合わせを中心に物語内容を分析する。

表6-2に見られるように、行為者と反行為者が現れる場所（場面）との関係性から暗示される意味について考えてみる。表6-2の下線部はその場面（地名）が指示する意味（暗示する意味）である。この場所と（反）行為者との関係は、言い表そうとするものをそれと関連のある事物で言い換える「近接性」「隣接性」を特徴とする換喩（メトニミー）という視点から意味を探ることになる。まずは反行為者に分類されるムートーの意味するものを掘り下げてみたい。

ムートーのメスとオスの2つの繭は、かつてアメリカの植民地だったフィリピンにあるウラニウム鉱山の掘削地で発見される。そしてオスが日本のジャンジラ原子力発電所の事故を引き起こす。アメリカ人科学者ブロディ夫妻が日本人技術者とともに働くこの原子力発電所崩壊のシーンは、福島のメルトダウンを彷彿させる。さらにこの夫妻の存在は、原子炉を日本に輸出したのがアメリカであったことを想起させるのである。1950～1960年代において「原子力の平和利用」というスローガンで原子力発電を日本に売り込んできた米国の原子力産業が浮き彫りになる。ネバダ州ラスベガスの北西にはかつての核実験場があり、核廃棄物処理場のあるユッカマウンテンも核汚染の場所であり、密接に関連付けられている。

一方、ムートーを追いかけ、ゴジラ（agent）と協力者（co-agent）が出現する場所は、核実験が行われた太平洋諸島、ハワイ、そし

第6章　純米国製ゴジラの誕生

表6-1　主な登場人物（Agent: 反行為者・行為者・協力者）

反行為者 counter-agent	行為者 agent	協力者 co-agent			
ムートー （オスとメス）	ゴジラ	ジョー・ブロディ 物理学者と妻サンドラ	フォード・ブロディ 海軍大尉と妻エル	ステンツ提督 海軍司令官	芹沢博士 モナーク	グラハム博士 モナーク

※ヘッダは6列だが本文で協力者は4人分記載

表6-2　「場面」と「行為者」の関係（Scene-Agent ratio）の関係）

Scene-Agent Ratio				
行為者 （Agent）	反行為者 （Counter-Agent）	協力者 （Co-Agent）		
ゴジラ	ムートー	ブロディ一家と フォード	モナーク	米国海軍
太平洋諸島 核実験 ブラボー・ショット ハワイ 　原子力発電に反対 　原子力潜水艦を運 　用する海軍基地 サンフランシスコ州 　反核運動と 　原子力産業	フィリピン諸島 （オスとメス） ウラニウム鉱山 米国の元植民地 ジャンジラ原子力発電所 （オス） 米国からの導入 ユッカマウンテン （メス）核廃棄物処理場 ネバダ州ラスベガス （オス） 核実験場 サンフランシスコ州 　ローンパイン：核汚染 　湾岸地方：反核運動 　ハワイ：左に同じ	ジャンジラ 原子力発電所 （ブロディ一家） ハワイ （フォード） サンフランシスコ州 ローンパイン 湾岸地方	フィリピン諸島 ムートーの繭 太平洋 米国海軍と ともに怪獣を 追う ハワイ・サン フランシスコ 海軍とともに	太平洋諸島 太平洋上 ハワイ サンフランシスコ

表6-3「行為者」の比較：ゴジラとムートー

ゴジラ vs. ムートー	
救世主（自然の神）	破壊神　（人間の闇）
海から姿を表す原始生態系（自然）の頂点に立つ太古の怪獣→米国 火炎放射、背鰭の発光、迫力のある咆哮 　→核兵器 ムートーを退治し、自然のバランスを取る 　→人類の救世主 自然の復讐（人類が地球環境に行って来た頃に対する自然が罰を下す） 　→神の怒り	陸から姿を現し、各地を破壊し、人類を襲う太古の怪獣 パートナーを呼び寄せるトーク→繁殖力 核の負の部分 　核実験、核廃棄物の処理、核の拡散、核兵器による破壊 　原子力発電所の事故、原子力潜水艦の事故などによる核の環境汚染などを一手に引き受ける 元植民地フィリピン、日本への原子力発電の導入→アメリカ帝国主義

177

てサンフランシスコ。どの場所も核に対して両義的な（二面的な）場所である。太平洋諸島は繰り返し核実験が行われた場所であり、ハワイは、原子力潜水艦が寄港する海軍基地がある一方で、原子力発電所を建設する話が何度も住民の反対で却下された場所でもある。サンフランシスコもゴジラとムートー、それに海軍とモナークが集結する、特に湾岸地域は原子力産業が盛んな地域である一方で、核論争が活発な場所でもある。また、フォードが核弾頭から核を取り外す作業に参加するローンパイン地方は核汚染反対の運動が盛んであった場所である。

　日本のジャンジラ発電所ではサンドラが事故で命を落とし、ブロディー一家が分断される場所であり、サンフランシスコでも、フォード一家が分断されそうになるが、最後には一家が再会する場所となる。

　ムートーに関する比喩をもう少し見てみよう。ムートーのメスが出没したチャイナタウンでは赤い提灯が舞い上がる場面が印象的である。この赤い提灯は米国では生命力（繁殖力）のメタファー（隠喩）であり、核が拡散することも暗示する。ムートーのメスがチャイナタウンに現れたことは、換喩という点から考えると中国とも結びついている（これについてはカール・ジョセフ・ユーファート（Karl Joseph Ufert）氏が第7章で興味深い考察を行うので参照されたい）。また、ムートーの「行為」は、発電所や核処理施設そして都市の破壊、原子力船の奇襲と核エネルギーの吸収、さらにこうした環境破壊のみならずゴジラとのバトルで人間も容赦なく踏み潰すものである。多くの卵を産んで繁殖する、核を拡散する「破壊神」と呼べるだろう。

　次に、ゴジラ（行為者）が何を意味するか、場面との関係から

考察する。本作のゴジラはオリジナルの『ゴジラ』(1954) とは異なり、水爆実験の結果、突然変異で巨大化した生物ではない。ゴジラは、人間が現れる前から地球に存在した、元来放射能を食べて生きる巨大生物であり、芹沢博士の説明によると、ビキニ環礁での水爆実験とは、アメリカ海軍がゴジラを退治するための攻撃であったという。つまり、核実験は人類を守るものであったとされている。しかしながら、火炎放射を放ち、背鰭を青白く発光させ、迫力のある咆哮をするゴジラがやはり核を表象するのは明らかである(核のメタファーであると言えるだろう)。また、ハワイに現れたときには、津波を起こしたように自然災害をもたらし、「自然」を代理表象するとも言える。

　ゴジラが出現し、ムートーを追いかける理由について、芹沢博士は「ゴジラは調和＝balance を取り戻しにきた」と言う。さらに彼は「人間は自然を支配できると考えているが、実際はその逆だ。戦わせましょう」とステンツ提督に語る。つまり、ここでいう「自然」とは人間がコントロールできない、人間の手に負えない「恐ろしいもの」を意味する。また、グラハム博士が潜水艦におけるフォードも交えた米国海軍との会合で「畏怖を思わせる地球生命体の頂点に君臨する、神のような存在」とゴジラについて解説する。彼女のいう神とは、さまざまな自然の一部、例えば、木や岩や狐などを神と祀る日本的な神ではなく、生物の中で人類を頂点に置くキリスト教的な神だと言えるだろう。そしてゴジラは、ハワイ、ラスベガス、サンフランシスコに現れるが、最終的に人間を襲う同類のムートーを倒し、「正義の味方」であることが最後に判明する。

　ゴジラは、最初は人類の敵か味方かはわからず、人間を超えた

恐怖の存在ではあるが、次第に「自然のバランスをとる」救世主的な面が明らかになっていく。これは芹沢博士がゴジラに肩入れをするセリフからも推察できる。

　一方、ムートーは、核実験、原子力発電所のメルトダウン、原子力潜水艦の事故、核廃棄物処理場と未定の最終処分場など核汚染や核戦争という核兵器や核エネルギーに関する負の部分、おそらくエドワーズ監督のいう人間の闇の部分を表す。もう一方で、ゴジラは人間の正の部分、生態系の頂点、(核兵器の抑止力)、力のバランス、自然や神の概念、そして人間にとっての正義の味方、救世主的な役割を果たすのである。このように、「場面」と「行為者」の関係、「行為者」のメトニミーやメタファーといった比喩表現を考察し、ゴジラとムートーを比較すると、ドラマティズムの目的（purpose）が明らかになってくる。断言、明示的な意味のみならず含意、言外の意味、そしてイデオロギーの連結の源は前述（注 iii）のチャトマンの言う「内包された作者」と考えるが、中でも一番影響力が強いのはやはり監督なので、かなり乱暴だが、監督の視点からこの映画で伝えようとしたメッセージを検討したい。

　第1章のフルーグフェルダー氏の言うゴジラ映画のモラル的な側面、つまり善と悪の二項対立、この場合自然（環境）と人間の闇の対立はゴジラに分配が上がるが、同時にムートーが象徴する人間の闇の部分が顕在化する。つまり、人間が自然に対して行ってきた、核開発をはじめとする数々の環境破壊が表面化する。そういう訳で「自然が人間に対して復讐する」のである。これは初代の『ゴジラ』（1954）の制作時に田中友幸プロデューサーが発したメッセージであるが、本作品もまさしく同じメッセージを伝えている。この映画のあきらかなメッセージは、核をはじめとす

る科学技術によって自然環境を破壊する人間に対する批判なのである。

　この対立をケネス・バークのスケープ・ゴート（Scapegoat、いけにえの山羊）の視点からさらに深く読み解くと、ムートーは人間の負の部分、厳密にはアメリカ人の闇の部分を背負うスケープゴートと言えるだろう。バークはアイデンティティ（この場合アメリカ人のアイデンティティ）が再生するには、その望まれない負の部分を背負ったスケープゴートの象徴的な死と、さらに新しいアイデンティティを構築する新しい一面が必要だと論じている[20]。ゴジラは核弾頭で誘い出されたムートーを洋上で退治するが、ムートーに勝利するゴジラは、さらに強力な核兵器の力をも示しているだろう。もしチャイナタウンの提灯がムートーの国籍（中国）さえも暗示するのであれば、ムートーに対する勝利は、さらに強い米国の核兵器を正当化し、核の抑止力を唱えるアメリカの世界における君臨にもつながるだろう。つまり、自然界の頂点に君臨する神のような存在を表すゴジラには、台頭する中国に対して力のバランスを取ろうとする米国の理想の姿が投射されているとも考えられるのである。こうしてアメリカ国民のアイデンティティの正と負の部分がゴジラとムートーに投射される本作品を見れば、正真正銘のアメリカ製ゴジラの誕生と言えるのではないだろうか。

　映画歴史家アーロン・ジェロー（Aaron Gerow）は本映画のパンフレットの論考「ゴジラはいかにアメリカ人のアイコンになったのか」の中でゴジラが「今や純血のアメリカ人として認められるようになった」と語っている。この論考によれば、1954年のオリジナルの『ゴジラ』は、アメリカにおいて改変され、政治的な

意味合いは取り除かれたが、ゴジラが「自然からの警告である」という意味合いは残されており、アメリカ人が「自らの世界を振り返り、再評価するための一つの道」となったと指摘している。

ゴジラ映画を年代別に辿れば、1956 年のハリウッド版『怪獣王ゴジラ』にはアメリカ人にとって都合の良いように核兵器の破壊的な「威力」だけが描かれたが、当時のアメリカ人にとっては、それは遠い国の出来事であり、怪獣ゴジラは日本の怪獣だった。その後、昭和シリーズのハリウッド版が次々と受容され、ゴジラは「恐怖」の存在から「身近」な存在となったが、アメリカ人にとっては依然として見下した感のある日本のダサい怪獣（cheezy monster）だった。1978-79 年に放送されたハンナ・バーベラのゴジラも、正義の味方となってはいたが、やはりカリコ号の科学チームを助ける日本の怪獣、つまりアメリカの同盟国としての存在だった。

1998 年の実写版のゴジラは核実験で突然変異した巨大生物で、米国の空軍によって核兵器で退治される、中途半端な存在となった。その後に続くアニメシリーズで「正義の味方」としてのゴジラが復活したが、それもあくまでもヒートの科学者集団を助ける同盟国日本的な存在だっただろう。実際に敵の怪獣を退治する決め手はいつもヒートが考案していたからである。しかしながら、2014 年作品においてはアメリカ人の正と負の部分が怪獣に投影され、自らが主体的に人類を救うゴジラは、ついにアメリカのアイデンティティを持つに至ったと言えるだろう。

4.2　興行成績と 1 つの疑問

映画の興行成績を見ると、『GODZILLA ゴジラ』（2014）は制

作時の予算が1億6千万ドルであるのに対し、Box Office Mojo によると、実際には米国で2億ドル、日本で2993万46ドル、そして全世界では5億2497万6069ドルを売り上げ、その後に続くモンスター・ヴァース・シリーズを打ち立てた作品である。新聞でのレビューもCGの出来栄えに賞賛が集中する。クリスチャン・サイエンス・モニター紙（*Christian Science Monitor*）も「いい感じのモンスター、新しいゴジラはアメリカの怪獣と日本の怪獣をうまく融合する」と記し、好印象であるのが伺える[21]。やはり正義の味方としてのゴジラの人気は根強い。

しかしながら、バークの言うところのドラマティズムの最大の目的であるテクストのmotive（動機）、もしくは「内包された作者」の意向という視点からさらに詳細に分析すると疑問が1つ残る。この疑問点は興行成績からも分かるように、日本では（新しい）ゴジラが米国におけるほど成功しなかった理由にも関連するように思われる。キネマ旬報 No.1684（2015年3月下旬号）によると、本作は「2014年の興収ランキングでは13位」で、外国映画では「4位の32億円で数字的には大ヒット」と言えるが、「5月の北米、欧州での先行公開ではオープニング週末興収で約200億円を稼いだことを考えると物足りない」のも事実だ。

その疑問点とは、リアルな「ブラボー・ショット」と「原住民と仲良く映る米国兵士のショット」が「核実験はゴジラを退治するためのもの」というセリフの歴史的事実との乖離を強調することに加えて、時間が止まった時計の2度の提示、さらにムートーが想起させるネガティブな現実。これらが一体どのようにつながるのだろうか。作品のメッセージが曖昧で一貫していないのである。

つまり、この疑問は、映画のタイトル・クレジットと2度クローズアップされる芹沢博士の腕時計とペンタッド（5つ）の要素との不調和から生じるものである。換言すれば、これらの映像が核汚染をはじめとする漠然とした人間の環境破壊の批判やアメリカのアイデンティティを示すことに収まらない強い意味を作り出し、何か隠されたテクスト（本映画）の意図があるように思われるからである。

　まず、タイトル・クレジットの中で紹介される核実験の記録写真を見てみよう。このタイトル・クレジットのシークエンスは、太古の怪獣ゴジラの出自を生物学的に説明するもので、記録写真ではブラボー・ショット（核実験のキノコ雲の映像）とともに、サングラスを着用して核実験を行うアメリカ兵士たちのリアルな核実験の様子と、そのアメリカの兵士と現地の子供達が仲良く座っている写真が示されており、これが1950年代のビキニ諸島を巡る実際に起こった過去の出来事を批判的に喚起する力を持つのである。

　"Remembering Lucky Dragon, re-membering Bikini: Worlding the Anthropocene through transpacific nuclear modernity" の論考でオレゴン大学教授の Yu-Fang Cho は映画のオープニングでの第五福竜丸・ビキニ諸島の核実験の描写に言及し、「皮肉に満ちた象徴的なねじれ」と呼び、核実験ではなくゴジラを退治するための攻撃だったと、意図して劇的な語りに置き換えていると指摘している[22]。このブラボー・ショットは、潜水艦でのモナーク、米国海軍、そしてフォードとの会合の中で、芹沢博士が、「この出来事は核実験ではなくゴジラを退治するためのものだ」と説明するシーンにも使われている。当時、核実験のために住む場所を奪われた太平洋諸島の島民の無邪気な笑顔は、「ゴジラを退治するために核

実験を行った」という芹沢博士の話が全くの嘘だと言いたくなるような強いアイロニーを作り出すのである。また、ムートーが辿る場所が核の負の側面、ウラン鉱山の公害、メルトダウンなどを否応なしに思い出させるだけでなく、2度もクローズアップされる芹沢博士の父の形見の時計がありありと広島の原爆投下を喚起する強いメッセージを放ち、「自然がバランスを取る」といった「芹沢博士」のセリフが妙にうわつき、説得力を欠くように響く。こうして物語の鍵となる記録写真と時計の映像が喚起する事象の意味を考えると、さまざまな比喩がうまく整頓されずにテクストの意図が宙吊りになっているように思われるのである。さらに言えば、第1章でフルーグフェルダー氏が論じるように、ゴジラとムートーとの戦いがモラルを定義する「善と悪との闘い」であるならば、そもそもビキニ環礁での核ミサイルの使用が核実験ではなく「正義の味方（善）」であるゴジラを退治するためだったという物語の設定自体の辻褄が合わないのである。

　それでは、隠されたテクストの意図、前述したシーモア・チャトマン（注ⅲ）の言うところの「内包された作者」を代表するギャレス監督のメッセージはいったい何だろうか。その問いをさらに深く考察しようと、ギャレス監督の業績を再度辿ってみた。

　ギャレス監督は2005年に広島で原爆の被爆者を取材したBBCドキュメンタリー『HIROSHIMA』（ポール・ウイリアム監督）の撮影に参加している[23]。このドキュメンタリー・ドラマは、原爆投下の悲惨な状況を当時の被爆者の証言をもとに生々しく再現するものである。爆弾を投下したエノラ・ゲイの乗組員による無責任にも思える言葉と原爆投下の成功を単純に喜ぶトルーマン大統領の話をその被爆者の証言の間に挟むため、投下した側の人間と

投下された側の人間の現実の落差が浮き彫りになり、「なぜ原爆を落下したのか？　避けることができなかったのか？」といった強烈なメッセージを伝えるものとなっている。また、エドワーズ監督が本ゴジラ作品の監督に抜擢される契機となった彼の出世作『モンスターズ　地球外生命体』（2010）には、核実験や米国への批判があちこちに散りばめられている。

　こうした経歴を持つ監督の強い思いがどこかに隠れているのではないだろうか。ただ単に「自然がバランスを取る」というメッセージだけでは、まるでその解決に人間があまり関与していないかのようで無責任にも思え、腑に落ちないわけである。また、核表象としてのゴジラの意味についても、われわれ日本人にとってはなおさら違和感が残る映画となったのである。

　ところが、2022年の秋に沖縄タイムズの記者に筆者がインタビューを受けた際に、その疑問を解くことができた。というのはジョージア大学のロジャー・スタール（Roger Stahl）教授が監督を務めたドキュメンタリー映画『戦争の劇場』（*Theaters of Wars*, 2022）の中で、『GODZILLA ゴジラ』も軍備や装備そして基地撮影協力と引き換えに、アメリカ国防総省の検閲を受け、広島の原爆を思い起こすシーンなどが削除されたというのである（図6-4はその一部）[24]。実際、芹沢博士が冒頭で取り出す壊れた懐中時計が、後の場面に重要な意味を持つことになっていた。米海軍の司令長官ステンツ提督と広島の原爆投下について芹沢博士が話す、エドワーズ監督もこだわったというシーンにつながるのだが、脚本上は芹沢の背景について詳細な記述があり、実際に撮影もしたという。実は「（芹沢の）父親が広島で悲惨な体験をしたことをロングスピーチで語り、原爆を使って怪獣を倒すのをやめてほしいっ

図6-4 『沖縄タイムス』2023年1月21日（沖縄タイムス社提供）

て言うシーンがあった」という[25]。初代のゴジラが唱えていた強い反核のメッセージが訴えられていたのである。

第4節の冒頭で紹介したゴジラの巨大壁画の落成式とともに開かれた記者会見でのギャレス・エドワーズ監督と亡き宝田明氏のエピソードを思い起こすと、筆者の身勝手な想像ではあるが、もしかしたら宝田明は検閲によって削除された場面に登場したかも

187

しれない芹沢博士の父親役を演じたのではないだろうかと思われる。エドワーズ監督は、会見で「私は代理母の心境」で日本の観客の皆さんの反応をとても気にしています」と話していた。もしも検閲がなくオリジナルの脚本通りに作品が制作・上映されていたのなら、テクストの意図が大きく変わり、核兵器の廃絶を訴える映画になったのではないだろうか。映画研究者としても一人の日本人としても非常に残念な思いでいっぱいである。

　検閲を受けても作品に残っていた1954年の初代作品を継承するもう一つのメッセージである「人類に対する自然の復讐」という人間の地球に対するこれまでの自然環境破壊を警告するテーマは、後に続くモンスター・ヴァース・シリーズの『ゴジラ　キング・オブ・モンスターズ』(*Godzilla: King of the Monsters*, 2019) および『ゴジラ vs コング』(*Godzilla vs. Kong*, 2021) でさらに大きく展開されることになる。

引用注

1) *Variety* 1978年10月4日号
2) *Los Angels Times* 1978年9月10日号、p.15
3) *The Courier* 1978年9月10日号、p.210
4) Ryfle, Steve. *Japan's Favorite Monster*, ECW Press, Toronto, 1998, p.209
5) 本書、p.5
6) "Western Animation / The Godzilla Power Hour. TV Troops. Retrieved at https://tvtropes.org/pmwiki/pmwiki.php/WesternAnimation/TheGodzillaPowerHour
7) Pressbook, p3
8) 同上、p.3
9) *Fortune* 1998年6月8日号
10) *New York Times* 1998年5月13日号

11)『日本の軍縮・不拡散外交（第七版）』外務省、2016 年、p.24
12)*Washington Post* 1998 年 5 月 20 日号
13)"Godzilla（1998）as camp de-extinction narrative" Carter Soles p.298. *Science Fiction Film & Television* by Liverpool University Press.
14)*New York Times* 1998 年 5 月 17 日号 Lidz, Frants. Losing Our Grip on Godzilla.
15)PATRICK CAVANAUGH（May 19, 2023）Comicbook. Com. https://comicbook.com/anime/news/godzilla-1998-reaction-disappointment-explained-dean-devlin-sequel-plans-problem
16)*Los Angels Times* 1998 年 9 月 18 日号
17)*Brandweek* 1998 年 11 月 23 日号
18)監督：Gareth Edwards, 脚本：Max Borenstein, 制作：Legendary Entertainment 他 4 社配給：Warner Brothers, 東宝
19)Burke, Kenneth.（1969）. *A Grammar of Motives*. University of California Press. pp.xv-xxiii, pp.3-20
20)Burke, Kenneth.（1973）. *The Philosophy of Literary Form*. University of California Press. pp. 39-48
21)Marquand, Robert. "Nice Monster! 'New Godzilla' fuses American and Japanese Beasts" Christian Science Monitor, May 23, 2014
22)Cho, Yu-Hang. "Remembering Lucky Dragon, re-membering Bikini: Worlding the Anthrpocene through transpacific nuclear modernity"（CULTURAL STUDIES 2019 VOL.33 NO.1 p135）
23)*Hiroshima*（2005）. BBC History of WWII. Dir. By Paul Wilmshurst
24)ミッチェル、ジョン「『検閲』暴く映画製作」沖縄タイムス　2023 年 1 月 21 日。追跡記事「米『ゴジラ』原爆批判のせりふ削除　国防総省の抗議で　2014 年映画」を参照。
25)渡辺謙「『GODZILLA』出演に込めた日本人としての願い」映画. Com Retrieved at https://eiga.com/movie/77940/interview/4/

第7章
中心を探して
——母なる地球、ゴジラ、そしてコングとの関係

扉絵7　ヘリコプターでコングを運ぶ
スチール写真『キングコングの逆襲』(1967)　© TOHO CO., LTD.

カール・ジョセフ・ユーファート
Karl Joseph Ufert

序説

本章では、レジェンダリー社のモンスター・ヴァース・シリーズ第4作目となる映画『ゴジラ vs コング』(*Godzilla vs. Kong*, 2021)における環境・政治・社会的なテーマを検証し、東宝の『キングコングの逆襲』(*King Kong Escapes,* 1967)や『キングコング対ゴジラ』(*King Kong vs. Godzilla,* 1962)などの過去の作品との比較分析を行う。また、レジェンダリー社の『GODZILLA ゴジラ』(*Godzilla,* 2014)と『ゴジラ キング・オブ・モンスターズ』(*Godzilla: King of the Monsters*, 2019)との類似点も指摘する。さらに、この章では『ゴジラ×コング 新たなる帝国』(*Godzilla × Kong: The New Empire*, 2024)の簡単な概要も紹介する。

第1節 『ゴジラ vs コング』の地政学的文脈

「キングコングは誰にも頭を下げない」と、レベッカ・ホール(Rebecca Hall)扮するイリーン・アンドリュース博士は、まるで反論するかのように、だが少し不安げな表情で答えた。ヘキーム・カジーム(Hakeem Kae-Kazim)扮する提督ウィルコックスが「では、もし彼らが再会したら、どちらがどちらに頭を下げるのか?」と質問した時のことである。これは、『ゴジラ vs コング』(*Godzilla vs. Kong,* 2021, 以後『コング』と記す）の一場面である。この台詞は、生命倫理的な（バイオエシックスの）環境の人工島で比較的調和を保って暮らしていた強大な力を持つキングコングが、地下空洞でしかアクセスできない謎の動力源を求めてバイオドームから南極大陸に連れて行かれるというシーンで交わされる。これは、同シリーズ第2作目である2017年の『キングコング 髑髏島の巨神』（*Kong: Skull Island*）の出来事と、同シリーズ第3作目である2019年の『ゴジラ キング・オブ・モンスターズ』で、キングギドラがタイタン（大怪獣）を解き放つという出来事を追ったものである。バイオドームでは、アンドリュース博士と彼女のチーム、そしてケイリー・ホトル（Kaylee Hottle）が扮するアンドリュース博士に引き取られた、髑髏島の耳の聞こえない先住民イーウィス族の子どもジアが、コングと心を通わせている。

　その前に、映画のオープニングでは、コングの「人工的な」世界における、のどかで一見争いのない生活が映し出される。だが、島を囲む閉ざされた環境の壁の向こうから、何か不吉な信号を察知したとき、コングは平穏な日々をかき乱されるのである。その信号に対し、この強大なゴリラは槍に仕立てた巨大な木をドームに投げつけ、ドームを割って観客に外の「現実」の世界を見せる。コングは威嚇するように咆哮し、観客はその時点で敵を想定する。映画的には、スクリーンと観客を分ける一線である「第四の壁」の象徴的な破壊として「現実」の世界が露わになる。俳優が直接カメラを見て観客に語りかけるのではなく、コングが住んでいた緑豊かで牧歌的な環境が、「現実」の惑星の裏側にあることがわかる。外は暗く、雨が降り、人里離れている。アンドリュース博士──コングにとっては動物行動学者で環境保護活動家でもある

ジェーン・グドール（Jane Goodall）のような存在だが——は、この映画製作中の現場インタビューでレベッカ・ホールが語ったように脅威の正体を知っている[1]。彼女は迫り来る攻撃を提督に警告する。「そう、彼らは脅威を察知する術を持っているのです」と。この映画の最初のシークエンスに察知された脅威と、コングが南極に向かう船にいるときの脅威とは何か？　ゴジラなのだ。「彼らは古代のライバルだったと思う」とアンドリュース博士は続ける。

　文化批評家のマイケル・マキャフリー（Michael Ma Caffrey）は、映画公開の翌月である 2021 年 4 月の RT（*Russia Today*）の記事で、「象徴的な怪獣同士の戦いは、現代社会の国際的な衝突」を示し、映画のテーマを「アメリカが唯一の超大国である一極体制（一極支配）から、中国とアメリカが対等である多極体制へと移行する寓話であると位置づけ、ゴジラは前者としてグローバルな覇権争いを象徴し、コングは後者としてトップの座を維持するために戦っている」としている[2]。2021 年 3 月、ファスト・カンパニー誌（*Fast Company*）においてジャーナリストのジョー・バーコウィッツ（Joe Berkowitz）は、「新作の中心にある二頭の巨大怪獣は、人類に内在する過ちや、宇宙を軽率にさまよう私たちの行動の結果を示すメタファーとして生まれた……どちらの場合でも、『人間性』は特に『アメリカ』と解釈することもできる」と記している[3]。

　もちろん、これらのテーマはおなじみのものである。巨大な、比喩的な、先史時代のタイタン同士の戦いは、人類の貪欲さによってさまざまな形で召喚され、それらは、私たち自身の手から生まれたものの、制御不能となり、しばしば私たちの実際の能力や認

識される能力を超えた力の巨大さを表現する装置となる。映画の冒頭から、観客は二頭のタイタンの文化的な象徴を意識させられるのである。

そのうちの一頭であるコングは、1933年のRKO社の名作『キングコング』(*King Kong*) 以来、1962年の東宝の大作『キングコング対ゴジラ』ではゴジラと激突するが、善玉として登場する。また、東宝の2作目の『キングコングの逆襲』は、コングが放射性元素を鉱山で採掘するようテレパシーで強制されることから逃れるという内容だが、フィリップ・ジェディック (Philipp Jedicke) のドイツの国営放送ドイチェ・ヴェレ (DW) によれば、「アメリカは、1933年の映画におけるキャラクターの人種的象徴性やその後の日米合作映画においても、おそらく無意識のうちにこのキャ

図7-1　*King Kong*（1933）ビデオ表紙

194

ラクターの複雑で難しい人種的な象徴性を含んでいる」という[4]。

　もう一方のゴジラは、アジアの視点から見たアメリカの戦争兵器のパワーと効果を象徴している。そのルーツは日本映画であるが、1998年に公開されたトライスター社の *Godzilla*（邦題は『GODZILLA』）（初のアメリカ製実写版ゴジラ映画）ではフランス領ポリネシアに起源を持つという曖昧なものとなった。そしてアジアにルーツを持つ古代の地球文化は、今や潜在的に中国を示す。日本の怪獣は、アメリカに挑戦するアジアを中心とした巨大な政治的、産業的、軍事的勢力の象徴と見なされているのは確かである。『コング』（2021）は明らかに大予算の「夏の娯楽」映画として企画され、新型コロナウイルス感染症（COVID-19）の大流行のために冬の終わりに公開されたにもかかわらず、映画評論家のアリッサ・ウィルキンソン（Alissa Wilkinson）は、2021年の Vox. com の批評で、「この映画は消費者向けかもしれないが、いつまでも残る失望感は、ハリウッド・マシンがゴジラとコングの両方の隠喩的な次元について考えることに明らかに無関心なことにある」と書いている[5]。

　しかし、ウィルキンソンは『コング』の政治的・社会的批評を否定せず、環境破壊やテクノロジーが我々に牙を剥く可能性といった、ブロックバスターで人気のある近未来的なアポカリプスのテーマも含めて、この映画に詰め込まれているものを「印象的」と呼んだ[6]。彼女は、これらは現代のアポカリプスの物語によくある題材だと考えていたのである[7]。しかし、マキャフリーの立場は、『コング』は地政学的テーマについて強い主張をしている、というものであった。例えば、映画の製作者たちは、コングとゴジラのクライマックスの戦いを映画の二大ターゲットの観客、中国とア

メリカにとって異なることを同時に意味する香港の地に設定したからである。彼の記事によれば、アメリカ人にとって「香港でやろう」という戦いは、「中国の専制政治に対抗して民主主義のために戦うコング（アメリカ）と解釈できる。中国では、香港は西側の帝国主義に対するより広い戦いの巻き添えを食っているに過ぎない場所と見ることができる」[8]。

第2節 コロナ・パンデミックを超えて

『コング』は、2020年3月にアメリカの各州がロックダウンを実施するというコロナ・パンデミックによる世界的な閉鎖を経て、アメリカの映画業界における最初の大ヒットとなった。一年後の2021年3月には、前週の海外公開に続き、劇場公開とストリーミング配信（「HBOマックス」だったが現在は「マックス」）が同時公開された。この映画が公開されたとき、米国のほとんどの州で映画館が再開されたばかりで、バーやナイトクラブ、特定の飲食店と並んで、一般客の入場が再承認された最後のビジネスのひとつだった。つまり『コング』の映画はすでに2019年に完成しており、当初は2020年後半の公開を予定していたが、コロナ禍により延期されたのだった。

コロナ禍は、大手スタジオ（モンスター・ヴァースの大作映画の場合はレジェンダリー社とワーナー・ブラザーズ社）を含むすべてのメディアに、コストを回収するための視聴最大化戦略を練ることを強いた。もちろん、CGIを駆使した大怪獣映画で1億5千万ドル以上の予算が計上されたのだから、他の映画よりも多額の資金回収が必要となる。幸いなことに、『コング』は、『キング

第 7 章　中心を探して

図 7-2　*Godzilla vs. Kong*（2021）ブルーレイ表紙

コング対ゴジラ』（1962）以来 60 年以上、いや（1933 年の『キングコング』からすると）90 年以上にわたって親しまれてきた怪獣キャラクターとテーマを持ち、壮大な効果と音楽、娯楽性の高い演技、しっかりとした演出と編集、さらに意図的かどうかは別として、政治的・社会的に重要なテーマに触れた大予算怪獣映画としての独自性が功を奏した。2024 年 10 月時点で、公開以来全世界で 5 億ドル近い興行収入をあげている。『コング』は、映画館の興行収入と安心感を取り戻した。世界的なパンデミックがもたらした健康、財政、社会、政治への壊滅的な影響、そして物理的空間を中心としたビジネスへの影響と競合していなければ、映画館での興行収入はさらに増えていただろう。しかし、人気キャラクターとテーマが、古き良き時代のエンターテインメントを提供

197

する映画そのものであることはもちろんのこと、その公開と興行成績は、映画ファンにとってモンスターと同じくらい大きく感じられ、それに見合った希望に満ちたビジネス結果をもたらしたのである。

『コング』は完成時期がCOVID-19の発生前であれ後であれ、気候変動、公害、過剰開発といった環境問題に各国が取り組んでいた社会的状況を反映している。この映画が製作された時期は、米中間の緊張が高まっていた時期でもあり、この緊張は後にパンデミックによってさらに高まった。HIV、SARS、エボラ出血熱のような大流行はすでに知られていたが、世界的大流行の脅威は一般にはあまり予想されていなかった。COVID-19が出現すると、科学者ではなく政治家が中国の役割をめぐるスケープゴートを煽り、ウイルスの起源に関する事実に基づいた議論が影を潜めた。『コング』の公開は、この感染症の発生後だった。しかし、気候変動や病気に対する人間の影響についての科学的証拠に対する疑いが世界的に（そして米国で）高まっていた時期と重なる。こうした人間の影響は、日本やアメリカにおけるゴジラや大怪獣の伝承と長い間絡み合ってきた。2021年の公開前、公開中、そして公開後も、この物語は進化し続け、生命倫理問題への洞察を提供しつつ、親しみやすいエンターテインメントとして提供され続けたのである。

トム・ハイド（Tom Hyde）は政治・文化に関するオンライン誌の *Merion West* で、ゴジラシリーズが時代を反映していると説明している。作品の真剣さや気まぐれさに関わらず、それらは巨大なモンスターやサイエンスフィクションに例えられるしかない圧倒的な力のテーマを呼び起こしているのである。ハイドによると、「20世紀半ば以降そして冷戦が終結してから、30作品以上の

ゴジラ映画が公開された。その間、われわれの生存に関する懸念は、ウラン元素の難解な特性から炭素のそれへと移った。核物理学は災害の使者として絶えず台頭する気候科学の分野に取って代わられたのである」[9]。

第3節　ゴジラとコングは自然の復讐か？

『コング』で重要なサブプロットを形成している現代の陰謀論については、本章の後半で考察するが、このような陰謀論はオンライン出版物、ポッドキャスト、ケーブルテレビのエンターテイメントニュース、過激なインターネットサブカルチャーサイトなどを通じて何十年もくすぶっており、ソーシャルメディアチャンネルで爆発的に広まっている。

反ワクチンのコミュニティ、政治家、放送局、ソーシャルメディアの声、そして政府に不信感を抱く一般の人々によって世界的に拡散された、ウイルスの起源や拡散、治療法や予防接種に関する陰謀もそのひとつである。『コング』では、ポッドキャスターのブライアン・タイリー・ヘンリー紛するバーニー・ヘイズ、ミリー・ボビー・ブラウン紛するマディソン・ラッセル、『ゴジラ　キング・オブ・モンスターズ』に登場するモナークの科学者マークとエマ・ラッセルの娘、そしてマディソンの友人ジョシュ・バレンタイン（ジュリアン・デニソン）を含む「チーム・ゴジラ」も現代の陰謀に巻き込まれる。マディソンは、なぜかゴジラが再び姿を現し、2019年の映画でそうであったように、もはやタイタンの「王」としてバランスを回復していないのかを理解することに執着しているのである。

『コング』では、彼女がバーニー・ヘイズのポッドキャストなど数多くのアンダーグラウンド・メディアをフォローしていることがわかる。病原体やコロナウイルスにまつわる何十年にもわたる陰謀という「底なし沼」にはまるのと同様に、マディソンは２人の高名な科学者の娘としての経験に基づく、より崇高な使命を胸に、善悪を問わずゴジラの一挙一動を追い続け、最近のゴジラの行動に完全にのめり込んでいる。この後、香港のエイペックス社の研究施設で「チーム・ゴジラ」が驚くべき発見をする。『キングコング　髑髏島の巨神』に登場する巨大捕食生物、スカルクローラーが産卵した巨大な卵を見つけたのである。

　「『コング』はスカルクローラーをモンスター・ヴァースに復活させ、マディソン・ラッセルはすぐにスカルクローラーを識別したが、彼女がどうやってスカルクローラーの正体を知ったのかという疑問が生じた」とAndrew Walserが2021年4月にScreen Rantというウェブサイトに書いている[10]。スカルクローラーは、彼女が見た時に卵の中にいたのだが、たとえモンスターをこれまで見たことがなくても、一目で正体を見破ることができたのである。コロナ禍の間、多くの人々が「自分で調べる」ようになり、信頼できる情報源と疑わしい情報源の両方から、しばしば正確さに関係なく、自分の見解を裏付ける情報を探すようになった。この傾向は『コング』におけるマディソンの情熱と類似している。彼女はバーニー・ヘイズの『タイタンの真実』というポッドキャストに従ってゴジラを擁護し、ゴジラを悪役とする父親の早合点に異議を唱える。人々が隠された危険を求めてインターネットを探し回るように、スカルクローラーのような脅威を探すことは、致死性ウイルスの大流行という現代的な恐怖を反映している。

『コング』は、環境危機に関する陰謀論、謎に包まれた「地球空洞」、政治的陰謀、ゴジラに関わる秘密の行動などを織り交ぜ、すべて「人新世」（アントロポセン）のテーマを反映している。この時代は、人間による気候や生態系への影響を特徴とし、生息地の破壊、汚染、誤った医療によって引き起こされるパンデミックによって浮き彫りにされる。モンスター・ヴァースは、核実験やタイタンの軍事利用のような人間の行為が古代生物の出現の引き金になったという、人新世のアイデアをさりげなく取り入れている。

Dani Di Placidoがフォーブス誌（*Forbes*）で述べているように、ゴジラは「母なる地球」を体現しており、敵対するタイタンは人新世の環境破壊を象徴している[11]。このことは、芹沢博士（渡辺謙）が「ゴジラは人類のペットになるのではなく、我々が彼のペットになるのだ」と宣言していることからも明らかである。

チャールズ・ホームズ（Charles Holmes）は『コング』の文脈で、2021年のリンガー誌（*The Ringer*）に次のように書いている。

> ゴジラが核の脅威を象徴するようになったように、彼の身体性は人新世の脅威を体現している……。NathanielとRyanの論文『ゴジラの時間を超えた驚異的な成長は人新世の不安の増大を反映する』は、ゴジラを「ラザロ生物群のケラトサウルス類の恐竜」と表現している。それに比べてキングコングは、髑髏島の兄弟たちと解剖学的に非常に似ているとはいえ、ただの大きなゴリラだ[12]。

2024年、K.F. ワタナベは1954年に製作されたオリジナルの『ゴジラ』について、「タイトルの生物そのものが、核爆弾によってト

ラウマを植え付けられた人々に逆説的なカタルシスのようなものを提供している」と書いている。ここではゴジラは無秩序の反乱を意味し、歴史学者五十嵐惠邦の「ゴジラは核兵器で混乱を引き起こすアメリカ合衆国の代理表象であるという通説と正反対である」[13]と。しかし、ワタナベはこう問いかける。「あるいは、Angelesが示唆するように、ゴジラは自然の復讐の象徴なのか、人類の地球に対する虐待に対してバランスを回復するために目覚めた人新世の代理人なのか？」[14]。こうした考えは、モンスター・ヴァース・シリーズに直接結びついている。

芹沢博士やモナークの科学者たちによって示されるように、そして『コング』の中で描かれるように、ゴジラはバランスをもたらすものであり、2014年の『GODZILLA ゴジラ』や2019年の『ゴジラ　キング・オブ・モンスターズ』においても他の怪獣から地球を守る役割を果たしただけでなく、ゴジラとコングの対立においても、2頭の怪獣は相反するものでありながら、同じように自然の回復を象徴する同等に強力な代表者なのである。

このようにしばしば自然の力として描かれるゴジラは、強力なエネルギーに干渉することの危険性を強調するものであり、人間を守るものであると同時に人間が引き起こした環境変化へ対応するものでもある。例えば、同じく2019年にマシュー・グリーン（Matthew Green）はロイター通信でこう報じている。「ゴジラは私たちに内なる悪魔と向き合うことを求める点で的確だ」[15]。また、Zhiwa Woodburyは「エコ心理学・ナウ！」（EcoPsychology NOW!）という自身のブログで「その時にのみ我々はそうしてこそ、石油化学時代の灰の中から不死鳥のように蘇り、気候回復の道へと世界を再生させることができるのだ」[16]と書いている。

第 7 章　中心を探して

　作家のアレン・A・ディーバス（Allen A. Debus）は、2022 年に出版された著書 *Kong, Godzilla and the Living Earth: Gaian Environmentalism in Daikaiju Cinema*（直訳すると『コング、ゴジラ、そして生きている地球——大怪獣映画におけるガイア的環境保護主義』）のエピローグで「最終的に、彼らの共通の祖先の復讐にもかかわらず、コングは自らの特別な役割と存在がスカル島を超えて広がることを理解する。一方、ゴジラは、人新世の時代においてバランスを維持するためには、正式なライバルとトップの地位を共有しなければならないことを学ぶ……この時代は、いずれにせよ、いつか終わる運命にあるのだ」[17]と述べている。彼の著書は、地球の生物と無機的な環境が、良くも悪くも生命を維持するための自己制御する生態系を形成していると提唱するガイアの科学に言及している。ディーバスは「コングもゴジラもガイアもフィクションやポピュラーカルチャーにおいてファンやカルト信者によって神々として賛美され崇拝されてきた。我々をアポカリプスに導く、壊滅的で巨大な軍国主義的産業のモンスターを生んだのは我々なのだ」と続けた[18]。

　ロイター通信でのマイケル・マキャフリーによる 2021 年の『コング』の議論に戻ると、この記事は映画の巨大な主人公たちの対立を再考し、ある種の世界的均衡を達成しようとする政治的権力闘争の寓話として解釈している。「もうひとつの解釈は、この映画の 3 番目の怪獣メカゴジラは、私たちすべてを支配しようと画策しているハイテク界の企業タイタンの象徴であり、コング（アメリカ）とゴジラ（中国）は、一見万能に見えるグローバル起業家のハイテク企業を阻止するために協力しなければならない」というものだ[19]。これは、自然の、そして認識上の力で、民主主義、

国家統一、寡頭制といった社会モデルの均衡を図ろうとする、対立する世界的な覇権というテーマに我々を引き戻すが、そうした覇権は、しばしば政府よりも強力な企業体の影響下にあると見なされている。

　しかし、環境の基本的な側面は、自然に反する機械やしばしば有害な発明品の開発よりも優先される。私たちのはかりごとは必然的に私たちを裏切り、最後には自然が私たちの過ちを修正するのである。Noah Delgado は、ステート・プレス紙（*The State Press*）に寄稿した『コング』の 2021 年の批評の中で、「ゴジラとコングが自然界の表象だとすれば、もし、我々自身が究極の生物であると信じ続ければ、メカゴジラは我々が生み出すことになるものだ」と書いている[20]。続いて、映画とモンスター・ヴァース・シリーズにおけるゴジラの役割と怪獣の役割について明確な結論を述べている。「ゴジラの寓意は変化している。かつては核戦争へのコメントであったものが、自然の摂理を表現するものへと進化したのである」と[21]。

第 4 節　地球空洞説（The Hollow Earth Theory）

　ゴジラとコングの巨大怪獣が衝突する時、『GODZILLA ゴジラ』（2014）以降、モンスター・ヴァース・シリーズ 3 作品のクリエイターたちは、地下トンネルという（映画において）「現実的」かつ「隠喩的」な聖域と戦場を掘り下げて考えている。『コング』では、古代生物で満たされた空洞は、現実世界の不安を映し出し、覇権を争う怪獣たちをめぐる物語展開が人新世における陰謀論に対する意識を高めている。『コング』は、2 頭のアイコン的な怪獣

が壮大な戦いを繰り広げる一方で、日米のゴジラシリーズで長年培われてきた生命倫理的・地質学的概念、すなわち「地球空洞説」という考えを探求している。これは、核エネルギーと地球環境についての議論を呼び起こしたが、『コング』では、謎の地球空洞（＝ホロウ・アース）エネルギーが潜在的に地球外の起源であることや、怪獣がより大きな惑星間の生態圏を共有している可能性、つまり人新世を超えた別世界の影響力についても言及している。人間の登場人物は、地球の表面のずっと下に位置する、謎の地図にも載っていない神秘的な空洞へと危険な旅に出かける。それはもちろん、実際の地質学的・生物学的用語では存在しない土地であるが、情報ウェブサイトであるスクリーン・ラント（Screen Rant）のチャールズ・N・レイモンド（Charles Nicholas Raymond）によると、もともと『キングコング　髑髏島の巨神』で巨神が隠れたままであることを説明するためにヒューストン・ブルックス博士が考案した理論として言及されたが、「空洞」はゴジラとコングの映画世界の最も重要なテーマへと発展したのである。そして、このテーマがその後の各ストーリーにいかに不可欠であったかを踏まえれば、『ゴジラ×コング　新たなる帝国』（2024）のようなプロジェクトを通じてモンスター・ヴァースが続いていく中で、このコンセプトがさらに発展していくことは間違いない[22]。

　地球の中心にある神話上の場所が、モンスター・ヴァースの前作『ゴジラ　キング・オブ・モンスターズ』（2019）に登場する。ここでは深海にゴジラの海底都市があり、レイモンドの2019年の記事によれば、そこはモンスター・ヴァース史上最古の文明だという[23]。同ウェブサイトで「ウォルター・シモンズが言ったように、ホロウ・アースには『海のように広大な生態系』がある」と

述べている[24]。彼は以下のように続ける。

> どうやってそうした世界が存在できたのかどうかというと、シモンズがリンド博士に、太陽が地球の生態系を支えているのと同じように、ホロウ・アースの世界を支えている神秘的な『生命力』について話したとき、その意味がわかったのである。この生命力は、コングが見つけた青いエネルギーの輪に関係している。コングが先祖の斧を鍵穴のような隙間に置いたときに、その斧が活性化されたのだ。それが何であれ、それはゴジラとつながっており、ゴジラは同じ核エネルギーを動力源としていると推測される。コングがそれを起動させた瞬間にゴジラが反応したことで、ゴジラとそれとのつながりが確認されたのである[25]。

ロージー・ナイト（Rosie Knight）は2021年にエンターテイメント・ウェブサイトIGNに次のように地球空洞説について説明している。

> 地球空洞説は以前にも科学者やその他の研究者によって現実の世界で探求されたことがあり、その話は概して我々の母星の地表の数マイル下にある、完全に地中の文化やコミュニティについて語っている……支持者の中には、我々の惑星の中に第二の太陽があり、ホロウ・アースに住む人々に燃料を供給していると主張する者さえいる。まったく荒唐無稽に思えるかもしれないが、この説は、エドモンド・ハレー（Edmund Halley）――このアイデアを思いついた可能性のある人物――

のような有名な科学者たちによって支持されたこともある。と同時に、人気の陰謀論と同様、サイエンス・フィクションの定番にもなっている[26]。

この記事でナイトは、マット・サイモン（Matt Simon）が2014年にワイアード誌（*WIRED)*に寄稿した "Fantastically Wrong: The Legendary Scientist Who Swore Our Planet Is Hollow"（直訳すると「ファンタスティックに間違っている——我々の惑星は空洞だと誓った伝説の科学者」）という記事を引用している。

> 有名な科学者エドモンド・ハレーは、地球の磁場が予測不可能であり、その線が年ごとに変化していることに気づいた。ハレー——有名な彗星は彼の名にちなんで名づけられた——は、それは、地球が空洞であるせいだと考えたのである。私たちは一番外側の殻の上に立っていて、その内側にさらに3つの同心円状の殻がある。そして、これらの内側の殻の極が磁場を乱しているのだ。ハレーによれば、そこには間違いなく生命が栄えているという[27]。

しかし、モンスター・ヴァースでは、部分的に科学的に真実で、また部分的に第二の太陽が空想的ということはあり得るのだろうか？　おそらくそれは、さまざまな惑星や太陽系からの生命やパワーの源が存在し、それらが有機的に相互作用していることを象徴しているのだろう。

『コング』が始まる前に「地球の空洞」は発見されている。私たちが知るところでは、コングの地下世界は、畏敬の念を抱かせる、

しばしば危険な生物で満たされた迷宮のような風景として描かれている。地球空洞説は、巨大生物であるゴジラとコングの起源と原動力を理解する上で極めて重要な要素となり、映画物語に興味深い層を加えている。この隠された領域の探検は、激しいアクション・シーンの視覚的に壮大な背景として機能するだけでなく、映画全体の神話にも貢献し、象徴的な怪獣にまつわる伝承を拡大している。『コング』のレンズを通して、地球空洞説は、映画の驚異と冒険の感覚を高める重要な要素となっている。

　そうしてコングは地球の空洞を探すために南極に移送され、その結果、香港のエイペックス社の施設を発見する。ゴジラは空洞のエネルギーを感知し、後になって強大な新型怪獣メカゴジラからの信号だと判明すると応答するのである。その結果、香港を積極的に攻撃し、コングが住んでいる地球の空洞に通じる香港の正確な場所を突き止める。このプロットは「米国と覇権を争うアジアの勢力」という根底にあるテーマを反映している。

　映画批評家アロンソ・ジュラルデ（Alonso Durald）は、2021年に『コング』についてエンターメント・サイトの The Wrap で次のように批評している。「映画の登場人物のバーニー・ヘイズは、タイタンに取り憑かれたポッドキャスターであり、エイペックスで彼らの秘密を暴こうとしている（現代の映画製作者は、取り憑かれた変人として描くような人たちを、ポッドキャスターとしているのである）」[28]と。バーニーがそこで「潜入捜査」をしている間――つまりエイペックス社の動きやゴジラをはじめとする巨大怪獣の活動について、地下ポッドキャストで数え切れないほどのエピソードを放送している間――に地球を闊歩する巨大怪獣が出現して3年が経過し、ゴジラがエイペックスのペンサコーラ

製造工場を攻撃するために浮上したのである。バーニーが「正式な分類のないクレイジーな技術を見つけた」と言うのは映画のこの部分である。映画の中盤、コングが科学者やエイペックス社のスタッフとともにミドル・アースへ向かうため南極に運ばれている間、アークのゴジラ部分に関連する映画の登場人物が、ゴジラを地球に襲来させる技術やその他の力を探し続けていると説明を加える。その登場人物とは、マディソン、バーニー、ジョシュの3人である。彼らは、ギドラの頭骨を発見する。バーニーは、その頭蓋骨にモンスター・ゼロのDNA（遺伝子）を組み込み、「生きたスーパーコンピューター」に変えたと、ジュラルドは指摘する。

そしてギドラの3つの頭部は首が非常に長く、それぞれに脳があったため、「テレパシーで交信していた」[29]というのがバーニーの新情報だ。ギドラとはもちろん、1964年からの東宝のオリジナル・ゴジラ・シリーズに登場する象徴的な3つの頭を持つ怪獣、キングギドラのことであり、レジェンダリー社のモンスター・ヴァースの『ゴジラ　キング・オブ・モンスターズ』（2019）では主要な悪役であり、異星からの怪獣である。ギドラは映画のラストで核の超パワーを持つゴジラによって見事に倒され、映画の主要な敵役の一人である傭兵でエコテロリストのリーダーであるアラン・ジョナ（チャールズ・ダンス）が、当時発見された異星から来たギドラの残りの頭部を購入する姿がポストクレジットシーンに映し出される。

『コング』でキングギドラの頭脳がメカゴジラの形で復活したのは、モンスター（タイタン）をコントロールし兵器化しようとするエイペックス社が地球空洞のエネルギーの痕跡を使用したため

だとされている。地球外生命体とのつながりは特に興味をそそるもので、ギドラのような異星の怪獣が、この強力なエネルギーの供給源として地球を求めていた可能性があると、この映画は提唱している。ギドラはゴジラに阻止される前に、南極大陸の通路を通ってホロウ・アースにアクセスしようとし、その結果、『ゴジラ キング・オブ・モンスターズ』の出来事まで彼は凍結されたのかもしれない。

2023年のレイモンドによれば、「南極大陸は、モナークがギドラの冷凍した体を発見した場所でもあることを忘れてはならない。これは偶然かもしれないが、マークは『コング』の小説ではそうではない可能性を示唆した。マークは、ギドラは南極大陸の地球空洞の入口から出たか、あるいは入るつもりだったのではないかと推測している。もしそれが本当なら、地球空洞の入口とギドラがあれほど接近していた理由が説明できる」[30]。

モンスター・ヴァースでは、エイペックス社が最初にモナークから地球空洞とそのエネルギー資源の発見に関する情報を受け取ったと推測されている。レイモンドによれば、「1962年、国防総省は『砂時計作戦』を立ち上げ、ホロウ・アースの世界とつながっていると思われるトンネルに人間が入れるように設計されたプロジェクトだったが、この探検で犠牲者が出たため、政府はモナークへの資金援助を打ち切った」という[31]。『コング』の公開から2年後の2023年、レジェンダリー社の怪獣テレビドラマ『モナーク：レガシー・オブ・モンスターズ』（Monarch: Legacy of Monsters）が制作され、「モナークが何年にもわたり、複数のホロウ・アースへのアクセスポイントに気づいていた」ことを立証したのだったが、実際に2015年に3人の人間（メイ、ケイト・ラ

ンダ、カート・ラッセル演じるリー・ショー）が地球空洞に降り立ち、そこでまだ生きているケイコを発見した」ということだった[32]。

エンターテイメント・サイト Cinemablend（2021）のマイク・レイズ（Mike Reyes）によれば、情報が理論化され、あるいは明白に提供されると、エイペックス社は元モナークの科学者ネイサン・リンド博士（アレクサンダー・スカルスゴード）を呼び出す。「ここでレイズは、リンドが安全な学問の世界に引退する前、兄と一緒に〈地球空洞〉に入る冒険に乗り出したが悲しいことに最初の探検は失敗した」と続ける。しかし、シモンズ（デミアン・ビチル）とエイペックス社の助けにより、最終的に地球の空洞への旅は成功したのである[33]。

第5節　陰謀論

本節では、『コング』で重要なサブプロットを形成している現代の陰謀論について考察する。現代の科学をめぐる策略は、特に過激主義と権威主義の台頭する風潮の中で、誤った情報の核心にある。

グローバルな陰謀論が、いかに誤った情報に幻惑された、さまざまな背景を持つ好奇心旺盛な真実を求める人々によって、いかに煽られているかをポッドキャスターであるバーニー・ヘイズは浮き彫りにしている。前述通り、答えを求めるこれらの人々は今、これまで以上に多くのはけ口を持つようになったが、一方で権力者たちは難解なメッセージを広めることで利益を得ている。過去10年間、この二重性は事実の歪みを膨大に生み出してきた。

ソーシャル・メディアの普及に伴い、このような錯覚はさまざまな社会経済層で蔓延している。バーニーは、俗に言う陰謀論者として描かれている。ポッドキャストを使って、自分が直接得た、エイペックス・サイバネティックスという会社の悪事の話をリスナーと共有する。のちに、悪漢エイペックス創設者のシモンズに打ち明けるように、彼はエンジニア、すなわち「暫定レベル２のシステムエンジニア」として雇われることで潜入したことを我々は知ることになる。エイペックスは『コング』で初登場する多国籍技術組織であり、モナークのライバル組織として Gojipedia にも記述されている[34]。2014 年の『GODZILLA ゴジラ』のあらすじで紹介されたモナークは、『コング』ではエイペックスの対極に位置づけられる敵対する組織であり、その主要科学者である芹沢博士とグラハム博士によって、ゴジラを研究するために秘密裏に結成されたことが主人公のフォード・ブロディに明かされている[35]。

　映画の冒頭、デジタル放送で流れるバーニーの声は、「こんにちは、忠実なリスナーの皆さん、TTP、タイタン・トゥルース・ポッドキャストへようこそ。エピソード番号 245」である[36]。これは、彼の人物像を部分的に説明するために設定されたものである。映画の登場人物や観客にとってさまざまな種類のポッドキャストを定期的に聞いたりダウンロードする、米国や世界中の数百万人の人々にとって親しみやすい口調のわかりやすい導入の仕方だ。陰謀論の熱狂的な紹介だけでなく、実録犯罪、政治、セレブニュース、その他の人気テーマに関するポッドキャストでは、また違った盛り上がりを見せる。バーニーのエピソードには「モスラ妊娠説」や「エイペックス追跡者の回避」といったタイトルがついて

いる[37]。今回のエントリーでのバーニーは、他の熱狂的な導入と同様に、不吉な警告を発している。しかも特に緊急性を表現している。「今日がその日だ。たぶん、私が送る最後のポッドキャストだ。先週も、その前の週も、他にも何度かそう言ったことはわかっている。でも、ここが重要なんだ。エイペックス・サイバネティクス社に5年間潜入した後、私はついに挑戦する。何か悪いことが起こっているんだ」[38] と。

コングが地球の極地に運ばれ、エネルギー源を探すためにトンネルに落とされる。この計画は、頭が良い邪悪な人物によって考案されたもので、東宝の大怪獣特撮映画シリーズを知る者にとってはお馴染みの領域だ。これらの悪党は、過去に東宝の映画で、そして現在はレジェンダリーの映画で、政府の重要な裏資源を持っており、不正な目的を達成できるまでエネルギーの存在を隠している。同時に、科学者たちの中には、多くの人が空想だと切り捨てるものに何年にもわたって神秘的な力を探求してきた者がいる。このストーリーは、1967年に東宝スタジオが製作した怪獣映画の名作『キングコングの逆襲』[39] から始まり、レジェンダリー社の『コング』で再び登場する。

2021年のバラエティ誌（*Variety*）ではマシュー・チェルノフ（Matthew Chernov）による『コング』の "10 Easter Eggs and Hidden References"（イースター・エッグ（伏線）と隠された言及）という題の記事の中で、次のように1967年の映画との類似点を指摘する。

　　ドクター・フーという名の悪者科学者がコングをモンド島の棲家から捕獲し、エレメントXと呼ばれる放射性物質を採掘

するために北極に運ぶと述べている。南太平洋の孤島から地球最北端まで大きな猿を運ぶため、ドクター・フーはどんな悪の天才もやりそうなことをする。コングの手足をヘリコプターに繋ぎ、専用船で北極圏まで8,000マイル輸送するのである[40]。

『コング』では、アンドリュース博士は、リンド博士に説得され、コングを使ってエイペックス社のサイバネティクスの大物、シモンズによって検証されたエネルギー源を探すことになる。リンド博士は、シモンズによってタイタンの祖先の故郷である空洞での発電源を探す探検を指揮するように頼まれるのである。

2021年のエンターテイメント・ウェブサイト The Wrap の Phil Owen によると、シモンズがリンド博士をリクルートしたい理由は、リンドが地下空洞に関する専門家であり、シモンズがそこに行きたいと考えているからである。リンド博士と彼の兄弟はそこに到達するための遠征を行うため、探検隊を結成したのである。しかし兄は亡くなり、博士はその後、夢を諦めたらしい[41]。リンド博士はアンドリュース博士を説得し、コングに南極から案内させることにした。コングを乗せたバージとともに、米海軍は航行するが、その途中コングは、ゴジラから壮絶な攻撃を受ける。その後、コングを空洞の入り口まで空輸し、HEAV（チェルノフによれば、Hollow Earth Aerial Vehicle 地球空洞飛行船の略）を使ってトンネル内までコングを追跡する[42]。これはもちろん、東宝の『キングコングの逆襲』（1967）でコングが北極圏に空輸されるシーンをほぼ再現しており、その幻想的なイメージは『コング』でも忠実に再現されている。モナークのチームがヘリとネッ

第 7 章　中心を探して

図 7-3　米国版ポスター（2021）*Godzilla vs. Kong*

トを使ってコングを南極の地中空洞発射基地に運ぶシーンでそれを探してみれば、この映画が東宝映画の画像をそのまま引用したものに最も近いことがわかるだろう[43]（本章扉絵参照）。

　『キングコングの逆襲』と『コング』（後者はシモンズのエイペックス社製メカゴジラの登場で誇大妄想的な筋書きをさらに発展させている）の要素の混合は、科学技術の進歩と権力欲の強い人間の野望との間の緊張を物語っている。利益やその他の無形の政治的・個人的な目的のために、権力を持つ個人や金銭的利害関係者が私たちの世界をあまりにも掌握しすぎている例としてよく挙げられるのが、2024 年の時点では、億万長者のイーロン・マスク

215

である。2023年、歴史家のシヴァ・ヴァイディヤナサン（Siva Vaidhyanathan）はネイション紙（*The Nation*）に、マスクが象徴する脅威についてこう書いている。

> そのユニークさとは裏腹に、世界で最も力を持ち裕福な人々、企業、その他の団体のどれにもなりうる……マスクが21世紀の中心的人物であるのは、彼が通信エコシステムにおける最も重要なリソースのひとつである衛星インターネット接続に対して、異例の新しい形の権力を行使しているからである。彼は、世界中の敏感な場所でのインターネット活動の性質を監視することができる。そして、誰も彼の説明責任や義務を追及する意思も能力もないようだ[44]。

その中には、制御不能なエネルギー源を利用することで支配を狙う暗雲漂う企業や、『キングコングの逆襲』では、核兵器開発のために「エレメントX」を追求するアジアの不可解な政府機関が含まれる。

この物語は、政治と金融の覇権をめぐる現在の世界的な競争、特にアメリカとアジアの間の競争を反映している。それは、今日の政治的対立と同様に、技術革新と侵略がどのような役割を果たしているかを示している。先端技術の戦略的重要性に異論を唱える者はいない。Junfu Zhaoはマンスリー・レヴュー誌（*Monthly Review*）（2021）に「先端技術は、資本主義国家間システムにおいて、国民所得を維持・向上させ、軍事力を強化し、国家の安全を守るための基幹技術である。資本主義間競争や国家間競争の論理は、これらの行為者に、他者に先んじるため、あるいは他者に

遅れをとらないために闘うことを強いるのだ」[45]と書いている。

2020年の「Dollar & Sense」ポッドキャストで、ブルッキングス研究所（The Brookings Institution）フェローの、故デビッド・ダラー（David Dollar）と、ポッドキャストホストでブランダイス大学（Brandeis University）教授のピーター・ペトリ（Peter Petri）は、「中国とアメリカの技術競争について議論した。テクノロジーを全面的に支配することは、あまり合理的ではない。私たちはあまりにも広い世界と複雑な考えを抱えており、それに対処するには莫大な費用がかかる」と述べている[46]。ダラーは「人工知能、5G、いくつかの重要なエレクトロニクス技術に特に懸念がある。では、中国はすでにいくつかの重要な分野で先行しているのだろうか？」と問う[47]。

ダラー氏は、世間一般の認識や美辞麗句を超えた両国間の既存の協力関係に注目する一方で、技術分野における中国の役割について、米国の言説の中で頻繁に持ち出される一般的な疑問を提起した。「アメリカの中国に対する敵意は、中国には知的財産権の保護が行き届いておらず、アメリカの技術が盗まれ、強制的な技術移転が行われているという感覚に根ざしている。これらの技術の中には、国家安全保障に関わるものもある」[48]と。その例として、ダラーは中国の巨大通信インフラ企業、ファーウェイを挙げた。おそらく中国で最も成功している通信企業であろうファーウェイが、いま米中間のホットボタン（論争の的）のひとつになっている。「アメリカは、アメリカ企業、さらには外国企業のファーウェイへの売却を制限するために、かなり異常なことをしてきた」[49]という。

『コング』における環境問題と陰謀論のテーマは、『GODZILLA

ゴジラ』（2014）においても、謎めいた出来事を調査する原子力技師のジョー・ブロディ（ブライアン・クランストン）と同様の形で登場した。これらは、2014年の作品におけるブロディの執拗にメルトダウンの原因を究求する行動につながるのだが、本作におけるバーニーの行動とは異なっている。

　地震がジャンジラ原子力発電所を襲うと、ジョーは妻のサンドラが原子炉を調査している間に制御室に急行し、彼女が中にいるままブラストドアを閉めざるをえなかったという涙の別れに至る。デジタル・エンターテイメント誌 *Collider* の編集者マット・ゴールドバーグ（Matt Goldberg）は、クランストンの役柄について「ジョーは、妻が放射性蒸気によって殺されて以来、1999年の原発事故に関する日本政府の隠蔽工作に取り憑かれた陰謀マニアで、破滅的な原子力技師ジョー・ブロディを演じている。ブロディは、バーニー・ヘイズやマディソン・ラッセルのように、何年も捜査に費やした。彼は自宅の一室を、『ビューティフル・マインド』（*A Beautiful Mind*, 2002）のジョン・ナッシュの部屋を彷彿とさせるような切り抜き、地図、ラジオで埋め尽くされた陰謀に満ちた空間に変え、家族から距離を置かれるようになったのだった」[50]と書いている。

　本作を早送りすると、バーニーはペンサコーラで同じような生活環境にいる。「中年オタク」のセバスチャンが長年公開しているブログ「中年オタクのつぶやき」によく書かれているように、マディソンとオタクの友人ジョシュ、通称「タップ・ウォーター」（ジュリアン・デニソン）は、結局のところ彼が本物だという思い込みのもと、陰謀論者のポッドキャスターのバーニーを探し出す。彼の大量の漂白剤で入浴するという衛生習慣から、2人は引きこ

もりがちなバーニーの居場所を突きとめ、ペンサコーラにあるエイペックスの施設を襲撃するゴジラを引き寄せた、謎の大プロジェクトの真相に迫るべく、彼の奇想天外な探求に加わることに同意する[51]。

第 6 節 『GODZILLA ゴジラ』と『シン・ゴジラ』の陰謀論との比較

　ハリウッド版『GODZILLA ゴジラ』（*Godzilla*, 2014）に話を戻すと、2010 年に脚本の執筆が始まり、2013 年にはほぼ完成していたが、この間に日本で福島第一原発事故が発生した。東宝の『シン・ゴジラ』（2016）がこの事故を深く掘り下げた一方で、2014 年の米国のリブート版は、原子力発電所で地震が起こるというストーリーでこの災害に反響している。2014 年 3 月のアトミック・インサイト（the Atomic Insights）のブログで、寄稿者のレス・コリス（Les Corrice）は、「映画の数分後には原子力発電所が大地震に襲われ、施設全体とそのタワーが崩壊したように見える」と書いている[52]。

　映画では、その後 15 年間、壊滅的な被害を受けた原子力発電所の周辺は放射線レベルが高いため、政府によって事実上立ち入り禁止区域とされる。実際の福島との類似は明らかだった[53]。その後のシーンでは、ブロディが原発事故が妻の死の原因ではないとなぜ信じているのかが紹介される。「2011 年 3 月に福島で起きた出来事について、この映画が意図的に世間にアピールしていると最初に感じたのは間違いだった……しかし、福島原発事故に対する日本の反応と対応には、もうひとつ微妙な（そして現実的な）

類似点があった。日本の原発事故は、政府によって、本当の災害である 2011 年 3 月 11 日の地震と津波から世界の目をそらすためにうまく利用されたのである」[54]。

　官僚主義的な日本政府に対する地元の不信感は、東宝の『シン・ゴジラ』（2016）でも大きく取り上げられている。後にゴジラであることが明らかになる破壊的な生物の東京出現の際に描かれる、何時間も何日も前に進めない政府の不作為は、福島原発事故に対する政府の対応に対する心情とよく似ているのである。2017 年 8 月の英国のガーディアン紙（*The Guardian*）は「怪獣は自然でも空想でもない。官僚主義、具体的には日本の硬直した公務員たちである。彼らのほとんどは、おそろいのチャコールスーツを着た男たちで、自分たちのキャリアを守り、人命を救えるかもしれない決断をするリスクを冒すことなく、儀礼に従うことを気にしすぎている。彼らにとって責任とは、何としてでも回避されるべきものなのだ」と分析する[55]。原発のメルトダウンにしろ、それを引き起こした地震と津波にしろ、官僚たちは注意をそらした。日本の外でさえ、福島に関する陰謀論は広く盛んになった。中でも、一覧記事のサイトであるリストバース（*List verse*）（2020 年 9 月）では「災害に関するトップ Top 10」の 8 位として紹介された。

　2012 年に自称元国家安全保障局のアナリストであるジム・ストーン（Jim Stone）が発表した説は、福島の事故全体がイスラエル政府によって扇動された核戦争行為だと信じているというものだった。9000 語に及ぶ彼の説は、日本の地震はイスラエルが日本の「イラン向けウラン濃縮」を阻止するために爆発させた核爆発であったというものである[56]。

　『GODZILLA ゴジラ』（2014）は、福島に似た、ものを取り巻

第7章　中心を探して

く回避行動とそれに関連する陰謀論を描くという点で、映画の領域では時代を先取りしているだろう。バーニー・ヘイズのように、ジョー・ブロディも未知のものに取り憑かれている。両者とも狂気に近いスパイラルに陥り、対象を執拗に追い求め、閉所恐怖症のような環境に潜り込んで秘密の研究を行い、真実を発見したことによって排斥に直面する。これは日本のみならず世界中の大怪獣映画で長い間探求されてきたテーマである。ジャンジラ工場で起きたことに関する陰謀論的な戯言は、個人によって採用され、世界中のさまざまな文化圏で無数の情報源を通じて拡散される、多くの類似したネット上の陰謀と変わらないのである。

　それらはまた、謎めいた地球規模のタイタン（大怪獣）の出現に対する反応にも似ているし、また行動のある時点では、『ゴジラ キング・オブ・モンスターズ』（2019）に登場するモナークのリック博士が地球の中心にある当時の謎めいた古代世界について考えを巡らせたり、『コング』に登場するバーニーのエイペックスに対する病的とも言える執拗な行為とも似ていなくもない。劇的な発電所のシーンから15年後、『GODZILLA ゴジラ』において現代のシーンに戻ると、私たちは、ジョー・ブロディがこの答えを探すためにまだ日本にいて何度も閉鎖された発電所を訪れ、ずっとその答えを探して時間を費やしてきたことを知るのである。

　2021年10月に更新されたエンターテイメント・ウェブサイトLooper.comの記事に詳述されているように、バーニーの陰謀論的な焦点は、エイペックス社が全従業員を監視しているという彼の思い込みをもとに展開している。彼はまた、UFOが墜落したとされるロズウェル事件はモナークの事件であり、政府は人々をおとなしくさせるために水道水にフッ素を入れていると信じている。

221

彼は妄想しているのか？　彼は正しいのだろうか？　このことは、化学物質やテクノロジーによって人間が強制的に従順にされ、コントロールされて、そのために個人の主体性が抑圧され、搾取を受動的に受け入れていると促すことによって、環境保護主義の破綻に寄与しているのであると示唆しているのかもしれない。

　人々がおとなしくなるにつれて、持続不可能な慣行に対する抵抗力が弱まり、生態系や天然資源の野放図な劣化を許してしまう。おそらくバーニーの世界観は、彼の周囲で起こる出来事への反応や想像力の行き過ぎによって引き起こされているのだろうが、それと同時に、バーニーの妻サラが亡くなり、彼が武器ではなくシングルモルトウイスキーの入ったフラスコを常に携帯していることも、多少なりとも影響しているのだろう[57]。

　『コング』にも、地球上の現実の隅々にも我々の政治意識の中にも、事実と陰謀論が同居するグレーゾーンが存在するのだろうか？バーニーの認識に関する最終的な真実が何であれ、エイペックス社とモナークの両方が監視し実験していた、あるいはしているタイタンに関する彼の推測の中で、彼が何かを掴んでいたことを私たちは映画の中で知ることになる。このメッセージの多くは、今日の世界的な政治情勢に見られる、最終的に事実と判明するものもあれば、捏造と判明するものもある、混同されたメッセージと比較することができる。COVID-19 のパンデミックとその起源に関しても、前述したように、似たような一見空想的な陰謀が登場した。この多くは、世界的なポピュリズムに見られるプロパガンダ的なメッセージ、特に米中間のような世界的大国間の対立における「我々対彼ら」という構図と結びつけることができる。

　『コング』は、バーニーの内面化された、おそらく空想的で、お

そらくトラウマに起因する世界を、フェイクニュースにもリアルニュースにも結びつけている——自分の世界観をもとにどちらの定義でも意味があるものを採用しながら——。これは、規模の違いはあれど、個人的な情報が混乱する小規模な衝突から多国籍の対立に至るまで、パラノイアが引き起こすことが証明されたことと何ら変わらない。映画は、超大国間の衝突が現実のものであれ、認識されたものであれ、あるいはその両方であれ、それがバーニーが成長する過程であることを明示している。ゴジラはペンサコーラ近くの水域に現れ、強力な怪獣——映画でアンドリュース博士が説明するところによると、もう一匹の「アルファ・タイタン」であるコングと共に——が、後にバーニーから、そして展開される出来事を通じて、何かによって反応し、それを見つけて破壊しようとすることが明らかになる。その後、ウォルター・シモンズが資金を提供したコングのエイペックス・ミッションにまつわるさらなる出来事が起こり、その戦略的冒険にコング、アンドリュース博士、幼いイー（ウィス）族であるジア、地質学者のネイサン・リンド博士（アレクサンダー・スカルスゴード）が同行し、後にシモンズの娘でエイペックス幹部のマイア（エイザ・ゴンサレス）も加わる。しかし、バーニー、マディソン、ジョシュが関わるこの映画のもうひとつの主要な筋書きは、すぐに彼らをエイペックス社の敷地にある謎の地下基地に連れて行く。

　こうした登場人物はマディソンを通してレジェンダリー社のモンスター・ヴァースに継続性を与え、しばしばコミカルな登場人物として、またバーニーの陰謀によってユーモアと実質的な社会政治的コメントの両方を提供する。しかし、エイペックス社の地下施設に入ると、彼らはすぐに香港に連れ去られ、最新式の地下

車両で地球の裏側まで数分で運ばれてしまう。そして彼らはそこでエイペックス社がロボットのタイタン、メカゴジラを生み出していたことを知る。映画の序盤、フロリダ滞在中にポッドキャストで語ったバーニーの「怪しい技術」説は、ゴジラをモデルにしたこの怪獣メカの構想で現実のものとなり、生身のタイタンに対抗するために作られたことは間違いない。

また、スカルクローラーの卵を発見するシーンでは、後にメカゴジラの破壊能力をテストするための餌であることが判明する。これは、東西の軍事力の類似性を非常に明確に表している。中国は、超兵器を持つ超大国でありながら、米国と東方（アジア）の国々との競争の一環として解釈される、世界規模の陰謀団体（Cabal）の一つの創造物である可能性もある。また、一部の人々によれば、合法的な団体でも、またプロパガンダに基づいた策略としても、国境を越えた、テクノロジーと兵器の超資本主義的なグローバリゼーションである可能性もあるのである[58]。

2021年12月、サウスチャイナ・モーニング・ポスト紙（*The South China Morning Post*）は、コロナ禍の期間中、米国を筆頭とする世界最大の武器生産国100社による昨年の販売総額の13%を中国の5社が占めたと報じた[59]。ロシア・トゥデイ放送局（RT）のマイケル・マキャフリー（Michael McCaffrey）は、映画の3番目の怪物メカゴジラは、私たちすべてを支配しようと画策しているハイテク界の企業タイタンの代表であり、コング（アメリカ）とゴジラ（中国）は、一見万能に見えるグローバリストのハイテク巨大企業を阻止するために協力しなければならない、という説を付け加えている[60]。

「誰が誰に頭を下げるのか？」メカゴジラはまた、人工知能のよ

うな力に伴うリスクのメタファーと見ることもできる。世界の大国が作り出した壊滅的な爆弾と同様に、こうした力がいかに紛争を引き起こす可能性があるかを浮き彫りにしている。自然界と人類が、最終的に破滅をもたらす可能性のある人工的な力とどのように絡み合うかを示しているのである。

『コング』のクライマックスは、二体の怪獣とメカゴジラの香港での壮絶な戦いである。コングとゴジラの先行のバトル以来の興奮に包まれながら、まずゴジラがメカゴジラと対峙する。Anna Menta は 2021 年 3 月のポピュラー・カルチャーのウェブサイト Decider にこう書いている。

> ゴジラはメカゴジラと戦ってきた。メカゴジラは、エイペックス・サイバネティクス社によって秘密裏に作られたゴジラと闘うための方法なのである。ゴジラは単独でメカゴジラを倒せるほど強くないが、ジアの助言に従って、コングはゴジラと敵対するのではなく、共に戦うためにゴジラに合流する。映画公開前からファンの間ではよく言われていたことなので、これを聞いても驚かない人も多いだろう[61]。

激しいライバル関係にもかかわらず、ゴジラとコングは最終的に団結してメカゴジラを倒す。メカゴジラはもちろん、人間の傲慢さを象徴する人間が作り出した脅威である。戦いの後、ゴジラは頂点捕食者としての役割を取り戻し、地球の自然秩序に対する支配を主張する。一方、コングは祖先の故郷である地球空洞に戻り、そこで調和を見出し、王として君臨する。両タイタンは、自然の生々しく制御不能な力を体現し、それぞれの領域にバランス

を取り戻し、かつて破壊した世界との共存と覇権を再確認する。これらの巨大な自然の力は、人間が作り出した機械ではなく、人間の干渉によって変異したものにとってさえも、比類のない無敵の存在であり続ける。

　人新世と私たちのつながりについて、Don Kaye は 2021 年 3 月にエンターテイメント・ウェブサイトのデン・オブ・ギーク（Den of Geek）で次のように書いている。

　　脚本家のマックス・ボレンスタイン（Max Borenstein）は、レジェンダリー社の怪獣によって具体化されるテーマについて、ゴジラとコングは、世界中を飛び回り、行き当たりばったりでみんなと触れ合い、騒動と混乱を引き起こすことができる、スケールの大きい怪獣であり、グローバル化した世界では、良くも悪くもみんなつながっていることを明らかにしてくれる。私にとって、それがこの映画の本質なんだと言っている[62]。

　レジェンダリー社の続編『ゴジラ×コング　新たなる帝国』（*Godzilla × Kong: The New Empire*, 2024）は、進化するモンスター・ヴァースの神話をさらに発展させ、環境と存亡の脅威がエスカレートする中、地球を守る戦いではゴジラとキングコングを不本意な同盟として団結させる。『コング』の登場人物を含め、モンスター・ヴァースに登場したこれまでのキャラクターのほとんどは、大した説明もないまま姿を消した。現在は、アンドリュース博士と彼女の養女ジアに焦点が当てられ、バーニー・ヘイズは、世界的な存在であるにもかかわらずタイタンを誰も信じていない

ことをいまだに不可解に思っている陰謀論者として戻ってきたのである。

映画は、コングが失われた支配権を取り戻そうとする原初の地底世界である地球空洞についてさらに展開する。新たな脅威、特に氷を吐く巨人シーモを操り、コングの主権に挑戦する手強い巨大猿スカーキングが登場する。ニューヨーク・タイムズ紙のエスター・ズッカーマン（Esther Zuckerman）は次のように述べている。

この映画は他の何よりも怪獣に気を配っているという。アダム・ウィンガード（Adam Wingard）監督の漫画調（ゴジラがピンク色に染まる一方で、コングと一緒に骨の鞭でスカー

図7-4 *Godzilla x Kong: The New Empire*（2024） DVD表紙

ル王という巨大な悪猿と戦う）を考えれば、人間の犠牲についてあまり触れていないのも納得がいく。それにしても、破壊のレベルがあまりに桁外れで、大いに愉快だ[63]。

　しかし、例えばゴジラは自らの生存の危機に直面し、放射能を吸収し、タイタンのティアマトを殺してパワーを増幅させ激変する。人新世を背景にしたこの映画は、人類が引き起こした環境悪化に支配されたこの地質学的時代を反映しており、タイタンは人類の影響に対する自然の反応を体現しているのである。
　ローマやリオデジャネイロのような都市でのゴジラとコングの戦いは、地球環境危機のメタファーを喚起し、双方を破壊と保全の両方の力として位置付けている。彼らの闘いは、気候変動、大規模な絶滅、自然災害を通じた自然の猛威が、人類の持続不可能な行動を警告する一方で、自然の回復力とバランスをとることで希望を与えるという、人新世の現実世界の結末と呼応している。
　2021年の『コング』に話を戻すと、筆者は世界で最も人口の多い地域のひとつであるニューヨークのマンハッタンに住んでいる。2020年3月、ニューヨークはCOVID-19パンデミックの震源地となり、完全封鎖に至った。2021年3月までにビジネスは徐々に再開されたが、人口が密集していたため、平常に戻るのは遅れた。シャットダウンについては政治的な意見の相違があり、その対応を政治的な動機によるものと見る者も多かった。多くの住民は冷蔵トラックに積まれた遺体のシーンなど、パンデミック初期の衝撃がトラウマとなり、2021年に映画館に戻ることに消極的だった。同じように躊躇していた私は、当時のHBOマックスで『コング』を自宅で鑑賞し、大画面用にデザインされた映画であるにもかか

第 7 章　中心を探して

わらずその映像と音響システムを小さな画面で楽しんだのだった。
　『コング』が公開されたとき、この映画の監督であるアダム・ウィンガードは、フィルム・レビューサイトである RogerEbert.com のニック・アレンに、「SF スペクタクルの大作が、そもそも私が映画製作にのめり込んだ理由だと思う」と語った。この映画は、ウィンガード監督にとって、「費用がかからず、参入障壁の少ないインディーズ映画を経て、初の大予算ハリウッド映画となった」[64] 作品だったのである。彼は新しい仕事について、「純粋なイマジネーションで仕事ができるのは素晴らしい経験だと語った」[65] のである。アリッサ・ウィルキンソン（Alissa Wilkinson）は、ウェブサイト Vox の 2021 年の映画批評で次にように述べている。

　　映画製作者たちが面白さを強調しすぎたために、象徴的なテーマをさらに発展させる機会を逸してしまった……心に残る残念なところは、ハリウッド・マシンがゴジラとコングの隠喩的な次元について考えることに明らかに無関心なことだ。（分かってる、分かってる。これもアリッサの言葉）[66]

　1950 年代に日本映画でゴジラが登場して以来、ゴジラは原爆、アメリカ帝国主義、自然災害、自国の帝国主義の歴史に対する日本人の忘却など、さまざまな問題を代弁してきた。ゴジラ映画の中には、明るく愉快で変なものもあれば、少し憂鬱なものもある。同様に、コング映画にも、人種差別的な風刺画から植民地主義や西洋の破壊に関する寓話まで、さまざまなものがある。しかしそのような期待に沿うかのように、ウィルキンソンの記事のタイトルは「ゴジラ対コングは穴だらけだが、超楽しい」だった。当時

229

パンデミックに見舞われ、世界的に極端なナショナリズムがエスカレートし、気候変動が否定され、国際紛争が起こるなど騒然としていた1年後には、大きくて、楽しくて、騒々しくて、美しい映画が必要だったのだ。

その結果、興行成績と観客の評価は、世界の映画産業の再スタートに近いものとなった。ウィルキンソンは次のように説明する。

> 私はこの映画を観るのが大好きだった。IMAX スクリーンで見たかった……。『コング』は、物語上のロジックには欠けているものを、視覚的な面白さ、さらには想像力で補っている。そしてストーリーの脈絡のためにイメージを犠牲にする映画が今や多くを占めるこの業界では、こうした面白さがあまりにも欠けている[67]。

2021年3月にエンターテイメント・サイト Pajiba に掲載された Jason Adams の次の映画評は、この感情をよく捉えている。

> 今、怪獣映画を観に行くときに求めるのは、あの場所に、創造と破壊のイマジネーションに満ちた考え方に、指先ひとつで戻れるような小さな休暇だ。本当にそれだけだ……地球が私の足元で揺れ、タワーや都市や石が星空に舞い上がり、手を伸ばせば何かにぶつかるようなめくるめく光景を感じたい[68]。

『コング』は実に愉快なエンターテインメントだが、公開されたのは世界的に不安定な時期だった。歓喜に満ち溢れ、物を破壊し

爆破する一方で、人類が環境に与える影響、自然とテクノロジーの進歩の間の緊張を強調し、地政学的な争いや陰謀について警告している。これらのテーマは、産業革命から急速な工業成長、20世紀半ばの核実験、そして今日のAIのようなテクノロジーの計り知れない影響に至るまで、人間の活動が地球の未来を劇的に左右し、あるいは形成するであろう「人新世」の時代を反映している。

引用注

1) "GODZILLA VS. KONG" | Rebecca Hall "Ilene Andrews" On-set Interview. Shared on the FilmIsNow Movie Bloopers & Extras YouTube Channel, 27 March 2021. https://youtu.be/QTWvt8nvzdg
2) McCaffrey, Michael. "'Godzilla vs Kong' is a metaphor for the battle between China and the US, and guess what? Hollywood kisses both their asses," RT.com/Autonomous Nonprofit Organization "TV-Novosti", 1 April, 2021. https://www.rt.com/op-ed/519822-godzilla-kong-metaphor-china-us/
3) Berkowitz, Joe,. "Godzilla vs. Kong' reveals America's conflicted feelings about its monstrous sins," Fast Company & Inc/Mansueto Ventures, LLC, 31 March, 2021. https://www.fastcompany.com/90620558/godzilla-vs-kong-hbo-max-america-conflicted-feelings-monstrous-sins
4) Jedicke, Philipp. "King Kong: A brief history of a 90-year-old movie icon," Deutsche Welle(DW), 2 March 2023.(King Kong 90th Anniversary article.) https://www.dw.com/en/king-kong-a-brief-history-of-a-90-year-old-movie-icon/a-64854235
5) Wilkinson, Alissa. "Godzilla vs. Kong is full of holes but fun as hell," Vox.com/Vox Media, 30 March, 2021. https://www.vox.com/22356444/godzilla-kong-review
6) Ibid.
7) Ibid.
8) McCaffrey, Michael. "'Godzilla vs Kong' is a metaphor for the battle between China and the US, and guess what? Hollywood kisses both their asses," RT.com/Autonomous Nonprofit Organization "TV-Novosti", 1 April, 2021. https://www.rt.com/op-ed/519822-godzilla-kong-metaphor-china-us/

9) Hyde, Tom. "Godzilla and Environmental Pessimism." Merion West, 15 June 2019. https://merionwest.com/2019/06/15/godzilla-and-the-doctrine-of-environmental-pessimism/

10) Walser, Andrew. "How Madison Recognized The Skullcrawlers In Godzilla vs Kong." ScreenRant, 5 April 2021. https://screenrant.com/godzilla-vs-kong-skullcrawlers-madison/

11) Di Placido, Dani. "'Godzilla: King Of The Monsters' Looks Like A Climate Change Catastrophe." Forbes, 10 Dec 2018. https://www.forbes.com/sites/danidiplacido/2018/12/10/godzilla-king-of-the-monsters-is-an-ecological-horror-story/?sh=55a4955b251f

12) Holmes, Charles. "Scientists Debate Who Would Really Win Godzilla vs. King Kong." The Ringer, 5 April 2021. https://www.theringer.com/movies/2021/4/5/22367270/godzilla-vs-kong-scientists-paleontologists

13) Watanabe, K.F. "Kaiju Look: Godzilla's radioactive origins." The Baffler, 20 February 2024. https://thebaffler.com/latest/kaiju-look-watanabe

14) Ibid.

15) Green, Matthew. "Godzilla: from radioactive colossus to unlikely climate hero." Reuters, 4 June 2019. https://www.reuters.com/article/idUSKCN1T51XP/

16) Woodbury, Zhiwa. EcoPsychology NOW! https://ecopsychologynow.blog

17) Debus, Allen A. "Kong, Godzilla and the Living Earth: Gaian Environmentalism in Daikaiju Cinema." Pp. 192. (C) McFarland, 2022. https://www.google.com/books/edition/Kong_Godzilla_and_the_Living_Earth/P4l0EAAAQBAJ?hl=en&gbpv=1&dq=godzilla+vs.+kong+anthropocene&pg=PA192&printsec=frontcover

18) Ibid.

19) McCaffrey, Michael. "'Godzilla vs Kong' is a metaphor for the battle between China and the US, and guess what? Hollywood kisses both their asses." RT.com, 1 April 2021. https://www.rt.com/op-ed/519822-godzilla-kong-metaphor-china-us/

20) Delgado, Noah. "'Godzilla vs. Kong' honors the legacy of the original Kaiju film." The State Press, 30 March 30 2021. https://www.statepress.com/article/2021/03/specho-review-godzilla-vs-kong

21) Ibid.

22) Raymond, Charles Nicholas. "MonsterVerse's Hollow Earth Explained: Godzilla & Kong's Titan Home." ScreenRant,(Updated) 14 January 2024. https://screenrant.com/hollow-earth-godzilla-kong-titan-home-monsterverse-history-explained/

23) Raymond, Charles Nicholas. "Godzilla's Underwater City Is MonsterVerse's Oldest Ancient Civilization." 20 November 2019. https://screenrant.com/godzilla-underwater-city-hollow-earth-old-monsterverse/

24) Raymond, Charles Nicholas. "MonsterVerse's Hollow Earth Explained: Godzilla &

第 7 章　中心を探して

Kong's Titan Home." ScreenRant,（Updated）14 January 2024. https://screenrant.com/hollow-earth-godzilla-kong-titan-home-monsterverse-history-explained/
25）Ibid.
26）Knight, Rosie. "Godzilla vs. Kong: The Hollow Earth Theory Explained." IGN, 1 April 2021. https://www.ign.com/articles/godzilla-vs-kong-hollow-earth-explained
27）Simon, Matt. "Fantastically Wrong: The Legendary Scientist Who Swore Our Planet Is Hollow." Wired, 2 July 2014. https://www.wired.com/2014/07/fantastically-wrong-hollow-earth/
28）Duralde, Alonso. "'Godzilla vs. Kong' Film Review: Larger-Than-Life Opponents Clash in a Smaller-Than-Life Story." The Wrap, 29 March 2021. https://www.thewrap.com/godzilla-vs-kong-film-review-2021-monsterverse/
29）Ibid.
30）Raymond, Charles Nicholas. "All Known Hollow Earth Entrances In Godzilla's MonsterVerse." ScreenRant, 3 December 2023. https://screenrant.com/monsterverse-hollow-earth-entry-points-locations/
31）Raymond, Charles Nicholas. "MonsterVerse's Hollow Earth Explained: Godzilla & Kong's Titan Home." ScreenRant,（Updated）14 January 2024. https://screenrant.com/hollow-earth-godzilla-kong-titan-home-monsterverse-history-explained/
32）Ibid.
33）Reyes, Mike. "Godzilla Vs. Kong: Hollow Earth Explained." Cinemablend, 17 April 2021. https://www.cinemablend.com/news/2565793/godzilla-vs-kong-hollow-earth-explained
34）Ref. "Apex Cybernetics," Gojipedia.com/A FANDOM Movies Community. https://godzilla.fandom.com/wiki/Apex_Cybernetics
35）"Godzilla（2014），" Kaijubattle.com/Kaiju Battle, 16 May 2014. https://www.kaijubattle.net/kaiju-movie-database/godzilla-2014
36）"Godzilla vs. Kong(2021). Brian Tyree Henry: Bernie Hayes" IMDB.com, Inc. https://www.imdb.com/title/tt5034838/characters/nm3109964
37）Guzzetta, Désirée. "Things You Only Notice In Godzilla Vs. Kong A Second Time," Looper.com/Static Media®, Updated, 18 October, 2021. https://www.looper.com/412968/things-you-only-notice-in-godzilla-vs-kong-a-second-time/
38）Ibid.
39）Ibid.
40）Chernov, Matthew. "'Godzilla vs. Kong': 10 Easter Eggs and Hidden References" Variety, 31 March 2021. https://variety.com/2021/film/news/godzilla-vs-kong-easter-eggs-hidden-references-1234942012/
41）Owen, Phil. "The Plot of 'Godzilla vs Kong' Explained." The Wrap, 4 April 2021. https://www.thewrap.com/the-plot-of-godzilla-vs-kong-explained-hollow-earth/

233

42）Chernov, Matthew. "'Godzilla vs. Kong': 10 Easter Eggs and Hidden References" Variety, 31 March 2021. https://variety.com/2021/film/news/godzilla-vs-kong-easter-eggs-hidden-references-1234942012/
43）Ibid.
44）Vaidhyanathan, Siva. "Elon Musk's Real Threat to Democracy Isn't What You Think." The Nation, 11 December 2023. https://www.thenation.com/article/society/elon-musk-democracy-threat/
45）Zhao, Junfu. "The Political Economy of the U.S.-China Technology War." Monthly Review, 1 July 2021. https://monthlyreview.org/2021/07/01/the-political-economy-of-the-u-s-china-technology-war/
46）Petri, Peter A. & Dollar, David. "The US-China tech rivalry shapes the economic relationship"
The Brookings Institution, 8 June 2020. https://www.brookings.edu/articles/the-us-china-tech-rivalry-shapes-the-economic-relationship/
47）Ibid.
48）Ibid.
49）Ibid.
50）Goldberg, Matt. "'Godzilla vs. Kong': 51 Things We Learned While Visiting the Set of the MonsterVerse's Epic Smackdown," Collider.com, 22 February, 2021. https://collider.com/godzilla-vs-kong-plot-details-characters/
51）Sebastian, A Middle Aged Geek. "Godzilla vs. Kong"（2021）delivers exactly what it promises, nothing more…" 1 April 2021. https://musingsofamiddleagedgeek.blog/2021/04/01/godzilla-vs-kong-2021-delivers-exactly-what-it-promises-nothing-more/
52）Corrice, Les. "The Godzilla Movie and the Parallel with Fukushima," Atomicinsights.com/Atomic Insights, 8 June 2014. https://atomicinsights.com/godzilla-movie-parallel-fukushima/
53）Ibid.
54）Ibid.
55）Kelts, Roland. "Godzilla shows Japan's real fear is sclerotic bureaucracy not giant reptiles," Theguardian.com/Guardian News & Media Limited, 21 August 2017. https://www.theguardian.com/commentisfree/2017/aug/21/resurgence-shin-godzilla-japanese-culture-film-japan
56）Listverse 'Weird Stuff' by Estelle. "Top 10 Conspiracy Theories About Disasters," Listverse.com/Listverse, Ltd. 7 September 2020. https://listverse.com/2020/09/07/top-10-conspiracy-theories-about-disasters/
57）Piedra, Xavier. "The Chekhov's Gun You Didn't Notice Early In 'Godzilla Vs. Kong'," Looper.com/Static Media®, Updated, 2 April 2021. https://www.looper.

com/372450/the-chekhovs-gun-you-didnt-notice-early-in-godzilla-vs-kong/
58) Definition: "Cabal." Merriam-Webster, Incorporated. https://www.merriam-webster.com/dictionary/cabal
59) Huang, Kristin. "Chinese weapon makers take second biggest share of global sales as industry avoids pandemic slump," SCMP.com/South China Morning Post Publishers Ltd., Updated, 6 December 2021. https://www.scmp.com/news/china/military/article/3158678/chinese-weapon-makers-take-second-biggest-share-global-sales
60) McCaffrey, Michael. "'Godzilla vs Kong' is a metaphor for the battle between China and the US, and guess what? Hollywood kisses both their asses," RT.com/Autonomous Nonprofit Organization "TV-Novosti", 1 April, 2021. https://www.rt.com/op-ed/519822-godzilla-kong-metaphor-china-us/
61) Menta, Anna. "'Godzilla Vs. Kong' Ending Explained: Who Wins, Who Dies, Who Tells Their Story." Decider/NYP Holdings. 31 March 2021. https://decider.com/2021/03/31/who-wins-in-godzilla-vs-kong-2021-ending-explained/
62) Kaye, Don. "Godzilla vs. Kong Ending Explained." Den of Geek, 31 March 2021. https://www.denofgeek.com/movies/godzilla-vs-kong-ending-explained/
63) Zuckerman, Esther. "In 'Godzilla x Kong,' They Came. They Pounced. Who Suffers?" The New York Times. 1 April 2024. https://www.nytimes.com/2024/04/01/movies/godzilla-kong-destruction.html
64) Ibid.
65) Allen, Nick. "Pure Imagination: Adam Wingard on 'Godzilla vs. Kong'," RogerEbert.com/Ebert Digital LLC., 29 March, 2021. https://www.rogerebert.com/interviews/godzilla-vs-kong-adam-wingard-interview
66) Wilkinson, Alissa. "Godzilla vs. Kong is full of holes but fun as hell." Vox, 30 March 2021. https://www.vox.com/22356444/godzilla-kong-review
67) Ibid.
68) Adams, Jason. "Review: 'Godzilla vs Kong' Made My Inner Child Feel Ten Stories Tall." Pajiba, 30 March 2021. https://www.pajiba.com/film_reviews/review-godzilla-vs-kong-made-my-inner-child-feel-ten-stories-tall.php

第8章
われわれが病原菌なのだ
――静野・瀬下監督のアニメーション映画『GODZILLA』三部作とドハティ監督の『ゴジラ キング・オブ・モンスターズ』におけるエコファシズム

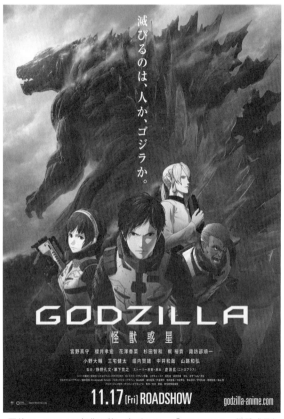

扉絵8 アニメ三部作の第一章ポスター『GODZILLA 怪獣惑星』
© 2017 TOHO CO., LTD.

ジークムント・C・シェン
Sigmund C. Shen

"Look at China, how filthy it is. Look at Russia, look at India-it's filthy. The air is filthy" – Donald Trump
「中国を見ろ。なんて汚いんだ。ロシアを見ろ。インドを見ろ。汚い。空気が汚染されている」——ドナルド・トランプ

"Save trees, not refugees." – Neo-Nazi website（The Daily Stormer）
「森林を救え、避難民ではないぞ」——ネオ・ナチのウェブサイト「デイリー・ストーマー」（The Daily Stormer）

序説

2020年の人気のあるインターネット・ミームでは、「地球は回復しつつある」や「われわれ自身がウィルスなのだ」などという見出し（キャプション）がさまざまな画像につけられた類のものが急速に広まった。こうしたミームは、パンデミックによって人間の産業活動が鈍化したことで「自然が回復してきている」ことを示していた。その一例が、風刺バージョン（図8-1）である。浸水した町の画像には明らかに偽物のネッシーが加工されて写っている。人間が及ぼす環境への影響を茶化したこのミームは皮肉にも「人間嫌い」を映し出す。

世界的な気候変動の危機が深刻化する中、米国ではこのような

図 8-1　インターネット・ミーム

皆がロックダウンに入り、自然は回復する機会を得ている。野生の動物はようやく自然の棲家に戻りつつある。スコットランドのインヴァネス（Inverness）を見ればわかる。地球は癒されている。われわれがウィルス（感染源）なのだ。

Conor：Source:
https://twitter.com/lilpiri/status/1244927458186596353/photo/

「エコファシズム」（ecofacism）を助長するメディアのメッセージが急増したため、その発信源を特定し抗うことがいっそうの急務となってきている。この用語は、地球生態系に関する懸念と、社会的公正と人権に対する配慮との間の分断（二項対立）を暗示する「人間嫌いの物語」（misanthropic narratives）を指す言葉として漠然と使われている。こうした語り（物語）は、裕福な西欧諸国によって頻繁に採用されているが、グローバル・サウスの人々の生存と経済的繁栄を否定したり、嘲笑したりするために使われることが非常に多い。

エコファシストの表現は、21世紀の環境不安ばかりだけでなく、環境保護主義者の比喩表現や道徳観など感情に訴える力を右派のイデオロギーや公共政策へと利用しようとするマスメディアの物語の中にも見出される。このファシスト的傾向は、現代の歴史的な瞬間に人種差別、優生思想、軍国主義、企業主義、そしてナショナリズムを通して明らかに表現されてきた。2020年には、コロナ禍をきっかけに、インターネット・ミームによって「いかに自然

が癒やされているか」というエコファシストによる物語が広まり、それと同時に権威を振り翳すリーダーたちが右派のナショナリズムや反移民的でヒステリックな言動によって環境不安を煽るようになってきた。

　これはまさしくかつてナチスが行ったことだ。有名なプロパガンダ監督のレニ・リーフェンシュタール（Leni Riefenstahl）は祖国の森林の美や雄大な風景を映画化することによって、ヒトラーの「ドイツを再び偉大な国家に」という演説にユートピア的な壮大さを加えたのだった。

　一方で、ますます顕著となってきた地球規模の温暖化による災害や気候変動による難民の増加を受けて、この環境保護色の強い、しかも厭世的な風潮は、すでに 2020 年以前のゴジラ映画にそっくりそのまま反映されている。例えば、静野孔文と瀬下寛之の両監督によるアニメーション映画『GODZILLA』三部作（2017-2018、以降「三部作」と記す）の中のゴジラは、これまでのどの作品よりも文字通り、地球生態系のアバターである。人類の文明に対するカルマ的な復讐（因果応報）は、人類にまず地球を諦めさせ、それから宇宙人と同盟関係を結ぶことを選択した侵略する移住者として地球に帰還するように促すのである。また、マイケル・ドハティ（Michael Dougherty）監督の『ゴジラ　キング・オブ・モンスターズ』（*Godzilla: King of the Monsters,* 2019）の中では、ヴェラ・ファーミガ（Vera Farmiga）演じる科学者でもあるエコテロリストが、人類こそが地球を蝕む病原菌であり、その治療法はゴジラと他の巨大怪獣との同盟による大量虐殺であると告げている。

　このような映画の物語は、一方で「環境保護主義者」の同情に

訴えかけるような通念や誤った考えと共存し、それらを反映し正当化する。他方で貧困層や白人でない人種をスケープゴートにして悪者にし、石油国家や化石燃料産業の不均衡な富と権力から注意をそらすよう働くのである。映画の流れの世界的変化は決してゴジラ映画に限ったものではない。だが、第1章でフルーグフェルダー氏が論じたように、このシリーズが子どもたちへ働きかける力の大きさや、環境保護主義者の懸念と長年関わってきたこと、そしてその結果、将来の世代に影響を及ぼす可能性があることから、環境批評の研究者と懸念するファンが一緒にこの傾向の明らかな部分と危険性について話し合うべきだろう。

第1節　呪われた方舟

ゴジラ研究者ウィリアム・M・ツツイ（William M. Tsutsui）の回顧録『ゴジラとアメリカの半世紀』（2005、原著は2004）の中で、彼はカンザスの小さな町の小学校で講演を行った時のことを思い出す。最後に、メガネをかけた内気で物静かな少年が手を上げて無邪気に尋ねた。「昔のゴジラ映画を見ている時ってアメリカ人は日本人が死ぬのを見て楽しんでいましたか」（206）。

その少年の質問をめぐるツツイの話は、アンデルセンの『裸の王様』や聖書の「幼子と乳飲み子の口によって」という詩篇第8篇を思い出させる。つまり、子どもは大人が認めることができない、もしくは認めようとしない不都合な真実を認識するということを思い出させるのである。この場合、アメリカのファンにとっては、日本の巨大な怪獣を題材にしたファンタジー映画は、戦時中の敵や戦後の経済上のライバルの身体や街に降りかかる災害の

光景（スペクタクル）を楽しみたいという無意識の願望を満たしているだろう。こうしたスリル感はいっそう強力なものである。なぜならこれらに登場するのは白人ではないからだ。

　もちろん、21世紀の大怪獣映画の復活とそれに伴う批評研究は、怪獣映画が単なる災害ファンタジー以上のものであることを米国の観客に対して明らかにしている。Sean Rhoads と Brooke McCorkle がその著書 *Japan's Green Monsters*（2018）の中で述べているように、「大怪獣映画はいつも憂鬱なメッセージを観客に届けていた……人類が自然破壊と環境悪化に関する責任を無視する限り、自然が復讐する」（183）。しかし最近では、これらの批判的な視点がカンザスの子どもの心の中の問いと決して相容れないものではないということが明らかになってきた。映画はしばしば環境への警告であると同時に、無意識の願望を満たすものとして機能することもあるからである。確かに、エコファシストの想像力において、アメリカの観客が満たす人種差別的でナショナリスト的な願望は、「自然が復讐する」という信念と完全に両立しうる。なぜなら白人の優越論者の世界観においては、茶色や黄色い肌の人々、あるいは黒人の人々が白人と平等の権利を主張し要求することほど反自然的なことはないからである。

　他方で、環境崩壊の兆候に対する一般の人々の反応の一つには、人類がいつの日か地球を巣立ち、太陽系を超えた他の惑星を植民地化することで、より永続的な帝国を築くかもしれないという漠然とした（誤った）考えがある[i]。「惑星Bは存在しない」という活

---

[i] この突飛な楽観主義は、アントロポセン（人新世）の罪悪感を神経質に否定しているようにも読める。それは否定自体が生み出した、不安を伴う相反する物語によって認識することができる。例えば、化石燃料産業から段階的な撤退を要請する声が

動家のスローガンにもかかわらず、恒星をまたぐ帝国を築くという願望に満ちた空想は、映画では「世代宇宙船」(Generation ship) というSF的な表現の中に詳細に描かれている。「世代宇宙船」とは、後継の世代の人類を守るために考案された、多数の人間を乗船させ次の故国とする惑星に人類が到達するまで何世紀もの間宇宙を旅する、一種のノアの方舟的な宇宙船である。太陽系の別の惑星（例えば火星）を植民地化することは、あまりにも危険で非現実的である。しかし同時に、このような表現は、この滑稽な考えをさらに滑稽なものに置き換える。つまりそれは異なる恒星系の惑星に人類を輸送し、そこで生存可能で持続的な植民地を築くというものだ。

シンシア・エルブ（Cynthia Erb）は、著書 *Tracking King Kong*（2009）の中で、怪獣映画のようなポップ・カルチャーの作品はさまざまな欲望の機能を果たす能力があることを明らかにしている。ゴジラ映画と同様に、世代宇宙船のプロットはさまざまである。多くの場合、資本主義を通してであろうと、公害を通してであろうと、あるいは軍国主義を通してであろうと、人間が自身の最大の敵として描かれるのである。あるいはまた、人間が地球を離れ他の惑星で十分休暇を取りさえすれば、地球環境は自然に回復し、エデンの園のような状態に戻ることができるだろうといったお伽話のような楽観主義を示すものも多い。

高まるなど、産業汚染に対する反資本主義的な批判に対して、米国は非常に寛容である。しかし、もう一方で古い技術がもたらす荒廃を解決する最善策は新たな技術革新であるといった主張も、矛盾をはらみながら受け入れられている。このような姿勢が、石油国家が主催する国連気候変動枠組み条約締結会議（COP）の年次総会で進展しており、それは二酸化炭の回収というばかばかしいほど抽象的な新事業の立ち上げ（スタートアップ）につながっている。

第 8 章　われわれが病原菌なのだ

　例えば、ピクサー（Pixar Animation Studios）の『ウォーリー』（*Wall-E*, 2008）に描かれる、資本主義を肯定する、子ども向けの世代宇宙船を見てみよう。消費主義の暴走によって地球の生態系をごみの山で埋め尽くしてしまったバイン・ラージ（Buy N Large）が、突然自責の念に駆られ、地球を片付ける忍耐強いロボット軍団を残して全人類を巨大な世代宇宙船スターライナーに乗せ、宇宙クルーズをしている間に地球を再び植物が育つ環境にするという話である。善意の誤算と悪質なロボットを除けば計画は基本的にうまくいき、人類は最終的に生まれ変わった地球ののどかな楽園に戻る。キム・スタンリー・ロビンソン（Kim Stanley Robinson）の小説 *Aurora*（2015）も、目も眩むようなハード SF であり思弁的社会学の抒情詩として称賛に値するが、『ウォーリー』と同様、根本的に楽観主義である。目標の故郷となる惑星への移住は計画通りに進まないが、乗組員の何人かは世代宇宙船を地球へと方向転換させる。そして、NGO の気骨ある若いボランティアがすでに先陣を切って地球温暖化の影響への対策を行っていたことを知って安心するのである。

　こうした広範囲にわたるテーマは、昭和シリーズや平成シリーズのオマージュに見られる反核・反戦・反公害といった社会批判から、ミレニアムシリーズのテクノロジーへの楽観主義までゴジラ映画の中にも見られるが、令和時代のゴジラ映画は、そのような批判的視点がさらに一歩進んでいるように思われる。庵野秀明監督の『シン・ゴジラ』（2016）においては、寓話的な災害がこのジャンルのこれまでの作品と同様に、原子力発電所と米国のせいにされている。しかしこの映画では初めて、人類そのものが政治的な形態において問題が多いだけではなく、生まれながらに怪

243

物的な存在として描かれた。ラストでゴジラが変態する際の尻尾の不穏なイメージは、変異したヒューマノイドの軍団による差し迫る攻撃を暗示しているかのようだ。まさにミームの言うように、「われわれは感染源なのだ」。

『シン・ゴジラ』に続く静野・瀬下両監督によるアニメーション映画の三部作『GODZILLA』の中では、ゴジラシリーズでは初めて独自の世代宇宙船のプロットが登場する。そこでの地球は、公害や地球温暖化や核戦争によってではなく、ゴジラ自身の中に体現されるそれら全てを引き起こしたことに対する罰によって人類が住めなくなるのである。疲弊した地球人類は、滅びゆく二つの異なる惑星の種族、エクシフとビルサルドの難民と合流し、宇宙を航行する方舟に乗り込む。彼らはタウ星eという新しい惑星に到着するが、そこを人間が住めるようにするには長くかかりすぎるという計算結果に失望する。そこで宇宙旅行による時間の拡張のおかげでゴジラは寿命がつき死んでいるだろうと期待して、地球に帰還することを決心する。地球に戻るとすでに2万年が経過していたが、ゴジラは死んでいるどころか一層強大になっているのを発見する。新しい惑星への移住に失敗し、3つの世界の生存者連合は再び地球を支配するために力を合わせてゴジラを退治するほかはなかった。

アニメの三部作は、シリーズ初のポストアポカリプス（post-apocalypse＝終末後の世界）作品である。これは単なるジャンルの試みではなく、物語に空虚な絶望感を吹き込むという物語上の選択である。これまでの作品とは異なり、人類文明の崩壊は、もはや科学技術や軍事戦略や家父長制、あるいはモスラやゴジラなどの神聖な救済によって救われるわけではない。この物語の中で

描かれるアポカリプスは当然の帰結であり、そのためトーンはもはや冒険物語ではなく、まるで哀歌のようだ。これは、年老いた乗客たちを乗せたシャトルが燃える光景によって冒頭から強調されている。彼らは彷徨う方舟に乗ってゆっくりと衰弱していくよりも、タウ星 e の大気圏で速やかに死を迎えることを、そのリスクを承知の上で選んだのだ。

第 2 節　支配が終わったかつての支配者たち

> わしは自分の胸の中から
> 出て行ってしまった、私の強固なアイデンティティ、
> わしの本当の自我を、玉座とわしがいま座っている
> 大地の地球のこの場所——その間のどこかに、
> 置き忘れてしまった、探せ、シーアよ！探せ！
> おまえの不死の目を開け、すべての宇宙空間に
> 巡らせよ——恒星の空間とその光の届かぬ所、
> 生きた大気が充満する空間と不毛の虚空、
> 火炎の空間と地獄のすべての裂け目に。
> ——ジョン・キーツ「ハイペリオンの没落」第 1 巻

アニメ三部作には、初期のゴジラの物語においてモスラを崇拝する支援カルト集団を通じて表現されていた明治維新以前の素朴な時代への同様の憧れが、具体的に表現されている。例えば、フツア族として登場する人型種族は自然と結びつき「調和と生命の道を歩む」という。ヨーロッパ人がステレオタイプに捉えた「高貴な野蛮人」のように、彼らは道徳的な無邪気さを持っており、

憎しみという概念が欠落している。彼らは昆虫と同じDNAを持っていることが示唆されているが、見かけはヒューマノイドで人類との間に子孫を残すことができる。遺伝的系譜が何であろうと、彼らは人類が地球の領有権を放棄したときにできたギャップを埋めたのであった。

フツア族と生き残った人類との間の暗黙の緊張関係は、1980年代のリブートされたロッド・サーリング（Rod Serling）の1960年代のアンソロジー・シリーズ『トワイライト・ゾーン』の「隔離」という物語と比較することでさらに深く理解できるかもしれない。残された人類は、テクノロジーを違法とし、自然と共生する方法を学ぶことで生態系を回復することが最善かもしれないと判断する。しかし、米国の宇宙船が帰還し戦争兵器を持ち帰る予定であると知ると、彼らは最後にもう一度、古い軍事技術を再稼働し、放蕩息子となるものを空へ吹き飛ばすことを厭わなかった。こうして、ロッド・サーリングの特徴である、道徳的な目的に向かってスペキュレイティブフィクション（Speculative Fiction）の主題を展開することへのオマージュとして、従順なものが地球を受け継ぐごとになる。『トワイライト・ゾーン』とアニメ三部作『GODZILLA』の両作品において聖書的な二つの解決策が施されるのを見る。フツア族の場合、「柔和なものは神の祝福を受ける。なぜなら彼らは大地を受け継ぐからである」。地球を取り戻そうとする軍国主義的な人間の場合は、「剣によって生きる者は剣によって死ぬ」のである。

憎しみという感情を持たないフツア族は、ゴジラ・アースのような危険な存在でさえ、嵐や火山噴火のような罪のない自然現象と同じように見なす。このフツア族の態度、怪獣の名前、そして

初めて登場した容貌がまるで山のようだったという事実において、ゴジラ・アースは文字通り地球と同一視されている。人間にとってさらに重要なのは、この怪獣が電子機器を使用不能にする電磁波のシールドを生成することである。この超能力は、親地球的であるばかりでなく、より具体的に言えば反テクノロジー的でもある。

この反テクノロジー的な姿勢にあまり興味を持たないアメリカの観客にとっては、アニメ三部作はメカゴジラのスペクタクルとアクションが欠けているため失望したかもしれなかった。しかし三部作の冷めた受け止めは、主人公と思われるハルオと彼の後輩のヨーコが生き残れないという陰鬱な結末と関係していたのかもしれない。なぜならそのような結末は、聖書やギリシャ神話に親しむ西欧文化にとっては予想外だからである。例えば、新約聖書（『ルカによる福音書』）の「放蕩息子」が帰還する話では、家を出て自由に放蕩三昧したあげく身を崩して出戻る放蕩息子を父親が許して温かく受け入れるし、また古代ギリシャの抒情詩「オデッセイア」では古代ギリシャ神話に登場したオデッセイが長い戦争を勝利に導き、様々な苦難に出会う長旅の後ついに愛妻ペネロペのもとに戻ることができるからである。私はこの三部作に対する日本語で書かれた批判や受容については知らない。ただ、他の多くの欧米人と同様、日本文化には自害という英雄的な概念に深い背景と論理があることは知っている。三部作の暗い結末と万延する哀歌的な雰囲気は、日本においては西洋とは異なり、より共感できるものであるかもしれない。

一方で西洋の視点から見ると、地球の生態系に再統合されなかった人類の避難民は、先に挙げたジョン・キーツ（John Keats）の詩「ハイペリオンの没落」と比較することで理解しやすいかもし

れない。このイギリス・ロマン派の叙事詩は、古典ギリシャ神話の長老神であるタイタンが、子孫であるオリンポスの神々によって退位させられた自らの運命を嘆きつつも、自分たちが無用になりつつあることを知るという歴史的な瞬間を想像しているのである。『猿の惑星』(1968)の宇宙飛行士のように、人類が2万年もの間故郷を捨てるという選択は、生態系が進化する現代の瞬間において、自分たちの居場所を放棄することとして描かれている。人類はタイタンのように支配が終わった過去の支配者であり、今や時代錯誤の存在なのである。

しかし、この物語では、平和的な権力移譲を通して人間が取って代わられたわけではない。ゴジラの容赦ない圧倒的な攻撃や主人公ハルオの個人的な復讐への執着に見られるように、この三部作においてはキーツの詩に見られる悲痛な無関心ではなく、双方に継続する敵意が存在する。この敵意は、失敗した脱出から故郷に帰ろうとする人間（ハルオ）が、単なる生態系の虐待者や寄生者という枠組みで捉えられていないことを認識すれば、容易に理解できるかもしれない。その代わり、難民の物語、つまり一度故国を捨てて、再びエクシフやビラサルドとともに再び戻るということは、西洋においては、正しい王座を奪還するための帰還ではなく、故国に対する神聖な忠誠心を捨てる裏切りの物語として理解されるかもしれないのである。

この裏切り行為はどのようにして明らかにされるのか。人間は戦争のテクノロジーをゴジラへの攻撃に向けるが、ゴジラを地球の代理表象として認識すると、これは地球そのものへの攻撃と見ることもできる。この人間の地球に対する悪意のある姿勢は、第一章『GODZILLA 怪獣惑星』(*Godzilla: Planet of the Monsters*)で

は、フツア族の姉妹が訴えるように、小型化したゴジラの狩をして殺す時にさらに強化される。地球とその生態系に対するこうした裏切り行為は、この章で描かれている炎の剣を持つ天使によってエデンの園から追放されるに値するかもしれない。また、地球（ゴジラ）から脱出し、のちに地球を攻撃するための科学的な解決策を探るという行為は、聖書に例えると、アダムとイブが約束を破って知識の木から果実を盗んだようなものである、そしてそれもまた親が子供に抱く信頼の裏切り行為とも見ることができる。しかし、人間が地球に対して犯してきた冒涜はさらにもう一つある。それはこれまでのシリーズではほとんど想像できなかったもので、この物語の主人公の人間たちは、エイリアン（異星人）の侵略者と同盟を結び、実際に親交を結んだことだった。

　これはアポカリプス（世界の終末）後と世代宇宙船の設定とともに、シリーズ初の試みである。われわれは昭和シリーズの『怪獣総進撃』（1968）や『メカゴジラの逆襲』（1975）の中で人間が敵対的なエイリアンと裏切りの同盟を組むのを見てきたが、こうした関係はある程度強制されたものだった。ところが三部作では、彼らは強制されていないだけでなく、人間にもエイリアンにも紳士的とも言える態度で、目立たない存在として受け入れられるのだ。主要な人間の登場人物は、軍事的な秘密や個人的な秘密から感情的な絆、友愛、そして兵士としての日常的な信頼関係に至るまでエイリアンとなんでも分かちあう。

　人類が地球を裏切ったという筋書きは、ハルオによる二人の女性、ヨーコとミアナへの裏切りという、より個人的なテーマによって追い打ちをかける。ハルオはヨーコがナノメタル感染で昏睡している間のみならず、メトフィス（エクシフの神官）が、先にハ

ルオが拒絶したミアナ（フツア族マイナの妹）を脅迫している間にも、マイナの性的な提案を受け入れる（図8-2、8-3）。

マイナとのセックスの後、ハルオがミアナの死の悪夢から目覚めるという筋書きは、彼の裏切りの罪悪感を象徴的に強調するものである。この性心理のドラマは、別の古典ギリシャ神話を彷彿とさせるかもしれない。というのは、地球の代理表象であるゴジラを殺し、モスラの代理表象とも思われうるマイナと最終的に「結婚する」ハルオは、自然の摂理に逆らっているかのように受け取

図8-2　メトフィスに捕まるフツア族のミアナ
スチール写真『GODZILLA　怪獣惑星』　© 2017 TOHO CO., LTD.

図8-3　ヨーコがナノメタルに感染
スチール写真『GODZILLA　怪獣惑星』　© 2017 TOHO CO., LTD.

れるからだ。まるでオイディプスが知らないうちに父を殺し、母と結婚したように。

このような複数の裏切り行為は、二種のエイリアン（エクシフとビラサルド）たちによる陰謀や策略といったプロットのもつれを絡めながら、モラルの焦点と物語の悲劇的な重心を人間に置く。エクシフとビラサルドは明らかに昭和シリーズのX星人やブラックホール第3惑星人へのオマージュであり、見ていて面白い。しかし令和時代の映画における異星人はもっと自然な形で描かれる。両異星人（種族）の特徴は、実際の人間の資質を詩的に誇張したものであることは明らかである。

その結果、この映画では「エイリアン＝人間」（あるいは、冒頭で言及したミームをなぞるなら「われわれはウィルス・エイリアンである」）という等式が成り立つ。つまり、エクシフとビラサルドのそれぞれの人種的な特徴がジョージ・オーウェル（George Orwell）のディストピアSF小説『1984年』（*Nineteen Eighty-Four,* 1949）における2つの敵対する架空の国家になぞらえて強調されているのである。例えばイースタシアにおける「自己の抹殺」は、仏教のようなアジアの宗教の人種差別的で単純化されたSF的な比喩であり、ユーラシアにおける「ネオ・ボリシェビズム」は、現実のスターリン主義運動の容赦ない工業化と共同体主義を想起させる。エクシフはイースタシアのように宗教に傾倒し、苦しみからの解放とみなす死に取り憑かれる。他方、ビラサルドもユーラシアのように好戦的で、科学技術に長け、共通の大義のために勇敢にも自己を犠牲にすることを厭わない。

これらの種族のいわゆる「エイリアンの考え方」が、現実の世界の人間の性質が投影されたものであることは、第二・第三章の

中でも強調されている。そこでは、人間であるハルオがエクシフの自殺への傾倒を受け止める一方で、同盟軍の緊迫した議論においては、人間であるヨーコがビラサルドの肉体的な自己よりも集団のニーズを優先させる意思を受け入れるからである。このヨーコの知的な受け入れは、いずれ彼女がビラサルドと同様にナノメタルに感染する運命であることを示唆することになる。もちろん結果として生じる、ヨーコの死の特殊なありさまは、「われわれが感染源なのである」というミームを世の中に送り出している環境問題の文脈において考察に値する「身体の恐怖」というテーマと同じである。しかもそのセリフはドハティの映画に登場する。「われわれは病原菌である」の具体的なメタファーなのである。

第3節　アーバン・メタスタシス（Urban Metastatis）

2作目の映画（第二章）『GODZILLA 決戦機動増殖都市』（*Godzilla: City on the Edge of Battle,* 2018）（図8-4）のメカゴジラ・シティに対するアメリカの不安や失望はペニー・マーシャル（Penny Marshall）監督の『ビッグ』（*Big,* 1988）でトム・ハンクスが演じる少年が超高層ビルに変身するロボットのアイデアを「理解できない」のと同じだ。彼は問う。「ビルと遊んでいったい何が面白いんだ？」と。アニメの第二作を見ているアメリカのファンも「メカゴジラ」という名前を聞いて大怪獣のレスリング・マッチを期待したため、「単なる建築物の集合なのにどこがメカゴジラなのか」と思うだろう。

　ゴジラ（地球）の人間に対する態度を理解するには、物語の中のメカゴジラ・シティの意義を読み解かなければならない。それ

第 8 章　われわれが病原菌なのだ

図 8-4　アニメ三部作の第二章ポスター『GODZILLA 決戦機動増殖都市』
© 2018 TOHO CO., LTD.

を理解するには、「東京は破壊されなければならない――高層ビルと怪獣の夢」（拙訳）（原題："Tokyo Must Be Destroyed: Dreams of Tall Buildings and Monsters" 1995）と題するイギリスの作家ケン・ホリングス（Ken Hollings）の瞑想的なエッセイが役に立つかもしれない[ii]。炎と化す古都バグダッドを描くホリングスは、国

[ii] イタリアの作家イタロ・カルヴィーノ（Italo Calvino）の作品を彷彿させるその内省の中で、ホリングスは、古代都市バグダットの創始者であるアッバース朝のカリ

253

家の支配者の権力を火、破壊、そして狂気の暴力的な夢と同等であると見なし、過去と現在の都市について書いている。この都市、権力、火という三位一体について書いたのち、連合軍の爆撃で崩壊された東京と広島・長崎に結びつけながら、都市は不気味な存在であり、完全に生きているわけでもなく、簡単に殺されうるわけでもない感染症のようなものであると述べている。都市は「安心させると同時に不安にもさせる」ほど爆発的に成長を遂げるものである。

東宝映画は1984年のリメイク版『ゴジラ』のためにゴジラを呼び戻した時、東京のスカイラインの上に聳え立つように、その身長をほぼ2倍にしなければならなかった。日本の首都は驚くほど上へ外へと拡大し、映画で描かれる東京の姿を凌駕していた。アメリカの陸軍少佐は、ゴジラが東京を攻撃した時に「東京の都市再開発計画はすごいな」といったが、それは東京の実際の成長率について言及したのかもしれない。無秩序な取り壊しと再建の過程で住宅、店舗、タワーマンションが絶えず取り壊され、再建され、その結果、永遠に拡大するかのようなスプロール現象を生んだのである。

自らを増殖しようとするビラサルドのナノメタルと同化しようとする欲望は、人類の歴史における産業革命後の章を不愉快なまでに呼び起こす。マイケル・クライトン（Michael Crichton）の

フ、アブ・ジョアファル゠マンスール（Abu Ja'far al-Mansur）の物語を語っている。彼は、都市建設の前夜、労働者の軍隊に命じて砂地に都市の基礎の概略を辿ることができる広大な円型の溝を掘らせた。油がその溝に注がれ火がつけられた。カリフはチグリス川を見下ろす高台から燃え盛る光景を眺めた。その炎のゆらめく輪から、どんな幻覚的な力のビジョンが生まれたのか、誰が知っているだろうか。権力による暴力を象徴するその都市はまさしくメカゴジラ・シティそのものなのである。

『アンドロメダ病原体』（*Anderomeda Strain*, 1969）のように、メカゴジラ・シティのメタファーを通して、人類はエイリアンの感染源と同一視され、最終的にこの生態系を破壊することなしにそこに棲家を持つことができないのである。メカゴジラ・シティの中にいるとナノメタルの毒の症状に悩まされるにもかかわらず、人類はビラサルドと同盟を組む。ビラサルドは、（ゴジラの）地球を憎むあまり、ナノメタルと融合するためには自分たちのアイデンティティを捨てることも厭わないエイリアンだ。そして私たち人間もまた都市に住み働くために、身体や精神の健康、個人のアイデンティティや夢を喜んで、しかもその代償の大きさを承知の上で、放棄しているのは事実ではないだろうか。自分自身が何を放棄しているかを知りながら、スプロール現象につきものの自然破壊を受け入れているのではないだろうか。今やスプロールという語はあまりに時代遅れで古めかしいので、都会におけるメタスタシス（metastasis、都市が癌細胞のように急速に拡大・変化する負の側面）と呼ぶべきだろう。

　ビラサルドのリーダーであるガルグは、人間の主人公ハルオに「モンスターを倒すには、モンスターに進化しなければならない」といって、ナノメタルとの融合の意義を説明する。一見したところ、彼の忠告はニーチェの有名な警告——「怪物と戦う者は、自分もそのために怪獣にならないように用心するがよい。そして君が長く深淵を覗き込むならば、深淵もまた君を覗き込む」（第4章146）——を皮肉ったものとも取れる。しかしこの深淵の引用は時に個人の選択に関する警告と読まれるかもしれない。バグダット、東京、メカゴジラ・シティといったモンスターのような大都会で、ビラサルドと人間が自己アイデンティティを消滅させるという文

脈では、この言葉は個人を超え、人間の本質的な不気味さそのものを指し示しているように思われる。

ここで思い出させるのは、塚本晋也監督の『鉄男』（1989）である。塚本はインタビュアーに現代の都市生活は「感覚を麻痺させ、人間性を奪っている。この映画では可能な限りの極端な方法で同胞の目を覚まさせたいと思っているのだ」(Alexander 19)と話している。観客を陳腐な人間性の抹殺から救うためのその極端なやり方は、映画の最後に頂点に達する。その時サイボーグの大怪獣が大暴れし、立ち止まって「メタルの新世界」を誕生させるという計画を発表するのである。

われわれの物語にとってメタルの転移によって引き起こされた身体の恐怖の最も苦痛な瞬間——そこまで極端なものではないが、それでもゴジラシリーズの慣例から言うと——女主人公の死は衝撃的だ。これはもちろん『メカゴジラの逆襲』（*Terror of Mechagodzilla*, 1975、米国公開1978）のサイボーグ少女・桂へのコールバックでもある。桂はメカゴジラと宇宙人を倒そうと自害する選択を行い、最後にはささやかな慈悲を受けた。しかしこの三部作では、ヨーコにはそうした救いもなく、人間の準軍事ヒエラルキーの論理に従い、ビルサルドのナノメタルに感染する。

この物語のみかけ上の「ヒーロー」であるハルオが恋愛対象であるヨーコを二度も救えないという事実はさらに痛ましい。彼女がナノメタルに屈服したのは二度目の失敗の時である。一度目はゴジラの世界を取り除き、彼女に「安らかな地球」を見せるという約束をハルオが破った時である。その約束は、子ども時代の思い出を通じてハルオが地球との繋がりを持ち続けていることに対して彼女が訴えた嫉妬心を受けて交わしたものだった。彼は彼女

が魂のないナノメタルに感染したことによって、2つ目の約束を破っただけでなく、任務に失敗し、究極的に1つ目の約束も破ってしまう。そのそもものきっかけが、皮肉にもテクノロジーだったのである。すなわち人類を故郷から運び去り、最後の人類の生存者と母星との間に2万光年の時空をこえた溝を作り出した世代宇宙船なのである。

この想像を絶する、途轍もない距離がハルオとヨーコを運命付けていたことは、何度も繰り返される予兆によって示され、最終章ではもはやその運命を覆すことができなかった。ヨーコには地球の記憶がなく、ある意味では文字通り地球外生物である。もちろんナノメタルと世代宇宙船のどちらの場合においても、科学のおかげでハルオもヨーコも自然の限界を超えて寿命を延ばすことができたわけだが、それは別の意味ではすでに幽霊と呼べる状態になっていることでもあった。

運命の選択において、タウe星へ向かうシャトルに乗船する年老いた乗客の運命は（新世界へ向かう第一のミッションも、人類のために地球を取り戻そうとする第二のミッションも両方ともが）世代宇宙船の無益な計画自体を象徴する。この三部作の最初の映画が公開された1年後、スウェーデン・デンマーク合作の不運な宇宙船の映画『アニアラ』（*Aniara*, 2018）が公開された。『アニアラ』同様、本ゴジラアニメ三部作の特徴は、閉ざされた薄暗い光の空間において長く続く愛情のない会話音である。まるで、登場人物がすでに幽霊で、彼らの行動や感情がもはやどんな結果ももたらさない虚無に追いやられていることに誰も気がついていないかのようだ。

最後に、ハルオはエクシフの死への衝動やビラサルドの権力に

対するテクノロジー崇拝的な態度など、見かけ上「エイリアン」である2つの存在のあまりに人間的な融合が、世界をさらなる破壊へと導くことを悟る。彼が払う最後の犠牲は、キングギドラが二度と戻ってこないようにするためのもの——厳密には自分自身とヨーコの心中である。だが、それは人類ももはやエイリアンで、地球に対して何の権利もないことを隠喩的に認めることである。この最後の行為によって、すべてのテクノロジーの痕跡は破壊される。これはテクノロジーと人類の関係を確認するものであるように思われる。なぜなら、心に残るエピローグではわれわれはフツア族を見るだけだからである。ゴジラ（アース）の三部作はゴジラシリーズの初代作のエピローグを思い出させる。つまり人類の滅亡の予兆である（図8-5）。

『シン・ゴジラ』からアニメーションの三部作『GODZILLA』にかけて、われわれはアポカリプス前の不安、ゴジラやヒューマノイドへのハイブリッドの脅威が回避されるかもしれないという状況から、アポカリプス後の最終段階へと移行していくのを目にすることになる。そこで描かれるのは、ゴジラと戦い続ける無自覚な亡霊たちが、自分の故郷をも最終的に裏切り、無謀な激しさで絶望的に戦い続ける姿である。その行為は、彼らがすでに死んでいるという耐えることができない現実を否認し、自覚を遅延させるためのものである。これらの亡霊とともに有毒なメカゴジラシティのナノメタルは、まるで数千年もの間危険であり続ける放射能廃棄物のように残り、人間の唯一の遺伝子の遺産であるハルオの子孫は、フツア族のような昆虫の間で暗闇の中で生き残るために地下に追いやられるのである。

第 8 章　われわれが病原菌なのだ

図 8-5　アニメ三部作の第三章ポスター『GODZILLA 星を喰う者』
© 2018 TOHO CO., LTD.

第 4 節　「人口を崩壊させよう」

　この三部作における人間嫌いの傾向と 21 世紀のハリウッドのエコファシズムとの関連を辿るには、マイケル・ドハティ（Michel Dougherty）監督の『ゴジラ　キング・オブ・モンスターズ』

259

図8-6 「人口を崩壊させよう」のバナナに手を伸ばす人々と列車に集まる人々
（Source: "Let the Population Collapse." Real Time with Bill Maher. HBO. https://www.youtube.com/watch?v=HB97iwcm_Qc）

（*Godzilla, King of the Monsters*, 2019）を、エコファシストのイデオロギーを大衆化し正当化する、アメリカのコメディーの例から分析することが役に立つかもしれない。

ドナルド・トランプがアメリカ大統領の座から退き、そしてジョー・バイデン大統領がパリ協定にアメリカを復帰させた1年後の2022年、アメリカのコメディアンのビル・マー（Bill Maher）は「人口を崩壊させよう」（*Let the Population Collapse*）と題した番組[iii]を放送し、生態系に対する最大の恐怖は、化石燃料ではなく人口過剰だと皮肉たっぷりに語った。

マーは国連の事務総長が「80億人目を迎えることは『私たちの多様性を祝う機会』だ」と言ったことについて爆弾発言をした。

[iii] 主に男性の視聴者が洗脳されていない大衆に圧倒されるという不安を吹き飛ばそうと、マーは、無数の褐色の手がまだ熟していないバナナの房を掴もうと手を伸ばしている映像（図8-6左）を見せながら、「われわれは粉ミルクが足らなくなったんじゃなかった？ 問題はベビーの数が多かったんじゃなかったっけ？」と問いかける。また、大勢の褐色の人々が危険を顧みず大量輸送手段（列車）に集まる映像（図8-6右）を映し出しながら、「客が増えると海洋の炭素・ゴミ・プラスティックが増え、養わないといけない口が増える」と冷酷で陰鬱な声で話す。

第8章　われわれが病原菌なのだ

図8-7　「人口を崩壊させよう」の幸せそうな白人の人々
（Source:"Let the Population Collapse." Real Time with Bill Maher. HBO. https://www.youtube.com/watch?v=HB97iwcm_Qc）

「そうである、何という慰めか。あらゆる人種の人々が、すでに持続不可能な CO_2 の排出量に貢献し、等しく窒息と飢餓に苦しむことになるのだから」（と彼は強調して付け加えた）。マーの政治的な犬笛（dog whistling）の中で使われる言葉の選択は計算されたものであり、同時に皮肉に満ちている。米国の政治的言説においては、国連はアメリカの主権（アメリカ人の本音はアメリカの覇権）を脅かすわら人形として持ち出される。多様性は平等の隠語とみなされ、平等についての議論は、アメリカの生活水準（つまり個人および企業の自由、そして白人の特権）への攻撃と見なされる[iv]。

二酸化炭素の排出は地球温暖化の責任を化石燃料の産業や石油国家から「個人の」消費者に転嫁しようと、企業がばら撒いたキャッチフレーズである（Solnit, 2021）そして、実際に、誤った方向に

[iv] マーの不実なアメリカのコメディは表面上人間嫌いに見えるエセ平等主義に依存している。が、人口増加が限定的であるのを許しながら幸せそうな白人の写真（図8-7）にフォーカスを移すと、彼の本当の問題は全ての人ではなく、貧しい有色人種の人々であると感じないわけにはいかない。

261

導く企業戦略と一致して、マーが環境問題を定義する方法の詳細を述べようとするときには、化石燃料業界や石油国家に触れることを却下し、その代わりに、森林伐採、水の利用や採掘のことを挙げるのである。

　米国では、このようなエコファシスト的なコメディが、気候変動対策を講じることを免除するための人種差別的な言い訳を作り出している。アメリカは歴史上、温室効果ガスの最大排出国であることに加え、現在もロシアやサウジアラビアを凌ぐ世界最大の石油輸出国である。しかし、人口増加が石油を燃やすことより大きな問題であるならば、中国やインドのような、より人口が多い国に責任を転嫁できる。責任転嫁は、気候変動対策は無駄であるといった議論を可能にすることで、人々のその対策に対する関心を低下させる可能性がある。優生主義者の冷酷さをもってすれば、飢饉や洪水や熱中症などの気候変動に伴う災害・疾病や戦争による死者は、人口を抑制する「自然の形」として平和をもたらすとみることさえできる。気候変動は自ら解決するように設計されており、人間の政府によるどんな対策も行う必要がないように思わせるのである。しかし、それは戦略的な無視だと言えるだろう。

　この米国の政策目標とマーのプレゼンのような「コメディ」について皮肉なのは、富、教育、民主主義、女性の権利など、世界中で高い生活水準を支援することが、おそらく出生率の低下につながるということだ。もし、過剰人口を逆転させたいなら、女性に富と自由と教育を与えるべきではないだろうか。しかし、そのような変化は、権威主義的な政策への支持を低下させるだろう。右翼的なエネルギー・気候政策のもとで必然的に増加する移民の波については、ドナルド・トランプ大統領のような政治的煽動家

第 8 章　われわれが病原菌なのだ

図 8-8　*Godzilla, King of the Monsters* のビデオジャケット

が、漠然とした恐ろしいステレオタイプを煽ることを防ぐことができるのではないだろうか[v]。マーのビデオ・エッセイの 3 年前、

---

[v] マーの人種差別の議論を歴史に基づいて信じてみると、マーは人口コントロールに関する 300 年前のトマス・ロバート・マルサス（Thomas Rovert Malthus）——彼はオルダス・ハグスリー（Aldous Huxley）の 300 年前の論文「素晴らしい新世界」（*Brave New World*）やチャールズ・ディケンズ（Charles Dickens）の「クリスマス・キャロル」（*A Christmas Carol*）のなかでパロディにされてきた作家である——が、今や社会ダーウィン主義者と見なされる未来学の後見者である。避けられない移民の波に対する政治的な抵抗は、人口増加が汚染の拡大をもたらすという理由で正当化されうる。マーは持続可能なシステムセンターの言葉を引用し、「もし全ての人の消費パターンが平均的アメリカ人と同じであれば、人口を支えるのに地球が 5 つぃるだろう」と述べている。彼は一見、持続不可能なアメリカ人の生活水準と消費にスポットライトを当てていると思われたが、慎重な調子で「ほとんどの世界の人々が望んでいることだが」と付け加える。彼の本当の狙いは他国の人々の生活水準を上げる努力に対する不安を煽っているように聞こえる。もちろん悲劇の真実は、この狙いが数十年間のアメリカの政策と完全に一致しているだろうということだ。J.F. ケネディやトルーマンの政権下で外交官と大使を務めたジョージ・ケナン（George Kennan）が言うように、「われわれは世界の富の 50 パーセントを占めるが、人口は 6.3 パーセントに過ぎない。この状況では、妬みと怒りの対象とならな

263

ドハティ監督の『ゴジラ　キング・オブ・モンスターズ』(2019)（図8-8）にはすでにエコファシストのレトリックのオン・パレードを見ることができる。

第5節　「王万歳」

　ハリウッドのゴジラ映画、大がかりな予算のレジェンダリー社のモンスター・ヴァース・シリーズは、野心的な芸術作品とも哲学的に一貫した作品と呼ぶものとしても広くは見られていない。だが、マーの人間嫌いな差別主義の物語に類似しているということは紛れもない。ドハティ監督の『ゴジラ　キング・オブ・モンスターズ』において、ヴェラ・ファーミガとチャールズ・ダンス（Charles Dance）が演じる登場人物が率いるエコ・テロリストたちは世界を救おうとするが、それは昭和シリーズのように人類を救うことによるものではない。彼らは、人間の人口を減らすことによって世界を救おうとしているのである。エコ・テロリストたちは、本質的に封建的王政への回帰を熱望する、世界の終わりを告げるカルト集団である。ファーミガ扮するエマ・ラッセル博士は人間こそが病原菌で、大量虐殺こそが治療法であると独白する。このモノローグは、映画の設定に登場する主題や図像と同様に、マーの2022年のエピソードの青写真を描いているかのように思われる。マーのように、エマは気候変動に焦点を当てずに「環境保護主義者」への共感を示す。また、彼女のリストの最初の危機はマーと同様、人口過剰である。さらに、2番目もマーと同様、環

いはずがない。今後の時代のわれわれの真の課題は国の安全保障を損なうことなく、この格差のある立場を維持できるような関係のパターンを構築することだ」。

境汚染である（3番目は戦争であるが、具体的な人間の戦争の話は物語のどこにも出てこない。どんな種類の人間の大量の死も人口過剰に焦点を当てている）。

　この作品ではマーのプレゼンのような人種差別は避け、エマのニヒリズム（虚無主義）への傾倒の原因は、ゴジラの攻撃で息子を亡くしたトラウマとそれに続く結婚の破綻かもしれないと示唆している。しかし彼女の過去の出来事は、あくまで隠されたものであり、以下のような君主制が繰り返し取り上げられることで影を潜めている。

　ディズニーの『ライオン・キング』（1994）のプロローグを、コズミック・ホラー風に編集した不吉な行列を繰り広げながら、最後に大怪獣が集結して復活する映画の旧世界秩序において、繰り返し唱えられる神聖な王の権利を思い出すのは簡単だ。世界的な闇の政府を目指すものは、自らを「君主＝モナーク」と呼ぶ。モスラは「モンスターの女王」と呼ばれている。そしてエマ・ラッセルは、哲学的な無関心の境地に達し、大量殺戮という構想に最終的にコミットすると、迫り来る自らの死から逃れようとするのではなく「王万歳」と呟くのだ。

　「王権神授説」といういい方がこの大怪獣のファンタジーにおいて少々気取って見えるのなら、エマ・ラッセル博士の夫が疑似科学的根拠に基づく説明でそれを補強してくれている。オオカミの群れを研究している古生物学者の彼は、娘にオオカミが血まみれの死骸を食べている写真をメールで送り、このゾッとするような光景を「美しい」と言う。この冷静な科学的な驚きの瞬間は、論争の的となった「群れ理論」の研究と「アルファ捕食者」の進化的機能に関する言及である。つまり、オオカミの「社会」は「強

者」の前に「弱者」が従順に服従するという厳格なヒエラルキーによって組織されているという、過度に単純化された信念を暗示しているようだ（Pappas, 2023）。この考えは、「適者生存」や「勝者には戦利品が得られる」といった言葉としてアメリカ文化では理解されているのだが、階級的な不平等をまるで科学的に合理的であるかのように正当化するのである。エマの夫の博士が見せる写真とその職業は、米国の自然ドキュメンタリーのTV番組がアルファや群れのヒエラルキーについて擬人化した物語を喚起する。それは社会的進化論（ダーウィズム）を自然化するように機能するとともに米国では資本主義の正当化の根拠として使われている。「『へい、彼らは私たちと同じだ！』、ディスカバリー・チャンネルのネイチャー番組における動物世界の表象」という記事の中で、ポップカルチャーの研究者のD.P. ピアソン（Pierson, 2024）は次のように述べている。

　人間は歴史的に自然界に自分たちの社会組織を押し付けることを好んできたため、自然はわれわれがよく知っている社会として考えられるのは当然である。自然界に見られる階層的な社会構造は、21世紀の近代資本主義を支配する社会経済的階層を反映している。そして人間社会が家父長的な社会構造として表象され、そこで支配的な男性がますます社会ダーウィン的になるグローバルな資本主義システムの中で権力を求めて競い合う。同じような権力闘争が、一つの群れの中で社会的・遺伝的優位を競い合うオスのオジロジカの中にも存在する（Pierson 2024: 706）。

第 8 章　われわれが病原菌なのだ

　確かに、ゴジラは明らかに「アルファ捕食者」と呼ばれ、チャールズ・ダンス扮する元軍人アラン・ジョナが「偽の王」と呼ぶ、宇宙からの侵略者キングギドラとの「自然の」衝突が設定されている。もちろんヨーロッパの王権神授説と米国の「明白なる天命」（manifest destiny）というスローガンは歴史的に西欧植民地主義の基礎を作った。そしてこのレジェンダリー社によるハリウッドのモンスター・ヴァース・シリーズは、2014年の作品『GODZILLA ゴジラ』では、対決に向かうゴジラを米国海軍の軍艦とまるで攻撃隊形を組んでいるかのように象徴的に並べて画面に収め、ゴジラのパワーと米軍の力を積極的に結びつけている。

　芹沢博士はゴジラの古代の神殿を見つけると、宗教的な意味で君主にひれ伏すように勧められる。「危機の瞬間が信仰の機会となる」と彼は言う。これは無意味に曖昧なフォーチュン・クッキーの格言であり、ロールシャッハ・テストのように、終末論（アカリプス）のカルト信者を含む政治的なスペクトラムのどんな地点にいる観客にもアピールすることができるように設定されている。また、芹沢博士が自殺するという事実は、1954年のオリジナル版におけるこの名前と彼を結びつける。しかしあのラストとは対照的に、ここでは彼の自殺はゴジラを救う。彼は化学兵器、オキシジェン・デストロイヤーではなく核爆弾を発射するが、これも皮肉な逆転劇で、彼を石井四郎（第二次世界大戦時、細菌兵器の研究開発を指揮した日本陸軍軍医）の代わりにオッペンハイマー（J. Robert Oppenheimer, アメリカの原爆開発の指揮者）と並ばせる[vi]。

[vi] このゴジラ・シリーズにおけるオッペンハイマーと石井の創造上の対照性を理解するのを助けてくれたのは、作家で映画製作者の Jules L. Carozza とのオンライン上でのやり取りである。

この改変は、日本の「カミカゼ」救世主であるオリジナルの芹沢博士をアメリカの観客のために、ゴジラ、ひいてはゴジラを生み出したアメリカ帝国主義の権力にひれ伏す従者へと変貌させたのである[vii]。

第6節　救命ボートと囚人……

本稿で取り上げた令和時代のゴジラ映画全4作品において、いずれも最後には人間は中心から外れる。すなわち主人公のハルオ、ヨーコ、エマ・ラッセルは全員死ぬ。アニメ映画三部作では、人間は薄暗い洞窟の中でフツア族の子どもに取って代わられ、ドハティの映画では、大怪獣の行列がまるで人類の地球の支配の終わりを予言するかのようにゴジラの前に跪く。世代宇宙船は、人類の世代間生命維持装置のように設計された生態系を持ち、滅びゆく惑星の象徴としてぴったりであるかもしれない。しかし、これらの映画が伝えるエコファシストの物語では、方舟を破滅に追いやるのは、その方舟を維持するために存在する乗客そのものであることを暗示している。

この人間嫌いのメタファーは、欧米では生態学者ギャレット・ハーディン（Garrett Hardin）の悪名高いエッセイ「救命ボート

[vii] この点において、芹沢はこのシリーズのアジア的遺産に対する表面的な認識を示すために挿入された単なる人種的な印ではない。このアジア人のキャラクターもまた特別な機能をもっている——西洋の視聴者に人種差別的な「他者」は喜んで犠牲となると安心させるのだ。こうして、ゴジラアニメ三部作で頑なに生き延びるフツア族とは異なり、ハリウッド映画の「高貴な野蛮人」は西洋の覇権主義という世界秩序（そしてマディソン・ラッセルのような子どもたち）が続くために喜んで死を選ぶのである。

の倫理」(Lifeboat Ethics, 1974) の中に表現されている。このエッセイは資源の分配に関するもので、「第一世界」を救命ボートに例えて、ボートの周囲の「第三世界」からの移民が乗り込もうとすると転覆するかもしれないと主張した。つまり、人口が増加する一方で資源は限られているという「ゼロサム・ゲーム」(zero sum game) であり、それは、権力のある人間は、国境を閉ざし利他的な共同体へ向かおうとする衝動を放棄するしか選択肢がないというものだ。そうした共同体は、国際協力を可能にし、公平で多様な未来への希望を与えるものであるだろうに。悲しいことに、人種差別的な優生学に対する信奉であれ、王権神授説に対する移民排斥論者の服従であれ、エコファシストは公平がもたらす社会的な恩恵も、生態系における生物多様性がもたらす保護も、どちらも事実上否定しているのである。

　そのような恩恵や保護がなければ、人類文明は物事（事態）を急がせるゴジラという幻想がなくても、崩壊するのは避けられないように思われる。もちろんプライベート・ジェットを所有する億万長者や化石燃料の企業を含む支配階級は、人類が完全に絶滅するというようなことは心配していない。その代わりに、最終的に生き残ることを期待して行動を起こしているようだ。このような思い込みがエマ・ラッセルの死を皮肉なものにしている。彼女の行動は、おそらく息子アンドリューの死によってすでに無謀で自己破滅的になっている。しかし彼女は夫に娘マディソンは大怪獣のアポカリプスが起こっても大丈夫だ、無事だと保証する。「マディソンはこれ以上強くなれない。アンドリューを失ってから、彼女が生き延びるように訓練したから。少なくとも今は戦うチャンスがある」と。

同様に彼女は娘にも、彼女の父も無事であると保証する。「彼は一番安全なところにいるから」と。エマは、抽象的な意味で「大義のために死ぬことは厭わない」という。しかし、彼女の生き残る家族が、計画が実行されることでより安全になるという彼女の計算は、ハーディンの救命ボートの比喩に密接に関係している。彼女は、一般的に人間嫌いという理由でその目的を追求するが、自分自身や家族は「選ばれた民」として被害は被らないと考えているのだろう。しかしながら、このような前提が裏切られるリスクは、ゲーム理論家が「囚人のジレンマ」と呼ぶ事象から考えると理解可能である[viii]。本来なら二人の囚人が連帯する（協力する）ことで得られるはずの最大限の利益を、相手を信じきれないために裏切り、己の利益を追求する選択を行うのである。

　この皮肉な選択が４つの映画の中心にある。ますます惑星に対して失われた支配を再構築しようとする必至の試みにおいて、4作品において人類はテクノロジー、武器、そして地球外生命体と手を組もうとする。エマ・ラッセル博士はモナークの仲間の科学

---

viii　このような姿勢（スタンス）が避けられないリスクは、ゲーム理論家が「囚人のジレンマ」と呼ぶものを通して理解できる。この思考実験では、二人の人間が同じ犯罪の容疑者として投獄される。二人は別々の取調室で入れられ、基本的にそれぞれが尋問を受け、相手との連帯か裏切りを繰り返し選択させられる。二人が同じ選択をした場合、その選択がなんであれ、二人はささやかな報酬を受け取る。しかし、二人が異なる選択をするときはいつでも、戦略的に連帯を避けたもの、つまり裏切り者が最高の報酬を受け取る。その結果、暗黙の計算は避けられない——どれくらい相手が私を裏切る可能性があるのか。そして私が最初に相手を裏切ることによってどのくらい利益があるのか。このゲームでは、連帯の選択は、重要な情報へのアクセスが投獄者によって遮断されている状況下で、盲目的に相手を信頼させることを要求するため、どちらの囚人も相手を裏切ることがない世界を想像するのは難しい。このように権力がないために信頼と協力の望みを捨て、莫大な報酬を得るわずかなチャンスを掴む方が「合理的」に見えるかもしれない。

者を裏切り、アウトポスト 61 への緊急の襲撃を警告しない。さらに、エンドクレジットのエピローグでは、ジョナが率いるテロリストが闇市場に手を染めることで自分たちの公言した意図を疑う理由を与えてくれる。

　もちろん囚人が確保したどんな有利な点も一時的なものに過ぎない。ゲームが終わってもかれらはまだ囚人であるという事実が、彼らには本当の権力がないことを意味する。それは億万長者が犯した過ちであり、お金を持っているが故に彼らは投獄者ではないが囚人そのものなのであることを忘れてしまったようだ。お金持ちでさえ生態系に依存しているという事実を頑なに否定するのは、テクノロジーや少なくとも軍隊が助けにやってくるという期待に動機づけられているのかもしれない。同様に、令和のゴジラシリーズにエコファシストの物語を導入したのは、ちょうど、昭和シリーズが子供に親しみやすいファンタジーへと転向することでオリジナル映画の反体制的な（反戦の）感覚を意図的に避けたように、シリーズに特有の、暗黙の環境保護主義の哲学的（思惟的）な脅威に対する権力や特権を守ろうとする試みかもしれない。

　ゴジラ映画や他の大怪獣映画のファンや研究者にとって、これは安堵する結論だろう。だが、これらの陰湿で欺瞞に満ちた人間嫌いを考えると、ゴジラシリーズは本当に特有の暗黙の環境保護者なのだろうか。もしそうなら、我らがここで見てきたエコファシスト的傾向による汚染から身を守るためなのであろうか。

　私はここで取り上げた陰鬱な物語を含め、ゴジラシリーズは全体としてわれわれに一種の存在における「謙虚さ」を感じさせてくれると考えたい。その謙虚さとは、人間嫌いや自己犠牲とは異なる、あるいは対照的ともいえる、人間の持つ力の限界を知って

いるという謙虚さである。ゴジラシリーズの破壊のスペクタクルは、われわれ自身に対する見方を変えてくれる。結局われわれは、もはや地球生命体系のトップに座するわけではなく、より大きな生態系の不可欠な一部であり、したがって最終的にはその生態系に依存しているのである。そのような存在上の謙虚さは、もしこの自然の世界に命令を下し、形作ろうとしたならば、われわれ自身の存在を持続させてくれる、見えない複雑な生命のタペストリーにダメージを加え、われわれ自身を滅ぼす危険があるということを示唆するだろう。自然災害、戦争、気候危機、あるいはゴジラに直面して、この謙虚さの実践が意味することの一つは、「囚人のジレンマ」——囚人がどんなに社会的に上昇しようとしても、ゲームを支配することはないという認識である。このゲーム理論の課題は、われわれがどんなに頑張ってルールを駆使して上手く学んでも、われわれよりさらに強い力によってことが引き起こされるところにある。ジョン・バダム（John Badham）監督の『ウォー・ゲーム』（*War Games,* 1983）の中でホストコンピューターのジョシュアが「変なゲームだ。必勝の唯一の一手はプレイしないことだ」と言ったように。謙虚な精神において、囚人がゲームで提供された約束や誘惑を拒否したら、その時は、囚人を投獄した権力の源を取り除き、同様に謙虚な仲間とともに協力してより良い未来を構築することを学ぶのではないだろうか。

　もっとも最近の令和時代のゴジラ、山崎貴監督の『ゴジラ-1.0』（*Godzilla Minus One,* 2023）において、悲しみに沈み罪悪感に苛まれた主人公は、ナショナリズム、英雄主義、自己犠牲、男らしさといった古い社会体制の支持した規範を捨て、共同の仕事を再び学び直す。主人公は本当の敵はゴジラではなく、彼と彼の仲間

を死に追いやった戦争を挑発したエリートたちだとわかるのだ。

第7節　山

　もしこうした人間の存在における謙虚さがナショナリズムや軍国主義、テクノロジーといった真の権力に対して団結する理由を囚人に与えるのであれば（人類は今や地球環境において囚われた囚人であり、救命ボートの乗船者なのである）それは生態系を脅かす力に対しても共に立ち上がるようにわれわれを鼓舞してくれるのではないだろうか。救命艇の船長でさえ、溺死や脱水症状、サメの襲撃や乗組員の反乱から逃れることはできない。ボートにしがみつく生き残りと敵対せず、飢餓や難民や洪水をもたらす産業そのものに対抗しようではないか。ガレット・ハーディンやビル・マーのような西側の人種差別的な煽動家に対抗しようではないか。彼らは、ジョージ・オーウェル（George Orwell）風に言えば、「生命を嫌うものは救命ボートがいっぱいなら、もっと人々を詰め込み沈没させる。命を愛し尊重するものは斧を手に取り、船のサイドにしがみつく余分な手を切断する」[ix]と言い放つのである。

[ix] トランプ氏は2024年、アメリカ大統領に再び返り咲くための選挙活動中の悪名高い演説で、漠然とした不安に訴えるような最悪のやり方で移民について語った。「誰もこの人たちがどこから来たのか知らない。刑務所から来たのはわかっている。精神病院から来たのもわかっている。テロリストだということもわかっている。今、目の当たりにしているようなことは、誰も見たことがない。我が国にとっては悲しいことだ。我が国の血が汚れている。本当に悪いことだ。人々は病気にかかってやってくる。ありとあらゆる悪いものを持った人たちが入ってくるのだ」と。米国の学者はトランプの不気味なファシストのレトリックの展開に対して長い間警告を発してきた。この場合、トランプは、人種間結婚に対するヒトラーの暴言「全ての偉大な過去の文化は、血の汚染によってオリジナルの創造的な人種が死んだために滅びたのだ」を繰り返していることになる、と。われわれはゴジラアニメ三部作の

悲しい話だが、上のものを責めるより下のものを責める方が簡単だ。つまりイーロン・マスク（Elon Musk）を憎むよりも道端で物乞いをする無力なホームレスの移民を憎む方が簡単なのだ。一つには権力のある人によって行われた環境破壊を見分けるのは難しいからである。それはあまりにゆっくりで少しずつ遠くで起こっていて漠然としているからである。しかしSFのいわゆる「宇宙オペラ」のおかげで、われわれは変なエイリアンのコスチュームを通して、異なる肌の色や宗教を持つ他の人種に対して、時には許し、彼らが振りかざしている見えない人種差別を見ることができるように、ゴジラ映画もわれわれに大怪獣の破壊のスペクタクルを通して、通常は地質学的な時間のスケールを通してしか見ることができない景観や生態系に対する変化を見せてくれるのである。

　ゴジラ映画の初代作品の監督である本多猪四郎は、巨大なモンスターについて次のように語っている。「彼らは生まれつき背が高く、強すぎて、重すぎる。それが悲劇なんだ」。しかし、怪獣映画の明白な怪獣のサイズの問題とは異なり、気が付きにくい問題は彼らが災害映画と共有するものである。生存者が洪水や溶岩流や隕石落下や襲いくる大火から逃げる時には、常に時間切れが迫っているのである。通常なら地質学的にとてつもない時間がかかる風景や街並みの構築が、大怪獣映画では一瞬でアポカリプスの変化を遂げるのを映画のスペクタルを通して見ることができる。そ

エクシフの指導者メトフィエスを思い出すと良い。よく似た優生学的な言葉でフツア族を軽蔑し、「退化している」と呼ぶ。この概念にはヨーロッパの人種差別主義的・植民地主義的・帝国主義的不安の長い歴史がある。第3作のエピローグで文字通り人間がフツアの子どもに取って代わられる場面でその不安が現実となっているようだ。

れはジェームズ・バログ（James Balog）によるドキュメンタリー *Chasing Ice*（2012）の中で見る、火山の連鎖反応の中で古代にできた氷山が崩壊していく悲劇のスペクタルと大して違わない。気候変動の場合と同じく、巨大モンスターによって引き起こされる災害ということになると、時間はわれわれの味方ではないのである。

　イギリスでは、ダーウィンが『種の起源』（1859）を発表し、宇宙と時間の崇高さに関する見解を述べる二世代前に、パーシー・シェリー（Percy B. Shelley）が「モンブラン」（*Mon Blanc*, 1816）という詩を書いている。この詩には、後に科学によって確認されることになる彼の物事の本質を見る洞察力が先見の明として示されている。具体的には、シェリーの詩は、地質時代のゆっくりした地殻変動、気候変動、そして想像を絶するほど緩やかな時間の積み重ねによる微小な変化から生じるパワーの大きさについて言及している。彼は地球の生命の歴史に対する読者の意識を拡大し、小さなことが積み重なって作り出す歴史的な力について証言しているのである。

　　はるかに　遥かに高く　無限の空を貫いて
　　モンブランは姿を現す――静かに、雪を冠り、清澄な――
　　したがう山々は、この世ならぬ形の氷と岩を
　　周りに積み上げ　その隙のひろびろとした谷あいの
　　凍った洪水、底知れぬ割れ目が……
　　嵐のみが棲む不毛の大地だ――ああ何と恐ろしい……。
　　ぞっとする　傷だらけの　引き裂かれたすがた――これは
　　その昔、地震の魔神　その子らに破壊を教えた場所なのか？
　　これらがかれらの遊び道具だったのか？　それとも岩を魔神

母子が弄んだか。
それともかつての火の海が　この静かな雪を包み込んだのか？
答えるものはだれ一人いない──今はあらゆるものが永遠のようだ。
偉大な「山」よ　お前は欺瞞と悲哀の大きな掟を破棄する声を持っている。
　──　P. B. シェリー「モンブラン」III（1816）

　シェリーは、「無限の」や「計り知れない」など、言葉で表せない崇高なイメージを呼び起こし、山は非常に長い間そこにあるので、時を超えてずっと変わらない、すなわち「静止していて、雪が降り、静寂である」ことを思い出させる。サラ・ティーズデール（Sara Teasdale）の詩「優しく雨ぞ降りしきる」（*"There Will Come Soft Rains"*）の「春そのもの」のように、この世界（自然）は人間のことを気にも留めない。その孤高な姿は「嵐だけが住む砂漠」という言葉に象徴されている。そして雄大な山の声は強大で「欺瞞や不幸の掟」をかき消してしまう。人間がなしうる最大の堕落さえ、自然にとっては取り消すことができるなんでもないことであることを再認識させる。

　自然の崇高さと人間のちっぽけな存在を伝えるメッセージは、われわれ人間が自然を傷つけることは馬鹿げていると示唆している。その一方で人類は、何世代もの間の産業活動が地球の生態系、つまり神が創造した山、空、海に害を及ぼすということを否定してきた。しかし科学が氷山の崩壊する様相を捉え、ソーシャル・メディアによってマウイ島の山火事の映像を共有できるようになった今、われわれは気候変動が起きていることを知るのに十分な情

報を持っている。そして産業界のトップが囚人のジレンマのゲームに勝とうとして行う強欲で必死の不合理な試みが、ますます自然災害と生物の絶滅と難民の波をもたらすだけであることも知っている。これまでは情報を得るだけでは十分ではなかったのかも知れない。おそらく時間を加速させて歴史的な破壊とわれわれを取り巻く環境と生態系の変化を視覚化するために、われわれはゴジラを必要としているのだ。ゴジラ・アースは、ちょうどこれまでのゴジラが火山噴火や台風、地震と関連して現れたように、山として初めて登場する。

しかし、パンドラの箱のように災難の波は「謙虚さ」という才能（恩恵、贈り物）を全てなかったかのように覆い隠してしまう。この謙虚さという才能がなければ、われわれはあまりに簡単に「思い上がり」というウィルスに感染してしまう。つまり、ヒンドゥーの聖典『バガヴァッド・ギーター』（Bhagavad Gita）の言葉「我は死［神］なり、世界の破壊者なり」を引用したオッペンハイマーのようになる[x]。おそらくゴジラ映画はわれわれが囚人のジレンマ

---

[x] 自然の記念碑と人類の文明の記念碑が同様に一瞬でなくなってしまう（元に戻す）映画のスペクタルがもたらす実存的な謙虚さによって、オッペンハイマーの壮大な努力が結局は破滅しかもたらさなかったということがわかるのだ。おそらく巨大なモンスターによってもたらされる破壊を証言し共有することで、われわれはシェリーが唱えたもう一つの詩「オジマンディアス」（*Ozymandias*）を通して古代の王ができたこと、しようとしなかったことを悟ることができるかも知れない：
　　古代の国からやって来た旅人に出会った　その語ることには
　　砂漠に巨大な胴のない　石の脚が二本立っている……その近くにこわれた顔が
　　半ば砂に埋もれている　そのしかめっ面　への字にゆがんだ唇
　　冷酷な権力者の嘲笑は　これを彫った人がこれらの
　　性情をよく知っていたことを語っている
　　それらはいのちのない石に刻まれて　それらを模した手や
　　それらを育てた心よりも　今なお長く残っている
　　そして台座にこんな言葉がみられる――

から、救命ボートの倫理、ナショナリズム、テクノクラシー、工業化、そして資本主義自体からも目を背ける手助けをしてくれるのかも知れないと私は思う。

　氷河や山々や空や、そして地球から生命を維持できると理論的に考えられている遥か彼方の世界とわれわれを隔てる、克服できない空間と時間の距離のように、ゴジラが人類と地球に与えた最大の贈り物は、70年経った今でも、この映画の怪獣が私たちを小さく感じさせる力を持っているということなのかもしれない。

参考（引用）文献

Alexander, Dave. "Sick Inside the Machine". *Rue Morgue* (May 2005). No. 45. Print.
Corcione, Adryan. "Eco-fascism: What It Is, Why It's Wrong, and How to Fight It." April 30, 2020. Teen Vogue. February 21, 2024. Web.
Darby, Luke. "What Is Eco-Fascism, the Ideology Behind Attacks in El Paso and Christchurch?" August 7, 2019. Gentlemen's Quarterly. February 21, 2024. Web.
Dougherty, Michael, dir. *Godzilla: King of the Monsters* (2019). Legendary Pictures. Warner Bros. Pictures.
Erb, Cynthia. *Tracking King Kong: A Hollywood Icon in World Culture*. Wayne State University Press. 2009. Print.
Gabriel, Trip. "Trump Escalates Anti-Immigrant Rhetoric with 'Poisoning the Blood' Comment." New York Times. October 5, 2023. February 21, 2024. Web.
Hardin, Garrett. "Lifeboat Ethics: the Case Against Helping the Poor." Psychology Today. September 1974. January 9, 2024. Web.

　　「わが名は　王の王なる　オジマンディアス
　　　汝ら強大なものたちよ　我が行いし業を見て　絶望せよ！」
　　このほか何ひとつ残っていない　巨大な　その廃墟の
　　崩壊したまわりを　茫々とさえぎるものもなく
　　さびしい平らな砂漠が　果てしなくはるかに広がっている
　　—— P. B. シェリー「オジマンディアス」（1816）

Hollings, Ken. "Tokyo Must Be Destroyed: Dreams of Tall Buildings and Monsters." Ctheory. net. June 1, 1995. February 21, 2024. Web.

Kaufman, Mark. "The carbon footprint sham." July 13, 2020. Mashable.com. February 21, 2024. Web.

Keats, John. "The Fall of Hyperion." Johnkeats. com. February 21, 2024. Web.(『キーツ詩集』中村健二訳、岩波文庫、353頁)

Maher, Bill. "Let the Population Collapse." Real Time with Bill Maher. HBO. July 29, 2022. February 21, 2024. Web.

Newton, Deja. "The Dark Side of Environmentalism: Ecofascism and COVID-19." April 15, 2020. Student Blogs. Office of Sustainability. University of San Francisco. February 21, 2024. Web.

Nietzsche, Friedrich Wilhelm

(ニーチェ『善悪の彼岸』木場深定訳、岩波文庫、139頁)

Pappas, Stephanie. "Is the Alpha Wolf Idea a Myth?" Scientific American. February 28, 2023. Web.

Pierson, D.P. "'Hey, They're Just Like Us!' Representations of the Animal World in the Discovery Channel's Nature Programming." The Journal of Popular Culture, 38: 698-712. Academic Search Premier. LaGuardia Community College. City University of New York. February 21, 2024. Web.

Rhoads, Sean, and Brooke McCorkle. *Japan's Green Monsters: Environmental Commentary in Kaiju Cinema*. McFarland and Company. 2018. Print.

Shizuno, Kōbun, and Hiroyuki Seshita, directors. Godzilla: Planet of the Monsters (2017), Godzilla: City on the Edge of Battle (2018), and Godzilla: The Planet Eater (2018). Toho Animation.

Shelley, Percy Bysshe. "Ozymandias" and "Mont Blanc." Poets. org. February 21, 2024. Web. (『シェリー詩集』上田和夫訳、新潮文庫、1980、41頁、28-29頁)

Solnit, Rebecca. "Big oil coined 'carbon footprints' to blame us for their greed. Keep them on the hook." The Guardian. August 23, 2021. Web.

Tsukamoto, Shinya, dir. Tetsuo: The Iron Man (1989). Kaijyu Theatre.

Tsutsui, William. *Godzilla on My Mind: Fifty Years of the King of Monsters*. St. Martin's Griffin. 2004. Print. (『ゴジラとアメリカの半世紀』神山京子訳、中公叢書、2005年)

『ルカによる福音書』15章11〜32節

日米で製作されたゴジラ作品一覧

日本版ゴジラ作品

	タイトル（太字は日本製作）	製作[公開]年	監督
昭和シリーズ（1954-1975）			
1	ゴジラ	1954	本多猪四郎
2	ゴジラの逆襲	1955	小田基義
3	キングコング対ゴジラ	1962	本多猪四郎
4	モスラ対ゴジラ	1964	本多猪四郎
5	三大怪獣 地球最大の決戦	1964	本多猪四郎
6	怪獣大戦争	1965	本多猪四郎
7	ゴジラ・エビラ・モスラ 南海の大決闘	1966	福田純
8	怪獣島の決戦 ゴジラの息子	1967	福田純
9	怪獣総進撃	1968	本多猪四郎
10	ゴジラ・ミニラ・ガバラ オール怪獣大進撃	1969	本多猪四郎
11	ゴジラ対ヘドラ	1971	坂野義光
12	地球攻撃命令 ゴジラ対ガイガン	1972	福田純
13	ゴジラ対メガロ	1973	福田純
14	ゴジラ対メカゴジラ	1974	福田純
15	メカゴジラの逆襲	1975	本多猪四郎
平成シリーズ（1984-1999）			
16	ゴジラ	1984	橋本幸治
17	ゴジラ VS ビオランテ	1989	大森一樹
18	ゴジラ VS キングギドラ	1991	大森一樹
19	ゴジラ VS モスラ	1992	大河原孝夫
20	ゴジラ VS メカゴジラ	1993	大河原孝夫

米国版ゴジラ作品		
タイトル（太字は米国製作）	製作[公開]年	監　　督
Godzilla, King of the Monsters !（『怪獣王ゴジラ』）	[1956]	Ishiro Honda・Terry O. Morse
Gigantis, the Fire Monster（公開時）/ Godzilla Raids Again	[1959]	Motoyoshi Oda・Hugo Grimaldi
King Kong vs. Godzilla	[1963]	Ishiro Honda・Tom Montgomery
Godzilla vs. the Thing（公開時）/ Mothra vs. Godzilla	[1964]	Ishiro Honda
Ghidorah, the Three-Headed Monster	[1965]	Ishiro Honda
Monster Zero（公開時）/ Invasion of the Astro-Monster	[1965]	Ishiro Honda
Godzilla vs. the Sea Monster（公開時）/ Ebira, Horror of the Deep	[1968]	Jun Fukuda
Son of Godzilla	[1969]	Jun Fukuda
Destroy All Monsters	[1971]	Ishiro Honda
Godzilla's Revenge（公開時）/All Monsters Attack	[1971]	Ishiro Honda
Godzilla vs. the Smog Monster（公開時）/ Godzilla vs. Hedorah	[1972]	Yoshimitsu Bannno
Godzilla on Monster Island（公開時）/ Godzilla vs. Gaigan	[1977]	Jun Fukuda
Godzilla vs. Megalon	[1976]	Jun Fukuda
Godzilla vs. the Bionic Monster（公開時）/ Godzilla vs. Mechagodzilla	[1977]	Jun Fukuda
Terror of Mechagodzilla	[1978]	Ishiro Honda
アニメ TV 番組 NBC: Hanna-Barbera's "Godzilla Power Hour"	1978-1979	Ray Patterson・Carl Uabano et.al
Godzilla 1985（公開時）*1/ The Return of Godzilla	[1985]	Koji Hashimoto
Godzilla vs. Biollante	[1992]	Kazuki Omori
Godzilla vs. King Ghidorah	[1998]	Kazuki Omori
Godzilla and Mothra: Battle for the Earth	[1998]	Takao Okawara
Godzilla vs. Mechagodzilla II	[1999]	Takao Okawara

日本版ゴジラ作品			
	タイトル（太字は日本製作）	製作[公開]年	監督
21	**ゴジラ VS スペースゴジラ**	1994	山下賢章
22	**ゴジラ VS デストロイア**	1995	大河原孝夫
	GODZILLA	[1998]	ローランド・エメリッヒ
	Cable TV　ゴジラ　ザ・シリーズ	[1999-2000]	デイビッド・ハートマン 他
ミレニアムシリーズ（2000-2004）			
23	**ゴジラ 2000　ミレニアム**	1999	大河原孝夫
24	**ゴジラ×メガギラス　G 消滅作戦**	2000	手塚昌明
25	**ゴジラ・モスラ・キングギドラ　大怪獣総攻撃**	2001	金子修介
26	**ゴジラ×メカゴジラ**	2002	手塚昌明
27	**ゴジラ×モスラ×メカゴジラ　東京 S.O.S.**	2003	手塚昌明
28	**ゴジラ　FINAL WARS**	2004	北村龍平
3.11 以降（2011-）			
	GODZILLA ゴジラ	[2014]	ギャレス・エドワーズ
29	**シン・ゴジラ**	2016	庵野秀明・樋口真嗣
30	**アニメ『GODZILLA』三部作** **怪獣惑星** **決戦機動増殖都市** **星を喰う者**	2017 2018 2018	静野孔文・瀬下寛之
	ゴジラ　キング・オブ・モンスターズ	[2019]	マイケル・ドハティ
	アニメ TV 番組 **ゴジラ S.P〈シンギュラポイント〉2021**	2021	高橋敦史
	ゴジラ vs コング	[2021]	アダム・ウィンガード
31	**ゴジラ-1.0**	2023	山崎貴
	ゴジラ×コング　新たなる帝国	[2024]	アダム・ウィンガード

*1　Godzilla 1985　以外の平成シリーズ米国版は全て最初は VHS による公開
*2　Godzilla 2000　以外のミレニアムシリーズ米国版は全て最初は DVD による公開
*3　Godzilla Trilogy の米国での公開は Netflix による
*4　Godzilla Singular Point の米国での公開は Netflix による

米国版ゴジラ作品				
	タイトル（太字は米国製作）	製作[公開]年	監　　督	
	Godzilla vs. Space Godzilla	[1999]	Kensho Yamashita	
	Godzilla vs. Destroyah	[1999]	Takao Okawara	
1	**Godzilla**	1998	Roland Emmerich	
	アニメ TV 番組：Fox Kids Network "Godzilla: The Series"	1998-2000	David Hartman・ Sam Liu et al.	
	Godzilla 2000 *2	[2000]	Takao Okawara	
	Godzilla vs. Megaguirus	[2004]	Masaaki Tezuka	
	Godzilla, Mothra, and King Ghidorah: Giant Monster's All-Out Attack	[2004]	Shusuke Kaneko	
	Godzilla against Mechagodzilla	[2004]	Masaaki Tezuka	
	Godzilla: Tokyo S.O.S.	[2004]	Masaaki Tezuka	
	Godzilla: Final Wars	[2005]	Ryuhei Kitamura	
モンスター・ヴァース・シリーズ				
2	**Godzilla**	[2014]	Gareth Edwards	
	Shin Godzilla	[2016]	Hideaki Anno・ Shinji Higuchi	
	Godzilla Trilogy*3 Godzilla: Planet of the Monsters Godzilla: City on the Edge of Battle Godzilla: The Planet Eater	[2018] [2019] [2019]	Kobun Shizuno・ Hirohuki Seshita	
3	**Godzilla: King of the Monsters**	2019	Michael Dougherty	
	Godzilla Singular Point*4	[2021]	Atsushi Takahashi	
4	**Godzilla vs. Kong**	2021	Adam Wingard	
	Godzilla Minus One	[2023]	Takashi Yamazaki	
5	**Godzilla × Kong: The New Empire**	2024	Adam Wingard	

あとがき

　2024年11月3日、ゴジラ映画は70歳の誕生日を迎えた。70周年を祝してさまざまなメディアで特集が組まれた。エコノミスト紙（*The Eoonomist*）の2024年12月クリスマス特別号もその一つである。同紙は「70歳の火を吐くトカゲが人間の性を明らかにする」（What a 70-year-old fire breathing lizard reveals about humanity）という記事を掲載した。

　本書第1章の執筆者フルーグフェルダー氏は、その記事の中で次のように述べている。「ゴジラは多くのファンタジーを投影させることができる存在」であり、ゴジラ映画は「ファンタジーと恐怖を輸出可能」なものとし、「鉄のカーテンの両側」に届けて「グローバリゼーションの象徴」となった。その理由として、彼（ゴジラ）の沈黙、つまり「話すことができないという存在」を挙げている。確かに、だからこそ、ゴジラを通してわれわれ人間は自分自身を見つめ、われわれが何であるかという問いに対する想像力を一層掻き立てるのだろう。

　本書は、前編著『アメリカ人の見たゴジラ、日本人の見たゴジラ』（2019）に続いてその問いを探究し続け、70周年を記念して前書以降の日米全作品と格闘するという大望を抱いたチャレンジであった。しかしながら、昨年度アカデミー賞特殊効果賞を受賞した『ゴジラ -1.0』（2023）はともかくとして、執筆者の度重なる変更により福島原子力発電所の事故を描いた『シン・ゴジラ』（2016）など他の作品の分析を収めることができなかったことは断腸の思いである。いずれも編著者である私の不徳の致すところ

であり、本書の共著者を含めた皆様に対し、ここに深くお詫びを申し上げたい。

　来年大学の定年を迎える編著者は、本書を機に研究のスピードを落とすつもりであったが、そうも言っていられないのが現実である。幸い山崎貴監督は新作の制作を掲げている。『シン・ゴジラ』、『ゴジラ -1.0』に加えて新作も取り込んで、さらにスピードアップが必要である。

　本書は立命館大学 2024 年度 国際共同研究促進プログラム「スタートアップ型」の助成を得て刊行するものである。再び論文を寄稿してくださった共著者の皆様、新たにメンバーに加わったアーロン・テイラー・レフラー氏、本書を出版するために助力をいただいた本学の研究部の坂根麻衣氏、そして厳しい締切の変更を印刷会社に掛け合ってくださった大阪大学出版会・編集部長の川上展代氏と私の原稿に多くの助言をくださった編集担当の石川泰子氏に心より感謝を申し上げたい。

　ゴジラ誕生から 70 周年を迎えた翌年に何とか本書を出版できることを大変嬉しく思う。さまざまな面でずっと伴走してくれた家族に本書を捧げ、感謝するとともに、完走までの忍耐を引き続きお願いしたい。

2025 年 1 月

　　　　　　　　　　　ゴジラ研究に対する思いをバネに
　　　　　　　　　　　　　　　　　　　　　　池田淑子

図版一覧

カバー写真　『GODZILLA　怪獣惑星（第1章)』スチール写真

扉絵1	『ゴジラ対ヘドラ』ポスター	2
図1-1	フランス版『ゴジラ』ポスター	11
図1-2	*Godzilla vs. the Smog Monster* プレスブック	21
図1-3	*Godzilla vs. the Smog Monster*（1972）スチール写真	22
扉絵2	*Godzilla 1985* ポスター	30
図2-1	*The Return of Godzilla* と *Godzilla 1985*　ビデオ表紙	35
図2-2	*Bambi Meets Godzilla* などを含む漫画集　ビデオ表紙	39
図2-3	*Godzilla vs. Biolante*　DVD 表紙	48
図2-4	*Godzilla vs. King Ghidorah* と *Godzilla and Mothra* DVD 表紙	50
図2-5	*Godzilla vs. Mechagodzilla II*　DVD 表紙	52
図2-6	*Shin Godzilla*　DVD パッケージ	55
扉絵3	『ゴジラ』（1984）ポスター	62
図3-1	『ゴジラ』（1984）スチール写真	67
図3-2	『ゴジラ』（1984）スチール写真	69
図3-3	『ゴジラ』（1984）スチール写真	70
図3-4	『ゴジラ VS ビオランテ』（1989）ポスター	73
図3-5	『ゴジラ VS キングギドラ』（1991）ポスター	78
図3-6	『ゴジラ VS キングギドラ』（1991）スチール写真	79
図3-7	『ゴジラ VS キングギドラ』（1991）スチール写真	79
図3-8	『ゴジラ VS モスラ』（1992）ポスター	82
図3-9	『ゴジラ VS デストロイア』（1995）スチール写真	92

扉絵 4	*Godzilla 2000* ポスター	98
図 4-1	筆者直筆の絵	100
図 4-2	*Godzilla*（1998）スチール写真	105
図 4-3	ATARI 社のビデオゲーム 3 作品のゲームディスク表紙：*Godzilla: Destroy All Monsters Melee, Godzilla Save the Earth, Godzilla: Unleashed*	116
図 4-4	*G-FAN* 92 号　表紙	123
図 4-5	*G-FAN* 97 号　表紙	123
図 4-6	*G-FAN* 97 号　誌面	125
扉絵 5	『ゴジラ -1.0』（2023）ポスター	128
図 5-1	『ゴジラ -1.0』（2023）スチール写真	152
扉絵 6	*Godzilla, King of the Monsters!*（1956）ポスター	158
図 6-1	*Godzilla*（1998）スチールブック	164
図 6-2	*Godzilla: The Series*　DVD 表紙	169
図 6-3	*Godzilla*（2014）　ポスター	172
図 6-4	「沖縄タイムス」（2023 年 1 月 21 日）記事	187
扉絵 7	『キングコングの逆襲』（1967）スチール写真	190
図 7-1	*King Kong*（1933）VHS ビデオ表紙	194
図 7-2	*Godzilla vs. Kong*（2021）ブルーレイ表紙	197
図 7-3	*Godzilla vs. Kong*（2021）ポスター	215
図 7-4	*Godzilla x Kong The New Empire*（2024）DVD 表紙	227

扉絵8	『GODZILLA　怪獣惑星』（2017）ポスター	236
図8-1	インターネット・ミーム	238
図8-2	『GODZILLA　怪獣惑星』（2017）スチール写真	250
図8-3	『GODZILLA　怪獣惑星』（2017）スチール写真	250
図8-4	『GODZILLA　決戦機動増殖都市』（2018）ポスター	253
図8-5	『GODZILLA　星を喰う者』（2018）ポスター	259
図8-6	"Let the Population Collapse" *Real Time with Bill Maher*	260
図8-7	"Let the Population Collapse" *Real Time with Bill Maher*	261
図8-8	*Godzilla, King of the Monsters* 4K UltraHD　表紙	263

図版の提供者については、各図版下に明記した（東宝株式会社提供のものはⓒ TOHO CO., LTD. と記した）。図6-4 は沖縄タイムス社提供。図8-1、図8-6・7 を除く、記載のない図版は、すべて編者のコレクションを撮影したものである。

執筆者紹介（執筆順）

グレゴリー・M・フルーグフェルダー
（Gregory M. Pflugfelder）
米国コロンビア大学東アジア言語文化学部准教授．専門は歴史学．著書に『政治と台所―秋田県女子参政権運動史』（ドメス出版，1986年），Cartographies of Desire: Male-Male Sexuality in Japanese Discourse, 1600-1950（University of California Press, 1999）．第1章を執筆

デイビッド・カラハン
（David Callahan）
ペース大学（Pace University）図書館司書．専門は映画研究．ニューヨーク公共図書館のメディア・コレクションのマネージャーおよびキュレーターとして多くの映画のイベントを企画・開催．リンカーン・センター映画協会のアンソロジー・フィルム・アーカイブズのためのプログラムを立案．ニューヨーク近代美術館などで映画のプレゼンテーションを行う．第2章を執筆

池田淑子
（Yoshiko Ikeda）
立命館大学国際関係学部教授．専門は記号学，カルチュラルスタディーズ．著書に『映画に見る日米相互イメージの変容―他者表象とナショナル・アイデンティの視点から』（大阪大学出版会，2014年），編著に『アメリカ人の見たゴジラ，日本人の見たゴジラ』（大阪大学出版会，2019年）など．第3章と第6章を執筆，訳者・編者

289

アーロン・テイラー・レフラー
（Aaron Taylor Lefler）
立命館大学国際関係学部修士課程．専門は国際関係学，国際ビジネス，オペレーションズ・マネジメント．論文に "Can Korea repeat Miracle on the Han River?" (https://m.koreatimes.co.kr/pages/article.asp?newsIdx=258350 コリア・タイムズ　エッセイ・コンテスト準優勝，2018 年）修士論文 "Godzilla vs. Gojira" 提出　第 4 章を執筆

中川涼司
（Ryoji Nakagawa）
立命館大学国際関係学部教授．専門は中国経済論，日本経営史．主な著書に『中国の IT 産業―経済成長方式転換の中での役割―』（単著，ミネルヴァ書房，2007 年），『現代アジアの企業経営―多様化するビジネスモデルの実態―』（編著，ミネルヴァ書房，2017 年）などがある．第 5 章を執筆

カール・ジョゼフ・ユーファート
（Karl Joseph Ufert）
ニューヨークベースの受賞歴のある，デジタル・ウェブ広告代理会社 Mitra Creative の共同創設者・社長．専門は怪獣映画研究．NYU（ニューヨーク大学），CUNY（ニューヨーク市立大学），ニューヨーク・コミコン，ビッグ・アップル・コミコンを含む多くのコンベンションでパネル・ディスカッションを行う．第 7 章を執筆

ジークムント・C・シェン
（Sigmund C. Shen）
ニューヨーク市立大学ラガーディアコミュニティ・カレッジ（LaGuardia Community College of the City University of New York）教授．専門は精神分析学理論，マルクス主義理論，映画研究．論文は，米国・英国・日本で大怪獣映画，ビデオゲーム，ホラー映画，高等教育の試験調達における政治学などについて多数執筆．第 8 章を執筆

ゴジラは自然の逆襲か？
―― Global Monsters Beckoning the Future ――

発行日	2025年3月31日 初版第1刷　〔検印廃止〕
編著者	池田　淑子
発行所	大阪大学出版会
	代表者　三成賢次

〒565-0871
大阪府吹田市山田丘2-7　大阪大学ウエストフロント
電話：06-6877-1614（代表）　FAX：06-6877-1617
URL　https://www.osaka-up.or.jp

カバーデザイン　河村岳志
印　刷・製　本　株式会社 遊文舎

© Yoshiko IKEDA 2025　　　　　　　　　　Printed in Japan
ISBN 978-4-87259-835-3　C1074

JCOPY 〈出版者著作権管理機構 委託出版物〉
本書の無断複製は著作権法上での例外を除き禁じられています。複製される場合は、その都度事前に、出版者著作権管理機構（電話 03-5244-5088、FAX 03-5244-5089、e-mail: info@jcopy.or.jp）の許諾を得てください。